KNAUR⊛

Robert Pleyer

mit Axel Wolfsgruber

DER SATAN SCHLÄFT NIE

Mein Leben bei den
Zwölf Stämmen

Besuchen Sie uns im Internet:
www.knaur.de

Redaktion: Franz Leipold
Covergestaltung: ZERO Werbeagentur, München
Coverabbildung: Wolf Heider-Sawall
Abbildungen im Bildteil: Robert Pleyer
Satz: Adobe InDesign im Verlag
Druck und Bindung: CPI books GmbH, Leck
ISBN 978-3-426-78736-6

2   4   5   3

Inhalt

Vorwort

Am 5. September 2013 geriet die Glaubensgemein-schaft Zwölf Stämme bundesweit in den Fokus der öffentlichen Aufmerksamkeit. An diesem Tag nahmen die Mitarbeiter des Jugendamtes mit Hilfe der Polizei vierzig Kinder der Zwölf Stämme in Obhut. Es ist die größte derartige Aktion in der Geschichte der Bundes-republik Deutschland. Die Inobhutnahme war gut vor-bereitet und verlief friedlich. Den staatlichen Eingriff bezeichnen die Zwölf Stämme zwar nach wie vor als »Kindesentführung« und »Willkürakt«, aber die Ge-fährdung der Kinder war nach Ansicht der Behörden so umfassend, dass sie ohne Eingriff in das Sorgerecht der Eltern nicht hätte verhindert werden können. Die Un-terbringung der Kinder in Pflegefamilien und Heimen soll dazu beitragen, dass die Mädchen und Jungen trotz der Trennung von ihren Eltern in Liebe, Vertrauen und Verständnis aufwachsen können.

Die Zwölf Stämme wurden 1972 in den USA von El-bert Eugene Spriggs (geboren 1937) gegründet. Sie haben heute 2500 Mitglieder weltweit, von denen die Hälfte jünger als achtzehn Jahre ist. Es gibt außer in den USA und Deutschland weitere Gemeinschaften in Kanada, Brasilien, Argentinien, Australien, Neuseeland, Frank-reich, England und Spanien. Der Gründer wird von sei-nen Anhängern als Apostel bezeichnet und gibt die Lehre für ein urchristliches Leben vor. Verbunden damit sind Gütergemeinschaft sowie eine strenge Hierarchie innerhalb der Familie. Die Frau ist dem Mann untergeordnet, und die Kinder haben unausweichlich der elterlichen Autorität Folge zu leisten. Hierzu gehört die körperliche Züchtigung mit der Rute, die anhand der Bibel begründet wird. »Wer seine Rute schont, der hasst seinen Sohn, wer ihn aber liebt, der züchtigt ihn beizeiten«, heißt es beispielsweise in Sprüche 13,24.

In den USA wurde bereits 1984 der Vorwurf der Kindesmisshandlung gegen die Mitglieder der Zwölf Stämme erhoben, und der Staat nahm 112 Kinder in Obhut. Die US-Behörden mussten die Kinder jedoch aus Mangel an Beweisen ihren Eltern zurückgeben. In Deutschland gibt es seit langem Auseinandersetzungen um die Schulpflicht. Der Lehre entsprechend sollen die Kinder zu Hause unterrichtet werden. Eine höhere Schulbildung ist den Kindern nicht gestattet, und der Besuch einer öffentlichen Schule wird aus Gewissensgründen abgelehnt. Nach mehreren Bußgeldverfahren und vielen Verhandlungen genehmigte die Schulbehörde der Gemeinschaft im Februar 2006 schließlich, ihre Kinder in einer Privatschule, einer sogenannten Ergänzungsschule, in Eigenregie zu unterrichten. Als 2013 Prügelvorwürfe gegen die Eltern der Kinder in den Gemeinschaften in Wörnitz und Klosterzimmern (Bayern) laut wurden, zog die Behörde die Genehmigung zurück.

Das Leben bei den Zwölf Stämmen bedeutet für die Mitglieder totale Kontrolle in allen Bereichen, die gegenüber den Kindern auch gewaltsam durchgesetzt wird und ihre geistig-seelische Entwicklung nachhaltig beeinflusst.

Die Angehörigen der Glaubensgemeinschaft leben darüber hinaus in einer ausgeprägten Endzeiterwartung. Es wird ein baldiges Endgericht prophezeit, bei dem Jesus den Menschen ihre ewigen Plätze zuweist. Die »Ungerechten« kommen zusammen mit Satan in einen »ewigen See von Feuer und Schwefel«, die »Gerechten« in eine ewige neue Welt und die »Heiligen« in die »Heilige Stadt«.

Nach diesem Verständnis gehören die Mitglieder der Zwölf Stämme zu den »auserwählten Heiligen« – vorausgesetzt sie erfüllen alle Regeln der Glaubensgemeinschaft. Andere religiöse, besonders christliche Gemeinschaften werden von den Zwölf Stämmen abgewertet. Es existieren keine Kontakte zu anderen Gemeinschaften.

Das Buch »Der Satan schläft nie« ist der erste und bisher einzige Bericht eines Aussteigers, der seine Erfahrungen mit den Zwölf Stämmen umfassend und detailliert darlegt. Offen und schonungslos – auch sich selbst gegenüber – gewährt Robert Pleyer der Öffentlichkeit einen tiefen Einblick in die brutale Praxis der selbsternannten Urchristen. Der Aussteiger, der zwanzig Jahre bei den Zwölf Stämmen gelebt hat und dabei zum Teil führende Positionen bekleidete, beschönigt nichts und gewährt zugleich intime Einblicke in die Mechanismen derartiger Glaubensgemeinschaften. Das macht das Buch so wertvoll und zugleich lehrreich und lesenswert. Als Pädagogin und Leiterin einer Sekten-Beratungsstelle in Nordrhein-Westfalen, die seit dreißig Jahren Menschen begleitet, die aus verschiedenen, rigiden Glaubensgemeinschaften ausgestiegen sind, fallen mir viele typische Parallelen zu anderen konfliktträchtigen religiösen Gruppierungen auf. So erfolgt beispielsweise gleich beim ersten Kontakt mit der Gruppe eine Einladung ins nächste Zentrum der Gemeinschaft. Ist der Betroffene einsam oder neugierig und folgt dieser Aufforderung, empfängt ihn die Gruppe außerordentlich freundlich und gefühlsbetont. Dem Neuankömmling wird vermittelt, dass die Gemeinschaft geradezu auf ihn gewartet habe und dass er für die Gruppe ein besonders wichtiger Mensch sei. Plötzlich steht der Suchende im Mittelpunkt und erfährt ein Gefühl von Glück und Geborgenheit, weil er endlich jene Menschen gefunden zu haben glaubt, denen er etwas bedeutet. Die Mitglieder der Gemeinschaft scheinen ein echtes Interesse am anderen zu besitzen und stellen viele Fragen zu seinem bisherigen Leben.

Allmählich aber – und für den Betroffenen selbst kaum wahrnehmbar – wird sein bisheriges Leben von der Gruppe abgewertet oder in Frage gestellt. Zugleich wird das neue Leben in der Gemeinschaft als einzige Möglichkeit gepriesen, wirklich erfolgreich (Scientology), wirklich glücklich (esoterische Gruppen) oder wirklich wahrhaftig (fundamentalistische Gruppen) zu sein. Empfänglich für diese neuen Lehren und Lebenseinstellungen sind vor allem Personen, die zum Zeitpunkt der Ansprache durch die Gruppe versuchen, Krisensituationen zu überwinden (z.B. Schuldgefühle, Verlust eines geliebten Menschen), oder generell mit dem Leben unzufrieden sind. Das Angebot einer radikalen Veränderung des Lebens weckt bei ihnen neue Hoffnung und zeigt ihnen neue Perspektiven auf.

Robert Pleyer ergeht es ähnlich. Der Tod des Hundes eines guten Freundes, für den er sich durch seine mangelnde Aufmerksamkeit verantwortlich fühlt, belastet und beschäftigt ihn. In ihm gedeiht der Wunsch, sein Leben zu überdenken und neu auszurichten. Ähnlich wie Robert Pleyer berichten auch viele andere Aussteiger davon, dass sie immer wieder Phasen des Zweifelns durchlebt hätten. Typisch ist, dass solche Momente von der Glaubensgemeinschaft als Verführung oder Schwäche des Einzelnen ausgelegt werden; subtil droht man damit, dass Personen mit fortwährenden Zweifeln die Gruppe verlassen müssten und ohne deren Schutz verloren seien. Singuläre Zufallsereignisse, wie beispielsweise der Unfall des Autors mit seiner Vespa, wertet und nutzt die Gruppe als Zeichen, dass die Person ihr Leben unbedingt ändern muss, weil es sonst kein gutes Ende mit ihr nehmen würde.

Da die Regeln in allen konfliktträchtigen religiösen und ideologischen Gruppierungen zwar einfache und leicht verständliche, aber nicht hinterfragbare Dogmen sind, gibt es keinerlei Diskussionen und Dispute. Fälschlicherweise entsteht so der Eindruck von totaler Harmonie. Doch diese vermeintliche Harmonie ist mit dem Zwang zu einheitlichem Denken und Handeln teuer erkauft, denn diese Art der Gleichschaltung ist nur mit Hilfe hierarchischer Strukturen zu erreichen und geht zu Lasten der persönlichen Freiheit des Einzelnen. Eigene Meinungen und ein eigenständiges Denken, das zu einer kritischen Auseinandersetzung mit der Lehre der Gemeinschaft führen könnte, sind nicht erlaubt und werden bekämpft.

Diese Eingriffe in das Persönlichkeitsrecht des Einzelnen werden auch von den Zwölf Stämmen praktiziert. Robert Pleyer muss sechs Jahre warten, bis er die

Genehmigung für eine Hochzeit von den Ältesten erhält. Selbst als verheirateter Mann hat er keine Privatsphäre und steht – wie alle Mitglieder – unter ständiger Kontrolle. Durch Sündenbekenntnisse, die der Einzelne vor der ganzen Gruppe leisten muss, wird erreicht, dass die Mitglieder sich gegenseitig kontrollieren und somit jeder über die Schwächen des anderen bestens informiert ist.

Der soziale Druck ist gewissermaßen institutionalisiert. Kontrolle ist bei den Zwölf Stämmen und ähnlichen Gemeinschaften das entscheidende Werkzeug. Von Anfang an wird den Kindern der eigene Wille abtrainiert. Eindrucksvoll beschreibt der Autor, wie er wahrnimmt, dass er mit dieser Erziehungsmethode seinen eigenen Kindern Schaden zufügt. Als Lehrer möchte er den Schülern vor allem im Sportunterricht Freude und Spaß vermitteln, aber auch hier wird er von den Ältesten zurechtgewiesen. Selbst die Ältesten können nicht in Sicherheit und ohne Angst leben. Denn das Führungspersonal wird von sogenannten Botschaftern kontrolliert, die der Gründer in die einzelnen Gemeinschaften entsendet. Diese Methode ist eine gängige Strategie in konfliktträchtigen religiösen Gemeinschaften und wird von den Zeugen Jehovas wie auch von der Scientology-Organisation eingesetzt.

Der Autor aber zeigt, dass es möglich ist, sich zu wehren, einer solchen Gruppierung den Rücken zu kehren und ein Leben in Freiheit und Eigenverantwortung zu führen. So ist Robert Pleyer überrascht, dass er ein Auto erhält, um die Gemeinschaft zu verlassen. Wenn ein Mitglied energisch und entschlossen seine eigene Meinung vertritt, sind die konfliktträchtigen religiösen Gruppierungen meist froh, wenn der Unruhestifter geht, und versuchen nicht, ihn mit Gewalt aufzuhalten.

Robert Pleyers Buch ist der ergreifende Erfahrungsbericht eines vierfachen Vaters, der über zwei Jahrzehnte hinweg – die Hälfte seines bisherigen Lebens – der Glaubensgemeinschaft der Zwölf Stämme angehört hat. Dem Autor gebührt meine Bewunderung, denn nur wenigen Menschen, die eine so lange Zeit in einer rigiden Glaubensgemeinschaft gelebt haben, gelingt es, die Missstände einer solchen Gemeinschaft offen darzulegen und einen Neuanfang zu wagen.

Robert Pleyers Bericht entlarvt die Gefährlichkeit und Scheinheiligkeit religiöser Fanatiker. Zugleich ist er ein Weckruf, dass die wertvolle Glaubensfreiheit unseres Grundgesetzes nicht dazu missbraucht werden darf, schrankenlos eigene Machtvorstellungen auf dem Rücken wehrloser Kinder auszuleben.

Essen, im Mai 2014
Sabine Riede, Geschäftsführerin
Sekten-Info Nordrhein-Westfalen

Einführung

Die Gedanken kommen unerwartet. Wenn ich meinen Kindern vor dem Schlafengehen eine Geschichte vorlese, schießen mir plötzlich Bilder und Sätze durch den Kopf. Wenn ich in der Küche Brotteig knete oder mit dem Fahrrad zum Lebensmittelladen um die Ecke unterwegs bin, lassen sie mich nicht in Ruhe. Selbst in meinen Träumen nisten sich Fetzen von Gesprächen aus meiner Zeit bei den Zwölf Stämmen ein. Zwanzig Jahre bei den Fundamentalchristen lassen sich nicht einfach abstreifen.

Das Buch ist meine Therapie. Ich will mein Handeln verstehen und verarbeiten. Mein eigenes Tun ist für mich nur begreifbar, wenn ich mir meine menschliche Entwicklung bei den Zwölf Stämmen vor Augen führe. Für sich genommen sind mir einzelne Episoden selbst ein Rätsel. Der Zeitpunkt für die vielen Stunden, in denen ich mit dem Buch befasst bin, ist ideal. Ich habe eine neue Freundin, die zu mir hält, und einen Schreiber, der meine Gedanken in treffende Worte kleidet. Nun sind meine Erinnerungen konkrete Buchstaben. Irgendwann kann ich vielleicht den Buchdeckel schließen. Allein hätte ich das nicht geschafft.

Zwanzig lange Jahre habe ich mich bei den Zwölf Stämmen für die Verbreitung ihrer Botschaft eingesetzt. Ich habe für sie gesprochen und geholfen, Zeitschriften zur Anwerbung neuer Mitglieder zu erstellen. Jetzt ist es mir wichtig, weiter zu reden und das zu erzählen, was ich heute weiß – damit Menschen sich informieren und hinter die Fassade der Gemeinschaft schauen können.

Als ich das Kapitel über die Züchtigung der Kinder überarbeite, muss ich immer wieder weinen. Die Erinnerung rüttelt mich durch. Ich schäme mich dafür, was ich in meinen eigenen Kindern zerstört habe. Wenn ich heute daran denke, wie ich meine Kinder immer wieder mit der Weidenrute geschlagen habe, verzweifele ich an mir selbst.

Das Buch ist auch für meine vier Kinder. Sie sind heute zwischen drei und zehn Jahre alt, und wenn sie später Fragen über unsere Zeit bei den Zwölf Stämmen haben, können sie jederzeit das damalige Leben ungeschönt und konserviert nachlesen. Ich kann mein damaliges Handeln durch nichts rechtfertigen, aber ich muss mich akzeptieren. Nur wenn ich mich selbst annehme und nicht verdränge, was ich getan habe, kann ich meinen Kindern helfen, über die Zeit bei den Zwölf Stämmen hinauszukommen.

Ich bedauere auch, dass ich andere Brüder und Schwestern überfordert oder verletzt habe. Ich war nicht besser als andere Älteste der Gemeinschaft. Ich habe unter moralischem Druck Dinge getan, hinter denen mein Geist nicht wirklich stand. Die Verantwortung dafür aber trage ich selbst. Ich habe mich als spirituell Höherstehender gefühlt, habe meine Mitbrüder geknechtet und von den Ältesten dafür ein Lob erhalten, das mir guttat.

Für dieses Buch musste ich wieder lernen, was die Begriffe bedeuten. Wörter wie Liebe, Gemeinschaft, Partnerschaft, Ehe und Freundschaft besitzen bei den Zwölf Stämmen eine andere Bedeutung. Als ich 1990 zu den Zwölf Stämmen komme, denke ich noch, meine Mitbrüder und ich sprechen die gleiche Sprache. Mit ihren Wörtern scheinen sie Ziele auszudrücken, die auch ich besitze. Ich fühle mich wohl und merke nicht, was sie wirklich sagen. Erst in der Rückschau erkenne ich, dass die Wörter bei den Zwölf Stämmen eine andere Bedeutung besitzen, die allmählich auch ich übernehme. Mit der Zeit verinnerliche ich diesen Subtext so sehr, dass ich wirklich glaube, ich liebe meine Kinder nicht, wenn ich sie nicht schlage. Ebenso bedeutet mir zu dieser Zeit »Gemeinschaft« nicht Ebenbürtigkeit, sondern systematische Hierarchie. Und »Partnerschaft« und »Ehe« erscheinen mir nicht als Austausch auf Augenhöhe und Intimität, sondern als ein bloßes Konstrukt, das die Ältesten der Gemeinschaft bis ins Detail überwachen dürfen. Die Wörter sind falsch besetzt.

Gleichwohl erreiche ich nie die totale Kapitulation meines Selbst, die nach den Lehren Yoneqs, des Gründervaters der Zwölf Stämme, das letzte Ziel ist. Im Inneren will ich stets meine letzte Instanz für das eigene Handeln sein. Damals ist mir das nicht in dem Maße bewusst. Ich suche Gott und habe in den Phasen meiner größten Zweifel immer wieder einen Neuanfang in der Gemeinschaft versucht, statt der Gemeinschaft den Rücken zu kehren. Während die Ältesten an anderen Brüdern eine einzige Taufe vollziehen, taufen sie mich als Quertreiber und ewigen Krisenfall gleich vier Mal und waschen mich ebenso oft rein. Ich wollte dieses Leben bei den Zwölf Stämmen mehr, als ich es tatsächlich leben konnte.

Es brauchte viele Jahre, bis der Gedanke, die Zwölf Stämme für immer zu verlassen, zur Gewissheit wird. Als mir die Ältesten im Jahr 2011 zum dritten Mal meine Ehefrau Shalomah und meine vier Kinder wegnehmen, weiß ich endgültig, dass ich mich in der Gemeinschaft getäuscht habe. Ich war erschüttert, dass meine Brüder und Schwestern, die ständig über Liebe redeten, einfach so meine Familie zerstören konnten. Sie bezeichneten mich damals als schlechten Ehemann und Vater und ließen mich in Schmerz und Trauer allein zurück. Wie können Menschen anderen Mitmenschen ein derartiges Leid zufügen?

Plötzlich Jünger!

Ich bin in ihren Händen. Ich bin ihnen ausgeliefert. Die beiden Männer haben mich an eine tiefe Stelle geführt und drücken meinen Körper in den Fluss hinein, bis auch der Kopf unter Wasser verschwindet. Immer weniger Luft füllt meine Lungen. Ich wünsche mir nichts sehnlicher, als zu atmen. Doch es gibt kein Entrinnen. Ich spüre den festen Griff um meine Schultern. Für eine Umkehr ist es zu spät. Panik steigt in mir auf. Ich spüre meinen Herzschlag im Hals und nehme Abschied von meinem alten Leben, jenem bürgerlichen Dasein, das ich einundzwanzig Jahre lang in Deutschland gelebt habe. Es ist wie ein kleiner Tod. Der alte Robert Pleyer wird gleich sterben. Ich bin Gast auf meiner eigenen Beerdigung.

An den Ufern des Flusses Gave d'Oloron stehen die gut 200 Mitglieder der Zwölf Stämme, klatschen Beifall und johlen, als ich kurz vor meinem Tauchgang »Jahschua, rette mich!« in den südfranzösischen Himmel flehe. Ich habe an diesem Tag im März 1991 meine Jacke und Schuhe ausgezogen und bin mit Jeans und T-Shirt bekleidet in das kalte Schmelzwasser gestiegen, das aus den nahen Pyrenäen abwärtsfließt. Keine zehn Grad Celsius misst die Luft, das Wasser des Flusses hat gerade fünf Grad. Nun bin ich in der Gewalt dieser Männer, denen ich mein ganzes Leben anvertraue. Sie drücken meinen Körper bis zu meiner nahenden Besinnungslosigkeit in das eisige Wasser. Sie könnten mich umkommen lassen, mich einfach den Fluten übergeben, bis ich zappelnd blau anlaufe und ertrinke, weil Gott es so will. Ich habe mich aus freiem Willen in ihre Hände begeben, mich ihnen ausgeliefert als Zeichen der Demut vor Gott. Wenn die beiden Kerle mich auf Gottes Geheiß am Leben lassen, werde ich ein neuer Mensch sein. Alles wird anders. Alles beginnt neu. Wenn ich überlebe, denke ich, während ich vor Kälte meinen Körper nicht mehr spüre, gehe ich nie wieder in mein altes Leben zurück. Meine alten Träume werden erloschen sein, denn wenn ich aus den dunklen Fluten auftauche und meine Lunge sich wieder mit Luft füllt, habe ich den Heiligen Geist empfangen und beginne ein neues Leben frei von all meinen Sünden.

Als ich zwei Wochen zuvor im südfranzösischen Sus zu der Gemeinschaft der Zwölf Stämme stoße, ist der Gedanke, mich an Ort und Stelle taufen zu lassen, weit entfernt. Vielmehr suche ich nach Wahrhaftigkeit und einem Leben im Einklang mit der Natur. Ich will meine moralischen Grundsätze leben, die ich an diesem Platz verwirklicht sehe und die in meinem bürgerlichen Leben nicht umsetzbar scheinen. In Sus geben mir diese Urchristen jenen Halt, den ich in meinem alten Leben bislang vergeblich gesucht habe. Die Zwölf Stämme besitzen auf alle meine Fragen eine Antwort. Um sich von Gier und Hass zu befreien, sagen sie, braucht der Mensch nichts weiter als diesen einen Gott. »Jahschua macht dich frei!« Hinter der großen Natursteinmauer, die das Gelände in Sus umschließt, reicht den Zwölf Stämmen diese eine Antwort. Verkündet wird sie in Englisch, denn Gottes Botschaft führt in Sus 200 Menschen aus aller Herren Länder zusammen. Amerikaner, Kanadier, Australier und Deutsche leben hier, aber auch Engländer, Franzosen, Spanier, Portugiesen, Belgier und Holländer. Ich beschließe, dass ich dazugehören will.

Das alte Château mit den Wohn- und Wirtschaftsräumen ist restlos überfüllt. Zelte und Holzhütten reihen sich um das große Feld in der Mitte des Anwesens. Auf dem Gelände befinden sich eine zentrale Toilettenanlage mit Duschen, ein großer Gemüsegarten und Stallungen mit Tieren. Darum zieht sich eine alte steinerne Mauer. Sus ist eine Wagenburg des Glaubens. Die Urchristen haben sich ein kleines Paradies geschaffen, ohne die Hektik und den Stress, und ohne die bösen Versuchungen von außen. In einer scheinbar heilen Welt halten sie ihre Gefolgsleute in den eigenen Reihen. 1972 hatte der Amerikaner Eugene Spriggs die Zwölf Stämme aus der Jesusbewegung heraus gegründet. In Europa ist der Spross Anfang der 1990er noch zart. Der Samen der ersten Urchristen-Gemeinde aus dem kleinen Ort Island Pond im US-Staat Vermont weht nach Stuttgart. Von dort aus begibt sich Anfang der 1980er Jahre eine kleine Gruppe Deutscher auf Wanderschaft durch Spanien und Portugal. Die Schar, die sich die kleine Herde nennt, lernt auf dieser Reise 1984 eine vermögende Französin kennen und darf sich kurz darauf auf deren Besitz in Sus ansiedeln. Immer mehr Aussteiger kommen aus den nahen Pyrenäen zum sogenannten »Tabitha's Place« herunter und siedeln sich bei den Zwölf Stämmen an. Es sind vorwiegend Hippies, die den Ausstieg proben, sich aber heillos zerstreiten und Zuflucht bei den Urchristen suchen. Sus wächst zur Keimzelle der europäischen Bewegung der Zwölf Stämme heran. Zwischen 1990 und 1992 treibt die Gemeinschaft Triebe in ganz Europa aus: Die Urchristen gründen Niederlassungen in England, Frankreich, Spanien und Deutschland.

Plötzlich ziehen mich die Männer an den Armen hoch. Ich schnelle aus dem dunklen Schmelzwasser heraus, schnappe nach Luft. »Der hatte seine Hand nicht unter Wasser«, ruft einer vom Ufer. »Ja«, bestätigt ein anderer. »Der muss noch mal ins Wasser. Robby war nicht mit dem ganzen Körper drin!« Also drücken mich die beiden Männer ein weiteres Mal in die Tiefe des Flusses.

Ich merke, wie ich mein altes Leben innerlich loslasse, wie die Zeit in Köln als Student für Ingenieurwesen aus mir herausgespült, meine Seele gewaschen wird. Als ich kurze Zeit später die Uferböschung hinaufklettere und mir rasch meine alte Lodenjacke überziehe, zittere ich am ganzen Körper. Kaum schaffe ich es, mit meinen Füßen in die ausgelatschten Camelboots zu schlüpfen. Dann hüllen mich die Urchristen in schwere Wolldecken. Applaus brandet auf. Die Szenerie ist unwirklich. Ich vernehme Gesang und Gitarrenklänge wie aus der Ferne. 200 Menschen haben sich am Ufer des Flusses eingefunden und singen christliche Lieder, manche lachen, und andere nicken mir aufmunternd zu. Sie laufen zu mir hin, umarmen mich und legen ihre Hände flach auf meinen Körper. Immer mehr drängen mir entgegen, immer mehr Handflächen bedecken meinen Leib. Wärme steigt in mir auf. Ich bin unter Händen begraben. Ich spüre eine große Energie. Eine sonderbare Glut lodert in mir auf, als ob der Heilige Geist in mich hineinfährt. Ich fühle mich geborgen wie in Mutters Schoß, bin ein zweites Mal geboren, drücke meine neuen Brüder und Schwestern an mich, weine, zittere, lache, weine. Ich bin voller Glück. Ich bin am Ziel aller Träume. Nun erheben die Zwölf Stämme mir zu Ehren ihre Stimmen zum Gebet. Ich bin gerührt. Gänsehaut perlt über meinen Körper. Ich bin mir nicht sicher, ob vor Rührung oder Kälte. Wahrscheinlich beides. Die Gefühle überwältigen mich. Ich bin im Rausch, schwimme in Liebe, im absoluten Glück. Heute, da bin ich mir sicher, beginnt mein wahres Leben.

Als ich mich ein paar Stunden zuvor mit der großen Karawane der Urchristen vom Schloss zum Fluss aufmache, gilt der riesige Aufwand einem anderen Täufling. Da ahne ich noch nicht, dass ich wenig später die zweite Hauptperson werden soll. Der eigentliche Täufling, ein Spanier, der mit seiner ganzen Familie hier leben will, ist in das eisige Wasser gestiegen und wird von den Männern untergetaucht. Als sich die Menge mit dem in Decken gehüllten neuen Jünger schon auf den Rückmarsch zum Château machen will, fragt einer: »Ist da noch jemand, der sein Leben an den einzigen wahren Gott geben will?«

»Ja, ich!«, höre ich mich rufen. Es ist, als würde ein anderer mit meiner Stimme sprechen. Sofort drehen sich die Nebenstehenden zu mir um. Einer der Ältesten ruft der Menge zu: »Robby will kapitulieren!« Sie hatten nur darauf gewartet, hatten geahnt oder zumindest gehofft, dass ich mich in diesem Moment bekennen würde. Die meisten hatten mich wohl schon seit Tagen im Visier. Nun ist es an dir, schießt es mir durch den Kopf, und ich melde mich wie in Trance als nächsten Täufling zur Prozedur. In diesem Augenblick bin ich mir sicher, dass

Gott selbst mich angesprochen hat. Jahschua, dessen Name im Hebräischen »Ich bin mächtig zu erretten« bedeutet, hat mich erwählt. Ich bin sein neuestes Werkzeug.

Vor nicht einmal drei Monaten hatte ich die Zwölf Stämme das erste Mal in Sus besucht – damals für gerade drei Wochen. Und nun – ganze zwei Wochen nach meinem zweiten Kommen – bin ich bereits getauft?! »Das ist Fügung«, erklären mir die Mitglieder der Zwölf Stämme immer dann, wenn ich mich über mein eigenes Tempo auf Gottes Weg wundere. »Du gehörst Gott!« Um mir das zu beweisen, beginnt gleich am ersten Tag dieses zweiten Besuchs in Sus ein großes Willkommensfest mit Musik und Tanz. Die Feier gilt mir und einem weiteren Deutschen. Er heißt Markus (Name geändert) und trifft zufällig am selben Tag wie ich ein. Die Zwölf Stämme haben den Ingenieur gleich nach der Wende auf dem Kirchentag in Berlin angesprochen und zu einem Besuch in Sus überredet. Es ist der erste Kirchentag nach der Wiedervereinigung. Dass wir uns am selben Tag in Sus einfinden, sei ebenfalls Fügung, erklären die Zwölf Stämme. In einem Leben außerhalb der Steinmauer hätte ich mich wohl nicht mit diesem Ostdeutschen befasst, ja ich hätte ihn wahrscheinlich nicht einmal getroffen. Er ist ein Biedermann, wie er im Buche steht. Anfang fünfzig, gescheiteltes Haar, Eigenheim, Trabbi mit Wohnwagen. Er ist einer von diesen Typen, die im Osten alles richtig gemacht haben; er war Aufsichtsleiter für Druckmaschinen in einer großen Druckerei in der ehemaligen DDR. Im normalen Leben hätten wir uns niemals miteinander abgegeben oder gar verstanden. Nun aber sind wir Brüder im Geiste. »Das ist Fügung«, freuen sich die Jünger.

Wir seien verlorene Söhne, die endlich heimgekehrt sind, macht uns die Zwölf-Stämme-Gemeinschaft klar. Ein Urchrist nach dem anderen begrüßt uns. Mit Tränen in den Augen schließen sie mich in die Arme, drücken mich fest an sich. »Dass du es zu uns zurückgeschafft hast, ist das Werk Gottes«, sagt eine Frau im weiten Gewand. Ein Mann namens Jehu mit streng gebundenem Haar meint: »Wir haben es gewusst, wir haben jeden Tag dafür gebetet, dass du den Versuchungen da draußen widerstehst.« Jehu ist einer von jenen Leuten, mit denen ich bei meinem ersten Besuch in der Biobäckerei gearbeitet habe. Er erzählt mir, dass alle Bäcker an jedem einzelnen Morgen seit meiner Abwesenheit für mich gebetet hätten. Jeden Morgen, bevor der erste Teig geknetet worden sei, hätten sie ein Gebet zu Gott gesandt: »Jahschua, bring den Robby zurück!« Sie wissen, dass sie bei meinem ersten Besuch in Sus einen Samen in mir gepflanzt haben, der nur noch aufgehen musste. Sie sind sich sicher, dass ich zu ihnen gehöre. Sie hinterlassen in mir den Eindruck, dass ich wichtig für sie und die Gemeinschaft bin.

Dieses unglaubliche Gefühl wirkt in mir wie eine Droge. Ich bin glücklich, vertraue diesen Männern und Frauen mehr und mehr. Sie sagen, es sei so großartig, dass ich es nach Sus geschafft hätte. Das Leben im Kreis der Zwölf Stämme sei das schönste Leben überhaupt, es sei eines in Wahrheit. Um wirklich Zugang zu ihrer Welt zu bekommen, müsste ich jetzt nur noch innerlich kapitulieren und mein Leben dem einzigen Gott widmen – und diese letzte und wahre Kapitulation ist die Taufe. Die Taufe ist das Ende allen Egos. Also falle ich unten am Fluss ein paar Tage später vor Gott auf die Knie und rufe: »Hier ist mein Leben, Jahschua, nimm es an! Ich bin bereit, nur noch für Dich zu leben!«

Bis ich mich an jenem Märztag tatsächlich für meine Taufe entscheide, wälze ich mich viele Nächte in meinem Bett herum. Ich ringe mit mir, führe stundenlange Zwiegespräche. Ich klage mich regelrecht selbst an, weil ich mich mit der Entscheidung für ein gottgerechtes Leben so schwertue. Ich kann das Alte noch nicht loslassen. Dieses Hin und Her treibt mich fast in den Wahnsinn. Bei den täglichen Versammlungen der Zwölf Stämme fühle ich mich inzwischen beobachtet. Können mir die Mitglieder der Zwölf Stämme meine Unsicherheit ansehen? Sie müssen doch merken, wie sehr ich mit mir selbst hadere? Sprechen sie mich wohl öffentlich vor allen Leuten an, weil sie meinen Zwiespalt spüren? Werde ich vielleicht in der großen Versammlung geoutet, da ich den Satan nicht gänzlich und sofort aus mir vertreiben kann? 200 Personen füllen jeden Morgen und jeden Abend den Versammlungsraum. Sie sitzen auf dem Fußboden, auf Treppenstufen, auf Stühlen, Tischen und Sofas. Es ist so stickig wie im überfüllten Seminarraum damals an der Kölner Universität. Einer nach dem anderen reden sie über ihren Glauben, singen gemeinsam christliche Lieder oder lesen Stellen aus der Bibel vor, die ihnen helfen sollen, Gott besser zu verstehen.

An jenem Tag, als ich mich unten am Fluss taufen lasse, habe ich das Gefühl, dass ich nach zwei Wochen Aufenthalt demnächst in der Versammlung das Wort ergreifen müsse. Innerlich lege ich mir bereits ein paar Worte zurecht, als plötzlich neben mir und dem Ostdeutschen der dritte Gast aufsteht und erklärt, er möchte sein Leben heute Jahschua schenken. Ich bin erleichtert und denke, jetzt bleibst du brav sitzen und hörst erst mal dem anderen zu. Ich habe Zeit gewonnen, brauche in meiner Unschlüssigkeit keine Entscheidung zu fällen. Der innere Druck verpufft.

Nach der Versammlung brechen die Zwölf Stämme zum Fluss auf. Es ist eine riesige Karawane. Frauen, Männer und Kinder tragen Fackeln und schwenken Laternen. Sie fassen sich an den Händen und laufen hüpfend dem Fluss Gave d'Oloron entgegen. Ein Gesang aus Hunderten von Kehlen füllt das Tal. »Take me down to the freedom river, wash my soul.« Ich bin eins mit der Menge, ein Teil von ihr, gehe in ihr auf. »Ja, ich!«, sage ich also auf die Frage, ob noch ein Zweiter an diesem Tag getauft werden möchte, sein Leben Jahschua anvertrauen will. Ich tauche aus den dunklen Fluten auf, spüre die warmen Decken und die vielen Hände auf meinem Körper. Jetzt bin ich ein vollständiges Mitglied der Zwölf Stämme. Jetzt bin ich ein aufgehender Same des Schöpfers. Ein Auto bringt mich zum Schloss zurück. Ich dusche und schlüpfe in meine neuen Kleider. Jemand hat mir eine weite Pumphose und ein frisches, selbstgenähtes Hemd auf mein Bett gelegt. Es ist die priesterliche Kleidung. Sie symbolisiert, dass ich nun geweiht bin, dass ich dazu auserwählt bin, Gottes Botschaft zu verkünden. Dann muss ich mir die Haare glatt nach hinten kämmen und sie mit einem Band am Kopf fixieren. Um sie zu einer wahren priesterlichen Haartracht zu binden, einem faustlangen kurzen Zopf, reicht die Länge noch nicht. Überhaupt die Haare.

Das erste Mal bin ich mit Dreadlocks nach Sus gereist. Über viele Jahre ist die lange Mähne für mich ein Ausdruck der Freiheit, ein Zeichen für Individualität und

Anarchie, für Auflehnung gegen das Etablierte. Als Twen erscheinen mir meine Dreadlocks als Anderssein schlechthin. Doch bereits bei meinem ersten Besuch kritisieren die Zwölf Stämme den wilden Look. »Diese Haartracht«, sagen sie, »geht gar nicht. Gott will einen gebundenen Pferdeschwanz für Männer und keine persönliche Freiheit!« Gott wolle mich mit einer strengen Frisur festhalten, Gott wolle das Unter-Geordnete. Obwohl mir ein Gott der Freiheit sympathischer erscheint, arbeitet und wirkt die Lehre der Zwölf Stämme in mir, treibt mir allmählich die Individualität aus.

Zurück in Deutschland bitte ich schließlich einen Freund, mir meine braunen Locken abzuschneiden. Als der sich weigert, weil er sich nicht an meinem Heiligtum vergehen will, greife ich nach zähem Ringen selbst zur Schere. Ich schneide Strähne um Strähne ab, während mir die Tränen über das Gesicht rollen. Bis dahin hatte diese Haartracht für mich einen ungeheuren ideellen Wert. Nun lasse ich mit den langen Locken auch ein Stück altes Leben hinter mir. Erstmals beuge ich mich einem der Grundsätze der Zwölf Stämme. Ich gebe ein Stück meines Ichs auf, werde mehr und mehr Teil der Herde. Für die Zwölf Stämme bedeutet Freiheit eben nicht, die Haare so zu tragen, wie man möchte. Aus ihrer Sicht ist wahre Freiheit, die Haare so zu tragen, wie Gott es befiehlt.

In meinem Denken beginnen sich die alten Werte zu verändern. Nach und nach erhalten die Worte eine neue Bedeutung. Mit jedem Haarbüschel, das zu Boden fällt, triumphiere ich nun gewissermaßen über mich selbst. Die Befreiung von meinen eigenen Wünschen hat mit dem Gewaltakt an meinen Haaren begonnen. Nur der wird frei, lautet eine wesentliche Regel der Stämme, der kein eigenes Verlangen mehr hat. Erst später merke ich, dass mit dem Erlöschen des eigenen Willens andere Personen aus der Gemeinschaft an meine Stelle treten und über mich bestimmen.

Mit den langen Haaren lasse ich vor meinem zweiten Besuch in Sus auch meinen Schmuck in Deutschland zurück. Die Zwölf Stämme haben mich gelehrt, dass es wertlos ist, sich zu dekorieren. Aus ihrer Sicht stellen meine Uhr, der silberne Fingerring mit blauem Stein aus der Türkei, mein Ohrring und mein Lederband aus Afrika, das ich stets um den Hals trage, eine Uniform für das Leben außerhalb der neuen Gesellschaft dar, die sie aufbauen. Nun brauche ich das alles nicht mehr, heißt es. Zierrat sei nur Fassade, schnöde Kostümierung. Stattdessen stecke ich nun in Pumphosen und einem weiten Hemd. Für mich ist das längst kein Widerspruch mehr, sondern das Gegenteil der reinen Äußerlichkeit. Schließlich habe ich das Priestergewand der Zwölf Stämme am Leib, gewissermaßen die Kleidung der Wahrheit. Wahre Schönheit kommt von innen, sagen die Zwölf Stämme. Noch so ein Satz, den ich viele Jahre später meine eigenen Kinder lehren werde.

Als ich mit dem anderen Täufling frisch geduscht und im neuen Gewand die Treppe zum Versammlungsraum hinabsteige, wartet meine neue Familie bereits auf uns. Einige stehen auf und jubeln, andere breiten herzlich die Arme aus. Durch den Raum tost Beifall. Mit unserem Erscheinen spielt die Musik auf. Wir singen, feiern, essen und trinken ein Gebräu aus Honig, Apfelessig und Wasser. Vini ist ein Traditionsgetränk der Zwölf Stämme. Das geht bis weit nach Mitternacht. Beseelt falle ich an diesem Abend ins Bett. Ich bin mir sicher, genau das richtig gemacht zu haben. Ich bin fest davon überzeugt, mit meiner heutigen Taufe den ersten Schritt in ein besseres Leben gegangen zu sein.

Am nächsten Morgen beginnt der Alltag. Jedes Mal, wenn ich meine eigene Meinung sage, schauen mich meine Brüder und Schwestern verwundert an und runzeln die Stirn. Der Blick soll mir sagen: »Da hat der alte Mensch gesprochen! Du musst noch viel lernen.« Und ich lerne schnell. In kurzer Zeit verstehe ich, wie ich mich in diesem neuen System verhalten muss. Ich will ein wichtiges Mitglied der Gruppe werden. Ich will verstehen und vorankommen. Ich will den alten egoistischen Menschen, der in mir haust, so rasch wie möglich abstreifen, ja abschaffen. Ich will ein braver und guter Nachfolger Gottes sein. Schnell erlerne ich den Habitus, den ich innerhalb der Mauern der Zwölf Stämme brauche. Es sind Riten und Regeln, die wir Mitglieder nur in dieser Gemeinschaft leben können. Wir sind geprägt auf die Zwölf Stämme. Jeder Einzelne von uns ist in einem Denken, Reden und Leben trainiert, ja konditioniert, welche in dieser Art nur in den Strukturen der Gemeinschaft vollzogen werden können. Nur im Umfeld und im Format der Zwölf Stämme ist dieses neu erlernte Leben möglich.

In mir wächst ein neuer Geist heran, und ich fühle mich trotz der veränderten Bedingungen so authentisch wie nie zuvor in meinem Leben. Ich beginne zu reden und zu denken wie die anderen. Erstaunlich schnell passe ich mich den neuen Umständen an. Jahre später erzählt mir meine Mutter, wie fremd ich meiner Familie damals geworden bin. Nach gerade zwei Wochen bin ich bestens assimiliert. Doch wie tief diese Anpassung gehen wird, davon ahne ich zu dem Zeitpunkt noch nichts. Mein anderes Leben erscheint mir weit weg, wie fortgespült, ein verblassender schlechter Traum meiner Jugend. Nur ab und an habe ich ein paar Konflikte in meinem neuen Leben, die aus dem alten resultieren. »Das ist der alte Mensch«, erklären mir meine Brüder und Schwestern, wenn ich mich mit den neuen Regeln schwertue, und ich beuge mich ihrem Urteil. Etwa wenn ich nicht so viel reisen darf, wie ich will. In den ersten drei Jahren erlauben sie mir nur zweimal, die Gemeinschaft Richtung Deutschland zu verlassen. Einmal muss ich meinen Führerschein beim Amt abholen, damit ich in Frankreich Traktor fahren darf. Ein anderes Mal feiert mein Vater seinen fünfzigsten Geburtstag. Eine Reise zur Beerdigung meiner Großeltern wird mir verweigert. Lass die Toten die Toten beerdigen, wird mir gesagt.

Mehr als zwanzig Jahre lang lebe ich bei den Zwölf Stämmen und werde sogar eines ihrer führenden Mitglieder. Ich helfe bei der Gründung einer Stämme-Gemeinde in Pennigbüttel bei Bremen und einer in Stödlen-Oberbronnen in Baden-Württemberg. Ich unterrichte die Kinder der Stämme im bayerischen Deiningen in der Nähe von Nördlingen und wehre mich jahrelang erfolgreich gegen die Behörden, die unsere Privatschule schließen wollen. 2009 versuche ich den ersten Absprung mit meiner Familie, doch der Neubeginn scheitert nach wenigen Monaten. 2012 steige ich schließlich bei den immer radikaler werdenden Urchristen aus und nehme meine vier Kinder mit. Die Welt hinter den Mauern wurde mir unerträglich.

Der alte Robert stirbt

Erstmals begegne ich den Mitgliedern der Zwölf Stämme im Sommer 1990. Per Anhalter trampe ich ins Wiener Mühlviertel auf einen ehemaligen Truppenübungsplatz zum Rainbow Gathering. Das ist ein großes alternatives Hippie-Treffen, das damals in einem österreichischen Nationalpark stattfindet. Eigentlich habe ich den Gedanken bereits verworfen, zu diesem Fest zu fahren, weil ich mich um einen zweijährigen Hund kümmern muss. Ein Freund aus meiner Clique hat mich gebeten, ein paar Monate auf den Mischlingshund Kaschim aufzupassen. Sein Herrchen sitzt wegen eines aufgeflogenen Drogendeals im Gefängnis. Als Anhalter mit Hund hätte mich kaum jemand mit in den Süden genommen, aber dann kommt alles ganz anders.

Ein paar Tage vor dem Hippie-Fest in Wien erlauben die Behörden dem eigentlichen Hundebesitzer einen Tag Freigang, und dieser Michael will unbedingt sein Tier sehen. Also holt mich mein Kumpel Peter, der den Freigänger kennt und mir auch den Hund mit den schwarzen Locken vermittelt hat, am frühen Morgen mit seinem alten 200er-Benz bei meinem Vater in Hennef an der Sieg ab. Es ist ein heißer Sommertag. Der Wind weht durch die heruntergekurbelten Seitenscheiben, während aus dem Radio laute Reggae-Musik tönt. Auf der Fahrt beschließen wir, noch schnell einen Joint zu rauchen. Mein Freund lenkt den bunt bemalten Wagen in einen lichten Wald, und als wir die Türen öffnen, um die Kühle des Waldes hereinzulassen, springt der Hund aus dem Auto. Kaschim tobt durch das Gehölz, nimmt Fährte auf und ist verschwunden. Erst mache ich mir Sorgen, dann benebelt der Rauch meine Sinne. Entspannt dösen wir in den bequemen Sitzen des Autos und rauchen. Schüsse fallen. Sofort springe ich aus dem Auto, als mir schon Kaschim entgegenhumpelt. Das Tier winselt, und aus seiner Nase läuft Blut. Ein grün gekleideter Mann rennt auf uns zu. »Warum habt ihr den Hund frei durch den Wald laufen lassen?«, schreit er uns an. »Das Tier hat ein Rehkitz gerissen. Ich musste schießen.« Als seine Wut verpufft, stellt sich der Mann als Förster vor und erklärt uns, dass Kaschim vor seinen Augen dem Kitz ins Genick gebissen habe und er deshalb auf den Hund habe anlegen müssen. Sein Schuss aber hat das Tier nur schwer verletzt.

Ich gehe auf Kaschim zu und presse das jaulende Tier an meinen Körper. Der Hund tut mir unendlich leid. Der Förster meint, dass er Kaschim den Gnadenschuss geben müsse. Es ist ihm sichtlich unangenehm. Er richtet die Flinte auf den Kopf des Tieres und drückt ab. Augenblicklich sackt Kaschim in sich zusammen und sinkt seitlich auf den Boden. Mich überkommt ein Gefühl der Schuld. Mein Körper zittert, und ich heule wie verrückt. Ich bin wie gelähmt, unfähig, einen Schritt im Denken und Handeln nach vorne zu machen. Als ich mich etwas gefangen habe, nehme ich den blutverschmierten Hund auf meine Arme und trage den Kadaver ein Stück tiefer ins Unterholz. Der Förster reicht mir seinen Klappspaten, und ich grabe ein Loch in den weichen Boden. Immer wieder muss ich meine Arbeit unterbrechen, weil mich ein Heulkrampf schüttelt. Ich weine und ramme zugleich den Spaten in die Erde. Ausgerechnet an dem Tag, an dem Michi das erste Mal draußen ist und seinen Hund sehen will, stirbt das Tier vor meinen Augen. Ich bin mit den Nerven am Ende, lege den Hund in die Grube und trete Erde in das Loch, bis Kaschim nicht mehr zu sehen ist. In mir sind nichts als Hoffnungslosigkeit und stumme Verzweiflung.

Als ich wieder im Auto sitze, rinnt mir der Schweiß aus allen Poren. Im Inneren des Fahrzeugs steht die Hitze. Mein T-Shirt klebt am Körper. Wir beschließen, an einem kleinen Waldsee haltzumachen.

Ich muss meine Gedanken ordnen. Ich bin verwirrt. Das benebelnde Kiffen, der tote Hund, die bohrende Schuld. Und nun müssen wir dem Hundebesitzer erklären, was passiert ist; warum es mir ausgerechnet an dem Tag, an dem er auf seinem Freigang das Tier sehen will, nicht gelungen ist, auf Kaschim achtzugeben. Was soll ich Michael sagen? Ich starre auf den See und suche ein Zeichen, das mir eine Antwort gibt. Ich ziehe meine Kleider aus, gehe zum Ufer und springe in den See. Tief tauche ich in das grüne Wasser ein und sehe von unten die Sonne auf der Oberfläche des Sees glitzern. Das Wasser ist erfrischend, und ich tauche und tauche. Ich wünsche mir, dass alles anders, alles nur ein böser Traum ist, dass mit dem Abtauchen auf den Grund alles Geschehene mit einem Mal ungeschehen ist, sich die Sorgen und der Schmerz irgendwie auflösen. Am liebsten wäre ich nie wieder aufgetaucht. Doch irgendwann ist die Luft weg, und ich komme wieder nach oben. Im Kopf der Ausnahmezustand. Wie benommen steige ich ins Auto, und wir fahren schweigend los, um Michael vom Tod seines Hundes zu berichten.

Als Michael die Tür öffnet, kann ich ihm kaum in die Augen schauen. In wenigen Worten schildere ich ihm, was geschehen ist. Er steht nur da und schaut mich fragend an. Doch echte Antworten auf das Warum kann ich ihm nicht geben. Ich nehme ihn in den Arm und stammele ein unbeholfenes »Sorry«. Ich fühle mich unwohl und dränge darauf, diesen Ort schnell wieder zu verlassen. Auf der Rückfahrt laufen mir die Tränen übers Gesicht. Wir schweigen. Es gibt nichts zu sagen.

Vor dem Haus meines Vaters steige ich eilig aus dem Wagen, renne um das Gebäude herum und erblicke meinen Vater beim Rasenmähen. Als ahne er an meinem Gesichtsausdruck, was passiert ist, schaut er mich an und ruft mir entgegen: »Wo ist Kaschim?«

Ich falle ihm um den Hals, und wieder einmal an diesem Tag rinnen die Tränen. »Papa, ich muss weg! Ich muss raus hier, ich pack das nicht«, erkläre ich und drücke mich an seinen von der Gartenarbeit verschwitzten Körper. Dann erzähle ich ihm die Geschichte von dem toten Hund. Er gibt mir 100 Mark, und ich packe noch am selben Tag meinen Rucksack und mache mich nach Österreich auf.

Das Rainbow Gathering ist ein internationales Fest, auf dem Leute ihre alternativen Lebensprojekte vorstellen. Nach ein paar Tagen habe ich eine ganze Liste beisammen von verschiedenen Formen des Zusammenlebens, die ich irgendwann besuchen will; alternative Wohnformen in Spanien, Frankreich und Portugal. Die Projekte scheinen Antworten auf meine spirituellen Fragen zu sein. Ich lerne auch zwei nette Leute aus der Gemeinschaft der Zwölf Stämme in Sus kennen. Sie stellen sich als Ben Nabi und Labeshu vor und erzählen, dass sie dort in Südfrankreich eine Biobäckerei betreiben und in Tipis wohnen. Wir schließen Freundschaft, und sie überreichen mir einen kleinen Flyer mit dem Titel »Wie man nach Sus kommt«.

Auf dem Zettel steht die Geschichte von der kleinen Herde in Südfrankreich, die am Rande der Pyrenäen aufgewacht ist und mit ganzem Herzen Gott gefallen will. Einer der Männer ist ein Althippie, der jahrelang in den Pyrenäen in den Bergen gelebt hat. Und wie der Zufall es will, kennt der Mann eben jene Frau, die ich gemeinsam mit ihrer Familie in einem früheren Sommerurlaub in der Gegend kennengelernt habe. Mehr noch: Ich habe sogar eine Weile mit dieser Hippie-Familie in ihrem Tipi am Fluss gelebt. Der Kreis schließt sich, denke ich und gewinne Vertrauen.

Erst viel später fällt mir auf, dass die beiden Gesandten Ben Nabi und Labeshu mit den alternativen Lebensformen, die ich suche, gar nichts im Sinn haben. Im Gegenteil: Die Zwölf Stämme grenzen sich von diesem Easy Living geradezu ab. Für mich ist zu diesem Zeitpunkt noch alles irgendwie eins. Mir ist auch nicht klar, dass sich die Zwölf Stämme als Missionare begreifen und regelrecht Wanderer aussenden, um neue Mitglieder zu rekrutieren.

Ben Nabi und Labeshu müssen schnell gemerkt haben, dass ich ein gefundenes Fressen bin. In den drei Tagen des Rainbow-Festes suchen sie immer wieder das Gespräch mit mir. Als das alternative Spektakel schließlich beendet ist und ich wieder zurück in Deutschland bin, denke ich fast täglich über ihre Worte nach – über

Gott und ihre Welt. Dann folgt die nächste Begegnung mit den Wanderern.

An einem Tag im folgenden Herbst besucht mich ein Freund und erzählt mir, dass er vorhabe, auf das Konzert der Rockband Greatful Dead nach Essen zu fahren. Das ist eine Gruppe aus San Francisco, die eine Art Gegenkultur begründet hatte. Mein Kumpel hatte ein Jahr lang in Amerika gelebt und dabei die dortige alternative Deadhead-Szene kennengelernt. Ich bin dann mit ihm nach Essen gefahren; zumal mir die Zwölf Stämme auf dem Sommer-Festival im Mühlviertel erzählt hatten, dass auch sie mit einem Bus zu dem Konzert kommen wollten, um ein paar Freunde zu treffen. Ich fand, dass das eine gute Gelegenheit ist, diese freundlichen Leute wiederzusehen. Als wir vor der Konzerthalle stehen, höre ich von meinem Freund, dass der Bus der Zwölf Stämme tatsächlich da ist. Zu diesem Zeitpunkt bin ich aber zu sehr in Partystimmung, um gleich zu den Urchristen hinüberzugehen. Lieber will ich kiffen, mich in die Musik fallen lassen und eine gute Zeit haben. Ich weiß ja inzwischen, dass die Zwölf Stämme nichts mit dem schwachen Fleisch am Hut haben und eher spirituell unterwegs sind. Ich aber will heute in erster Linie Spaß. Mich begeistern die vielen bunten Menschen, die ausgelassen und fröhlich am Eingang der Halle auf Einlass warten. Sie tanzen, feiern und lachen! Ein junges Mädchen mit einer gelben Sonnenblume in der Hand läuft singend an mir vorbei und drückt mir einen dicken Kuss auf die Wange. Alle scheinen nur das eine zu wollen, Peace and Love.

Als ich Stunden später mit tauben Ohren als einer der Letzten die Essener Gruga-Halle verlasse, bin ich schockiert. Überall stapelt sich der Müll. Knöcheltief wate ich durch Pappbecher, Papier, Dreck. Über Stunden habe ich in Love, Peace and Happiness geschwelgt und bin Teil einer Wahnsinnsparty – keine Frage. Doch was davon übrig bleibt, ist nichts als Müll. Abfall. Dreck. Verdammt, denke ich, am Ende des Abends haben diese ganzen Hippie-Leute, wie alle anderen Gruppen auch, nur Müll zurückgelassen.

Wo ist die Tiefe?, frage ich mich. Die singen Peace and Love, aber es bleibt der gleiche Mist zurück wie bei den oberflächlichen Leuten, die ich immer kritisiere. Sonnenschein? Sonnenblumen? Dieser Hippie-Kram ist genauso platt wie alles andere, denke ich desillusioniert. Ich will mehr als Müll hinterlassen. Ich habe einen anderen Anspruch. In solche tristen Gedanken versunken, gehe ich durch den Hauptausgang und höre auf einmal jemanden rufen. »Hey, Robby!«, schreit mir ein Mann vom Parkplatz aus zu und winkt. Es ist einer der Typen aus Wien. Er merkt offenbar, wie deprimiert ich bin. »Komm erst mal in den Bus rein!«, schlägt er vor, und ich trotte hinter ihm her.

Seltsam, dass ausgerechnet hier und jetzt diese Zwölf Stämme vor mir stehen, grübele ich. Ist das noch Zufall? Als könne er meine Gedanken lesen, sagt er: »Eines weiß ich, dich hat der liebe Gott hergebracht.« Ich klettere in den alten liebevoll restaurierten Setra-Bus. Die anderen Mitglieder der Zwölf Stämme wissen offenbar bereits, wer ich bin, und begrüßen mich mit einem »Boah, dass wir dich hier wiedertreffen, dass ist Fügung«. »Unser Gott will das!«, sagt ein Mann. Ein Amerikaner mahnt: »Unser Gott, der braucht dich. Das kann kein Zufall sein. Was ist los? Du wolltest uns doch in Frankreich besuchen?« »Ja, ich arbeite gerade, ich jobbe in der Schreinerei, um Geld für eine Reise zu verdienen«, entgegne ich gerührt und verspreche sogleich, im kommenden Winter nach Sus zu kommen.

Der Amerikaner nimmt sich meiner an. Neben mir sitzen noch andere Konzertbesucher, welche die Zwölf Stämme ebenfalls vor dem Ausgang der Gruga-Halle abgefangen haben. Überall im Bus diskutieren kleine Gruppen bei einer Tasse Tee über den Sinn des Lebens. Mein Amerikaner geht sehr geschickt vor. Kein Wort verliert er über die religiöse Doktrin der Zwölf Stämme. Vielmehr hört er mir stundenlang zu, motiviert mich dabei, meinen Weg zu finden und mich von meinem alten Leben zu lösen. Er gibt sich verständnisvoll. »Komm bald in Sus vorbei«, rät er. »Das ist das Beste, was du machen kannst. Unser Vater hat dich lieb, deshalb sitzt du jetzt hier.« Gott habe mich in den Bus nach Essen geführt. Alles habe einen Grund.

Ich bin dankbar, dass mir der Amerikaner nach der inhaltlosen Hinterlassenschaft des Rockkonzerts Trost spendet. Für den Moment macht er mir Hoffnung. Zum Abschied drückt er mir die deutsche Ausgabe der Zeitschrift »Grateful« in die Hand. Darin geben Einsteiger der Zwölf Stämme Zeugnis darüber ab, wie sich ihr Leben zum Positiven gewandelt hat. Auf dem Heimweg zurück nach Hennef fühle ich mich gut. Erst dieser Müll und die Sinnlosigkeit nach dem Konzert – dann diese Behaglichkeit und das Verständnis im Bus. Nein, das konnte kein Zufall sein. Gott selbst ruft mich!

Seit dem Teenageralter bin ich auf der Suche nach einem alternativen Leben. Mit meinen Freuden philosophiere ich immer wieder über eine andere Gesellschaft.

Wir wollen nicht weniger als die Welt verändern. Ich trage Dreadlocks und bin schnell ein großer Befürworter der Rastafari-Bewegung. Diese Glaubensrichtung ist in den 1930er Jahren in Jamaika aus dem Christentum entstanden und beruft sich auf das Alte Testament. Früh müssen meine Eltern lernen, meine Musik und meine verfilzten Haare zu akzeptieren. Wir sprechen öfters über meine wagen Pläne. Mein Vater, bei dem ich lebe, seit meine Mutter nach Südamerika übersiedelt ist, redet strikt gegen meine Hirngespinste an. Regelmäßig versucht er, mich davon zu überzeugen, mein Ingenieurstudium ordentlich zu beenden, Geld zu verdienen und eine bürgerliche Karriere anzustreben. Von meiner Mutter kommt wenig Widerrede. Nach der Schule studiere ich also zunächst Bauingenieurwesen in Köln, lerne dann aber eine Gruppe von alternativen Leuten kennen und wechsele ins Fach Sozialarbeit. Mein Ingenieurwesen passt einfach nicht zu dieser Clique aus Zimmermännern und Goldschmieden.

Immer wieder erzähle ich meinen neuen Freunden von den Lehren der Zwölf Stämme. Ich berichte, dass es dort die wahre Liebe und das perfekte Zusammenleben tatsächlich gibt. Sie sind von meinen Erzählungen völlig überrascht, aber zu meiner eigenen Verwunderung auch weniger begeistert als ich. »Hey«, entrüste ich mich über deren Behäbigkeit, »wir wollten doch alle in Frieden zusammenleben. Nun habe ich so eine Gemeinschaft gefunden, und ihr wollt nicht mit?« Ich wünsche mir, mit ihnen gemeinsam dorthinzufahren, doch meine Freunde lehnen barsch ab. Mein eigener Entschluss aber ist unumstößlich. Fast täglich lese ich die Zeitung »Grateful«, die mir die Zwölf Stämme beim Konzert in Essen zugesteckt haben und die ich seitdem hege und pflege. Das Internet hat sich noch nicht durchgesetzt, und die 24 Seiten dienen mir als einzige Informationsquelle. Immer wieder lese ich jedes Wort und bin aufs Neue begeistert. Darin steht geschrieben, dass es bei den Zwölf Stämmen um den wahren Glauben an Gott und eine verschworene Gemeinschaft geht. Ich wähne mich bereits auf Seinem Weg – und mache mich Weihnachten 1990 tatsächlich nach Sus auf.

Mit einem Zugticket, das mir meine Mutter schenkt, fahre ich zunächst nach Paris. Von dort aus trampe ich bis nach Südfrankreich. Als ich auf dem Dorfplatz von Sus mit meinem Rucksack aus dem Lastwagen springe, verabschiede ich mich von dem Fahrer mit einem »Gott liebt dich«. Der Inhalt der Zeitschrift, die ich immer und immer wieder gelesen habe, sitzt unverrückbar in meinem Kopf. Ich fühle mich bereits als Medium göttlicher Liebe, bin supergut drauf und entschlossen, mein Leben zu ändern. Ja, ich kann es kaum erwarten und eile hoffnungsfroh durch den Seiteneingang des Anwesens der Zwölf Stämme.

Gerade will ein Bewohner in ein Gebäude hineingehen, da sieht er mich und kommt zu mir her. »Herzlich willkommen, i bin der Abbijah«, schwäbelt er. Er ist Stuttgarter. Ich erzähle ihm in kurzen Zügen die Geschichten aus Wien und Essen, und er antwortet: »Subr, komm roi.« Ich solle erst mal duschen und danach gleich zur Feier kommen. Es ist ein Freitag, und gleich beginnen die Feierlichkeiten für Schabbat. Später erzählen sie mir, dass das Angebot, eine Dusche zu nehmen, nicht reiner Ausdruck von Gastfreundschaft gewesen sei, sondern vielmehr aus der Angst resultierte, ich könnte mit meinen verdreckten Dreadlocks Krankheitserreger in die Gemeinschaft einschleppen.

Nach der Dusche gehe ich die Holztreppe in den Versammlungsraum hinunter und sehe überall lachende und fröhliche Leute. Ich stehe etwas ratlos im Eingangsbereich, als gleich Frauen, Männer und Kinder auf mich zukommen, mich herzlich begrüßen und mir Fragen stellen: Wie ich heiße, wo ich herkomme, und wie ich den Weg zu den Zwölf Stämmen gefunden habe. Ich höre schöne Musik. Die Atmosphäre ist friedlich, Getränke und Speisen sind ökologisch und vollwertig. So habe ich mir das gewünscht.

Nach dem Ruhetag am Samstag ist mein erster Arbeitstag ein Sonntag. Ich bin in der Biobäckerei eingeteilt. Der Leiter der Bäckerei ist ein Deutscher namens Jehu, auch ein Schwabe. Unter seiner Anleitung backe ich zum ersten Mal in meinem Leben ein Vollkornbrot. Etwas Schöneres gibt es für mich nicht. Fortan trinke ich keinen Alkohol mehr und stecke mir keine Zigaretten mehr an, geschweige denn einen Joint. Meine Droge ist nun die Gemeinschaft. Mit vielen unterschiedlichen Leuten führe ich jeden Abend lange Gespräche über Gott und die Liebe. Die Kinder hüpfen fröhlich zwischen den Sitzbänken herum. Wir tanzen. Alles wirkt harmonisch. Kurzum: Ich bin glücklich. Alle meine Probleme und Nöte, die ich in Deutschland hatte, lösen sich auf. Mein Leben ist einfach und geordnet. In Sus verstehen sie mich, denke ich zufrieden und erleichtert. Dort haben sie eine Lösung für mich parat.

Immer wieder sprechen wir über den Egoismus in der Welt außerhalb der Mauern von Sus. Für die Zwölf Stämme gibt es für alle negativen Erscheinungen jenseits der Gemeinschaft eine schlichte Ursache. »Was du da in deinem alten Leben kritisierst, ist deshalb so«, sagt nicht nur mein Vorarbeiter in der Bäckerei, »weil der Mensch Sünde und Schlechtigkeit in sich hat. Nur Gott kann dich von diesen Lastern befreien.«

Jahschua ist die Antwort auf alle Probleme, die ich in mir spüre, wiederholen sie ein ums andere Mal. Mittlerweile bin ich einen Monat in Sus und kann mich mit dieser ewig gleichen Antwort immer schwerer abfinden. Zwar glaube ich immer wieder mal fest daran, dass ich bis zu meinem Lebensende in Sus bleibe. Aber ich komme innerlich doch nicht so zur Ruhe, wie ich mir das gewünscht hatte. Ich kann mich einfach nicht dazu durchringen, endgültig in Sus zu bleiben, und daher beschließe ich, noch einmal nach Hennef zurückzugehen. Die Mitglieder der Zwölf Stämme schauen mich entgeistert an, als ich ihnen meinen Entschluss mitteile. Zum Abschied muss ich ihnen versichern, bald wiederzukommen. Dann fahre ich fort.

Ein paar Nächte schlafe ich bei meinem Vater, dann suche ich mir ein Zimmer bei einer netten Familie gleich um die Ecke von meinem Elternhaus in Hennef. Länger bei meinem Vater zu wohnen wäre nicht gegangen. Immer wenn wir uns zuletzt getroffen haben, brach ein Streit vom Zaun. Er ist mit meinem eingeschlagenen alternativen Lebensweg absolut nicht einverstanden, hofft noch immer darauf, dass ich mein Studium wieder aufnehme und eher heute als morgen regelmäßig Geld verdiene. Auch mit meinen damaligen Freunden, den Zimmermännern, Goldschmieden und wenigen Studenten, kann ich inzwischen nichts mehr anfangen. Viele Abende haben wir über alternative Lebensformen gebrütet, und als ich endlich eine Möglichkeit fand, wie wir unsere Wünsche in die Tat umsetzen können, da sind sie zu feige gewesen, sich aus ihrem alten Leben zu lösen. Am liebsten würde ich mit meiner Mutter sprechen, mit der ich mich noch am besten verstehe. Doch sie lebt in Südamerika.

Die Familie, bei der ich zur Untermiete wohne, nimmt mich freundlich und hilfsbereit auf. Die Vermieter Nick und Elah merken allerdings schnell, dass mir ein Leben, wie sie es führen, nicht mehr möglich ist. Habe ich in Frankreich in allen Diskussionen mit den Zwölf Stämmen noch die Gegenposition eingenommen und alles an ihrer Philosophie in Frage gestellt, so ist es nun genau anders herum. Plötzlich verteidige ich in allen Gesprächen, so auch in denen mit meinen Vermietern, das gottgefällige System der Zwölf Stämme. Die Botschaft von Sus wirkt in meinem Kopf nach. »Wenn es dir so wichtig ist«, meinen immer mehr meiner Freunde und Bekannten entnervt, »dann musst du halt dorthin ziehen.«

Im Frühling 1991 beginne ich damit, mein altes Leben abzuschließen. Ich verkaufe oder verschenke alle Sachen, die ich angehäuft habe und die mir bis dahin wichtig gewesen sind. Ich entrümpele. Mir ist zu diesem Zeitpunkt bereits klar, dass ich das meiste Zeug, das ich liebgewonnen habe, aufgeben muss. Vor allem der Verkauf meines Motorrads ist ein radikaler Schritt, mit dem ich von meinem alten Leben Abschied nehme. Doch das Evangelium, das die Zwölf Stämme verkünden, will es so.

Als ich noch mit Vater in meinem Elternhaus wohne, liebe ich es, auf meinem Motorrad am Flüsschen Sieg entlangzubrettern. Meine Schulfreunde und ich fühlen uns zur Gruppe der Freaks gehörig. Wir hören Bob Marley, Genesis, Barcley James Harvest und Pink Floyd. Wir kiffen und verkaufen auf dem Stadtfest Nicaragua-Kaffee. In der Schule besuchen wir mit Vorliebe die Workshops der 68er-Lehrer. Die Althippie-Pädagogen geben neben dem Lehrplan Theater-Unterricht und andere kreative Kurse. Diese Lehrer mit verschlissener Ledertasche, Cordhose, verwaschenem Schlabber-Shirt und nackenlangem Haar sind unsere ersten Vorbilder. Mit den sogenannten Poppern, die gelangweilt in ihrem Golf GTI sitzen und sich mit dumpfer Discomusik zudröhnen, wollen wir ebenso wenig zu tun haben wie mit Dorfleuten, die im Opel Manta gelangweilt vor der Eisdiele parken.

Am Tag meiner Abreise nach Hennef geben mir die Zwölf Stämme in Sus noch eine Warnung mit auf den Weg. Sie prophezeien mir, dass der böse Satan versuchen werde, meine Rückkehr in den Schoß der Gemeinde nach Südfrankreich zu verhindern. »Satan wird versuchen, dich zu kaufen, dir ein schönes Leben zu bieten. Du kannst schwach werden. Das ist gefährlich«, erklären sie mir.

Tatsächlich befinde ich mich nun im ständigen Kampf mit diesen vorhergesagten Versuchungen. Jeden Tag bin ich darauf erpicht, die moralischen Grundsätze der Zwölf Stämme in dieser gefährlichen Welt einzuhalten. In Hennef versage ich mir auf Festen alkoholische Getränke. Ich gebe das Rauchen auf, das Kiffen sowieso. Ich beginne, mich absolut zu verändern. Das Mädchen, das ich vor meiner Reise nach Sus so anbetungswürdig finde, erreicht mich nicht mehr. Monatelang habe ich vergeblich versucht, ihre Aufmerksamkeit zu erringen.

Nun spricht sie mich plötzlich an und interessiert sich wie aus heiterem Himmel für mich. Aber ich weiß ja, dass diesen Sinneswandel der Satan bewirkt hat, und beschließe, mich nicht verführen zu lassen. Das ist nun also die Versuchung, von der die Zwölf Stämme sprechen, denke ich. Das ist also der Köder, mit dem der Satan mich von meinem Weg abbringen will. Ich schwöre mir, mich nicht vom Bösen und seinen miesen Tricks blenden zu lassen. Ich will unbedingt standhaft bleiben, Satan Paroli bieten. Meine abwehrende Haltung aber macht mich für das Mädchen nur noch interessanter. Immer wieder versucht sie, mit mir ins Gespräch zu kommen, meine Aufmerksamkeit zu erregen. Ich fasse einen Entschluss: Als das Mädchen das nächste Mal zu mir tritt, packe ich eilig meine Sachen und flüchte vom Fest.

Glücklich allen Versuchungen widerstanden zu haben, werfe ich draußen meine Vespa an und brause davon. Ich fühle mich unbezwingbar, habe ich doch soeben dem Satan widerstanden. Ergo befinde ich mich auf direktem Weg zu Gott. Stolz, fast übermütig, rase ich so schnell, wie es die Vespa hergibt, den Berg hinunter. Der Kinnriemen meines Schalenhelmes flattert lose im Wind. Da rutscht mir in einer engen Rechtskurve plötzlich das Hinterrad auf dem Schotter weg. Der Helm wirbelt durch die Luft. Ich schlage – die Hände noch am Lenker – mit der Seite auf die Straße und klatsche mit der Nase auf Asphalt. Das warme Blut läuft mir über das Kinn und weiter den Hals hinunter. Wie ich mich berappele, kommt mir gleich ein Gedanke: Gott lässt mich also noch mal auf die Nase fallen. Zugleich bin ich mir sicher, dass ich Seine schmerzhafte Lektion verdiene. Die Zwölf Stämme hatten ja gesagt, Gott will es, dass ich in Sus bleibe und nicht mehr in meine alte Welt zurückgehe. Ich aber wollte ja nicht auf sie hören. Die Denkweise der Zwölf Stämme hat mich im Griff: Gott will Gutes, der Satan Böses. So einfach ist das also. Ich muss auf der Hut sein, darf Seinen Weg nicht verlassen. Andernfalls droht mir Seine unmittelbare Züchtigung.

In dieser Nacht klingele ich an der Tür meines Vaters, und er versorgt meine blutverschmierte Nase. Mit pochendem Zinken beschließe ich augenblicklich, Gott fortan Folge zu leisten. Jahschua wird mir schon zeigen, wo ich hin muss. Nach drei Monaten in Hennef kehre ich zu den Zwölf Stämmen nach Sus zurück.

Spaß ist verboten

Als mich die Zwölf Stämme im französischen Sus taufen, geben sie mir den hebräischen Namen »Yathar Pore«, der Nützliche und Fruchtbringende. Der Name wirkt in mir. Ich bin ihnen tatsächlich »nützlich« und baue als Lehrer Mitte der 1990er Jahre das Schulwesen der Gemeinschaft in Deutschland auf. Ich mag Kinder. Vielleicht deshalb, weil ich damals Single bin und keinen eigenen Nachwuchs habe. Vielleicht auch, weil ich ein echtes Familienleben vermisse. Bis ich eine Ehefrau und eigene Kinder habe, wird viel Zeit vergehen. Nun will ich erst einmal die Kinder der Gemeinschaft begeistern, sie mündig machen, stolz und wissend. Ich will ihnen beibringen, sich selbst zu vertrauen und das Leben als Abenteuer zu begreifen. Ich will dazu beitragen, dass sie wie ich eine schöne Kindheit erleben.

Als kleiner Junge schleudere ich nach der Schule die Tasche in die Ecke und streife in den Wäldern am Rande des Westerwaldes umher. Überall warten Mutproben auf mich, lauern kleinere Gefahren: dunkle Höhlen, tiefe Wälder, rauschende Bäche. Als junger Erwachsener steige ich auf mein Motorrad, verschnüre den Schlafsack auf dem Gepäckträger und donnere durch die Natur. Solche Touren durch die Landschaft und die Nächte unter freiem Himmel sind das Schönste für mich. Dieses Gefühl will ich auch den Kindern vermitteln. Da wusste ich aber noch nicht, wie die Zwölf Stämme über den freien Willen der Kinder denken.

»Wir müssen den Kindern unseren Willen aufzwingen. Sie dürfen sich nicht verhalten wie andere Kinder«, heißt es unter dem Titel »Kindeswille« in einem sogenannten »Teaching« der Zwölf Stämme. »Wir müssen unsere Kinder darin unterweisen, nichts zu erbitten, weder Essen noch Dinge, die sie gerne machen wollen.« Heute bin ich vor allem stolz darauf, dass von der Schulklasse, in die ich die meiste Energie und Liebe investiere, sieben Jungen und ein Mädchen nicht mehr bei den Zwölf Stämmen leben. Die jungen Leute besitzen den notwendigen Mut, sich ein Leben auf der anderen Seite der Mauer aufzubauen, und ich glaube, ich habe einen Teil dazu beigetragen, dass eine Stärke in ihnen existiert, die ein Dasein jenseits der abgeschotteten Urchristen-Gemeinschaft ermöglicht.

1992 beschließt der Ältestenrat von Sus, mich zu einem höher in den Pyrenäen gelegenen Bauernhof zu entsenden. Das vier Kilometer von Sus entfernte Anwesen haben die Zwölf Stämme kurz zuvor gekauft und dort sechs Familien mit zehn Kindern angesiedelt. Erst soll ich helfen, den Gemüseanbau voranzutreiben. Dann fasst die Gemeinde den Beschluss, mich zum Sportlehrer zu machen.

Meine Aufgabe ist es, zweimal pro Woche die Kinder am Nachmittag nach der Schule zu beschäftigen, während ihre Eltern auf den Feldern und in Küchen Dienst tun. Als Single-Brother habe ich bereits bewiesen, dass ich einen guten Draht zu jungen Menschen habe. Ein Single-Brother ist ein Mann ohne Lebenspartnerin, der einer Familie angeschlossen ist und den Eltern bei der

Erziehung der Kinder hilft. Zugleich wirkt der Vater der Familie als geistiger Berater des Single-Brother und unterweist diesen in spirituellen Fragen. In Sus bin ich zunächst der alleinerziehenden Single-Sister Drorah (»Singvogel«) zugeteilt, die ich bei der Erziehung ihres Sohnes unterstütze. Bald übernehme ich die Rolle des Ersatzvaters aber auch für andere kinderreiche Familien. Häufig hüpft eine ganze Horde Mädchen und Jungen um mich herum, während die Eltern in wichtigen Unterredungen oder als Schreiner und Bäcker beschäftigt sind, also Tätigkeiten ausführen, bei denen der Nachwuchs stört. Die Kinder und ich pflanzen Gemüse an, pflücken Wildbeeren im Wald und sprechen über Gott und Natur. Ich spüre, dass ich eine gewisse Begabung im Umgang mit dem Nachwuchs der Gemeinschaft besitze. Es macht mir Spaß und befriedigt mich. Warum also nicht Lehrer sein?

Als Sportlehrer erkenne ich allerdings bald, dass meiner Aufgabe klare Grenzen gesetzt sind. Körperliche Bewegung dient den Zwölf Stämmen im Wesentlichen zur Ertüchtigung des Leibes. Nicht mehr und nicht weniger. Die sogenannten »physical exercises«, Übungen wie Rumpfbeugen und Liegestütz, folgen dem Gedanken des römischen Dichters Juvenal, nach dessen Überzeugung nur in einem gesunden Körper auch ein gesunder Geist reift. Der Sportunterricht der Zwölf Stämme soll keineswegs Freude an der Bewegung vermitteln, sondern erinnert mich eher an den Drill junger Soldaten auf dem Kasernenhof. Das Curriculum der Urchristen definiert Sport als Laufen und Gymnastik. Ballsportarten wie Fußball oder Basketball sind verpönt. Wettkämpfe und Körperkontakt sind zu vermeiden. Selbst den Fußball-Tag, an dem zwei Väterteams gegeneinander bolzen, schafft der Ältestenrat ab, denn die unkontrollierten Gefühle, die aus solchen sportlichen Betätigungen erwachsen können, sind Sünde. Der Frust nach Niederlagen und die Freude nach Siegen führen nach Ansicht der Zwölf Stämme auf Abwege. Alle Gefühle haben aus Gott selbst zu resultieren und müssen sich ausschließlich auf den Allerhöchsten beziehen. Der Sport hingegen ist ein Götze.

Um seine Jünger über die »Gefahren des Sports« zu unterweisen, verfasst der Gründer der Zwölf Stämme Elbert Eugene Spriggs im Januar 1995 eigens ein Papier und schickt es an alle Niederlassungen der Gemeinschaft. »Für uns mag es aussehen, als sei der Sport nur eine Form der Ertüchtigung. Aber dabei passiert mehr, als das Auge sehen kann. Viele Sportfans sind so ergriffen und gewaltbereit, dass sie Handgreiflichkeiten und sogar Morde begehen.« Eindringlich warnt Spriggs seine Zwölf Stämme davor, dass der Sport an die Stelle Gottes treten könne und sich als böse Saat in den Herzen der Menschen einnistet, obwohl dieser Platz für Gott allein reserviert ist. »Also, seid euch bewusst, was Ihr tut, wenn Ihr eure kleinen Kinder für den sportlichen Wettkampf begeistert. Das hat gewiss den Niedergang so vieler bedeutet, die nicht weise genug über ihr Leben entschieden haben. Es dringt in ihr Blut und könnte Besitz von ihnen ergreifen. Es ist wie Alkoholismus.« Die Anweisung endet in einem Appell des Apostels Johannes: »Hüte dich vor Idolen.«

Zugleich soll der Sportunterricht die Kinder der Zwölf Stämme auf ein Leben in der Natur vorbereiten. Er stellt eine Art Überlebenstraining für den Nachwuchs dar und nutzt dabei die Inhalte des amerikanischen Pfadfinderwesens. Die fundamentalistischen Christen glauben nämlich daran, dass das Tausendjährige Reich anbricht, sobald die Zwölf Stämme fünfzig Jahre als Licht für die Nationen auf der Erde verbracht und die Gute Nachricht der Errettung als Zeugnis gelebt haben. Drei Jahre bevor Gott dann tatsächlich auf die Erde kommt, müssen die Zwölf Stämme ihre Wohnstätten in den weltweit bis dahin gegründeten Hunderten Niederlassungen verlassen. Die Brüder und Schwestern machen sich in Brasilien, Kanada, Spanien, Frankreich oder Australien auf und ziehen in die Wildnis aus. Wer aber im Freien zurechtkommen will, der benötigt Antworten auf ein paar Fragen: Wie baue ich mir aus Zweigen ein Dach über dem Kopf? Welche Beeren sind genießbar? Wie bestimme ich anhand des Mooswachstums auf Baumrinden die Himmelsrichtung? Neben handfestem Wissen soll das Überlebenstraining die Kinder auch darin stärken, ihre Ängste vor Unbekanntem zu überwinden – mit zum Teil verwunderlichen Methoden.

»So, ihr Angsthasen, alle mal anfassen«, befiehlt einmal eine Erzieherin, nachdem sie ihre Gruppe Mädchen zu einem elektrischen Weidezaun geführt hat. Die Kinder zucken zusammen und schauen ungläubig. Keines der Mädchen wagt sich einen Schritt vor. »Los jetzt!«, herrscht die Frau die Kinder im Ton der gestrengen Gouvernante an. Zögernd streckt das erste Mädchen die Hand Richtung Kuhweide, drückt den Arm durch und berührt den Elektrozaun mit der Fingerspitze. Durch die Glieder fahren Strom und Schreck. Tränen fließen. Das erste Mädchen hat die Prüfung bestanden. Die anderen müssen folgen.

Als ich diese Geschichte höre, bin ich schockiert, beschließe aber, solche Mutmach-Sachen für mein Ziel zu nutzen, die Kinder nicht nur körperlich, sondern auch innerlich zu stärken. »Aha«, denke ich, »solche Methoden sind hier also erlaubt, mit so etwas ecke ich nicht an.« Fortan müssen meine zehn Schüler abschüssige Böschungen entlang eines glitschigen Trampelpfades queren oder allein den Weg aus dem Wald nach Hause finden, während ich mich unbemerkt verdrücke und sie heimlich dabei beobachte, wie sie über die Route debattieren. Ich will die Jungen selbständiger machen. Sie wachsen unter stetiger Obhut der Erwachsenen auf, sind häuslich erzogen, unsicher und reagieren verschüchtert auf kleinste Gefahren, obwohl unsere Mutproben alles andere als riskant sind. Der Wald ist Neuland für sie.

Auch ich werde allmählich mutiger. Immer mehr Ideen aus der Erlebnispädagogik, mit der ich mich während meines Sozialarbeiter-Studiums befasst habe, fließen in meinen Sportunterricht ein. Wir unternehmen Entdeckungstouren ins Umland, spielen Verstecken im Fichtenhain oder liegen mit geschlossenen Augen auf dem kräftig duftenden Waldboden und erraten fremde Geräusche.

Solche Spiele kennen die Kinder nicht. Im Beisein ihrer Eltern erlebe ich sie ernst, still und folgsam. In der Natur jedoch, abseits ihrer gewohnten Umgebung und den Blicken ihrer Eltern entzogen, bricht kindliche Lust aus ihnen heraus. Fröhlich lassen sie sich rücklings in das feuchte Laub fallen, können nach Laufspielen vor Lachen nur schwer atmen oder warten beim Versteckspiel hinter ihren Büschen aufgeregt und zugleich erwartungsfroh auf den Sucher.

Ich weiß, dass der Spaß, den ich in den Unterricht bringe, eine Gratwanderung ist. Ständig habe ich das Gefühl, dass mich der Rat der Ältesten eines Tages herbeizitieren und mir unangenehme Fragen stellen wird. Yathar, was machst du mit unseren Kindern? Yathar, glaubst du, dass die Freude, die du unseren Kindern beibringst, von Gott gewollt ist? Yathar, willst du nicht erkennen, dass die Lust am Sport Sünde ist? Bei den Zwölf Stämmen besteht zwischen Freude und Spaß ein Unterschied. Die Freude resultiert für sie aus einem reinen Gewissen Gott gegenüber, der Spaß hingegen beruht auf unnützen Dingen. Spaß ist verboten. Gymnastische Übungen sehen meine Brüder und Schwestern deutlich lieber als die von mir initiierten Crossläufe, bei denen wir wild über Bäche springen und unter entwurzelten Bäumen hindurchkriechen, oder das Räuber-und-Gendarm-Spiel, bei dem eine Kindergruppe die Fahne der anderen Partei erobern muss.

Bei den Zwölf Stämmen sind Leibesertüchtigungen Teil eines Gesamtkonzepts, zu dem auch gesunde Ernährung und genügend Schlaf gehören. Mehr nicht. Sport ist kein Selbstzweck und schon gar keine Quelle des ungebremsten Frohsinns. Wenn in Frankreich Erntezeit ist oder die Arbeitskraft der Kinder aus anderen Gründen benötigt wird, fällt der Sport flach. »Lasst eure Kinder nicht aus, bis die Arbeit getan ist«, lautet die Maxime in Sus und anderswo. »Jeder muss mithelfen, das Beste in den Kindern wachzurufen.« Manchmal lege ich mich mit dem Ältestenrat an. »Die Kinder müssen sich in ihrem total verplanten Tagesablauf auch mal austoben«, betone ich den Wert meines Sportunterrichts. »Die brauchen Zeit, um sich auszupowern.« »Auspowern?«, schaut mich Abiram (Name geändert), der Vater von vier Kindern, verblüfft an. »Die Kinder bewegen sich genug bei der Feldarbeit.« Abiram verbringt die meiste Zeit mit der Aufzucht von Jungpflanzen, statt seinen schwach entwickelten Sohn zu fördern. Viele Jahre später steht ein Jugendlicher vor seinem Vater, der zwar ein großes Herz besitzt, aber auch größte Mühe hat, einen zusammenhängenden Satz zu formulieren.

Massiven Ärger bekomme ich mit den Müttern und Vätern nach einem Badeausflug mit meiner Jungengruppe. Wir planschen am Ufer im Wasser, und die Sonne strahlt in unsere Gemüter. Einige Kinder erlernen an diesem Tag das Schwimmen. Die Kleinsten können ihre Köpfe nun einigermaßen über Wasser halten und sind mächtig stolz. Kurzum: Wir sind bester Laune, als wir nach ein paar Stunden in unseren kleinen Lieferwagen steigen, um den Rückweg anzutreten. Wir tuckern mit unserem Citroën Dyane den Waldweg entlang. Die weiche Federung der Kasten-Ente bewirkt, dass wir nach jeder Bodenwelle noch eine Weile auf und ab wippen, nach jeder Kurve hin und her pendeln. Es fühlt sich an, als säßen wir auf einer wild gewordenen Hollywoodschaukel. Die Jungs kichern und kreischen. Auf der Landstraße geht der Spaß weiter. Ich finde Gefallen an dem Blödsinn und reiße das Lenkrad heftig nach links, dann nach rechts, links, wieder rechts. Abwechselnd klatschen die Kinder mal gegen ihren Sitznachbarn auf der einen und mal gegen den auf der anderen Seite und schütten sich aus vor Lachen.

Am nächsten Morgen bin ich das Gespräch der ganzen Gemeinde. Die Jungen haben daheim von meinen ausgelassenen Fahrmanövern erzählt, und ich ernte die bösen Blicke ihrer Eltern. Ein Ältester zieht mich zur Seite. »Du hast unseren Kindern völlig falsche Werte vermittelt. Wie konntest du das tun?«, wettert er und belehrt mich, dass Autofahren kein Vergnügen ist, sondern ein Werkzeug, um von A nach B zu gelangen. Außerdem sei es gefährlich. »Wir beten dafür«, mahnt er, »dass unsere Brüder und Schwestern jede Reise im Auto unversehrt überstehen, und du machst Faxen mit den Kindern.«

Fortan stehe ich unter besonderer Beobachtung. Sie sagen es nicht, aber ich kann es fühlen, kann ihre Gesten und Mienen deuten. Sie haben Angst, dass ich zu locker mit ihren Kindern umgehe. Sie mögen keine Beschäftigungen, die einfach nur mal Spaß machen, keine Aktivitäten, denen nicht ein höherer, auf Gott gerichteter Anspruch innewohnt. Das Projekt der Zwölf Stämme ist eine ernsthafte Angelegenheit, Zeitvertreib ist in den Augen Gottes ein Greuel.

Die Jünger Jahschuas fühlen sich auserwählt. Sie glauben an die Drei Ewigen Schicksale. Es gibt dreihundert mehrseitige Geschichten, Allegorien und Manifeste des Gründers Spriggs allein zu diesem einen Thema. Die Drei Ewigen Schicksale sind der Nährboden, auf dem die Zwölf Stämme wachsen, auf dem dieses einmalige soziologische Experiment gedeihen soll. Nach ihrem Denken stehen auf der einen Stufe jene Menschen, die bewusst gegen ihr Gewissen verstoßen und das Leben anderer Erdenbewohner zerstören. Es folgen die Rechtschaffenen anderer Religionen und Kulturen, die aus sich heraus Gutes tun und damit beweisen, dass Gott das Wissen von Gut und Böse in das Herz jedes Menschen geschrieben hat. Die dritte Gruppe besteht aus jenen, die erkennen, dass sie um Vergebung bitten müssen. Es sind Menschen, die entweder Teil der ersten Gruppe waren oder – trotz allen Bestrebens – keine eigene Stärke aus Gottes Gnade ziehen können. Es sind die Mitglieder der Zwölf Stämme. Ewige Büßer.

Die Jünger Jahschuas wissen mehr als andere Gläubige, dass sie Schuld auf sich geladen haben. Sie sind Reuige und lehren ihre Kinder, dass sie in Gefahr sind, aber in der Gemeinschaft der Zwölf Stämme die einmalige Chance haben, dem Fegefeuer zu entgehen. »Ihr seid Königstöchter und Königssöhne, dankt Gott, dass er euch rettet!« Diese Haltung bestimmt ihr Leben – das der Erwachsenen und das der Kinder. »Ihr Kinder gehorcht euren Eltern, wie es vor dem Herrn recht ist«, so steht es bei Epheser geschrieben. Für Menschen, die einmal erkannt haben, dass sie Buße tun müssen, und sich dennoch von Gott abwenden, gibt es nach Meinung der Zwölf Stämme keine Hoffnung. Kinder, die nicht ihren Eltern folgen, gelten als gestorben. Diesen zweiten Tod wollen ihre Eltern mit allen Mitteln verhindern: Ohne die Kinder wäre das von den Erwachsenen angetriebene Experiment am Ende.

* * *

Hintergrund I:
Religiöse Vielfalt

»Wir sind Gottes Kinder, aber die ganze Welt
um uns herum steht unter der Macht des Bösen.«
1. Johannes 5,19

In Deutschland ist religiöse Vielfalt seit langem Realität. Zwar verzeichnen die römisch-katholische Kirche und die evangelischen Landeskirchen hierzulande jeweils rund 24 Millionen Mitglieder, doch die Zahl der christlichen Gruppen und Gruppierungen mit zum Teil radikalem Fundament wächst stetig. Allein in Oberbayern beobachten die Beratungsstellen der evangelischen und katholischen Kirchen 1200 dieser sogenannten »konfliktträchtigen Gemeinschaften«. Hierzu zählen Vereinigungen vom Rand des religiösen Spektrums wie die »Zwölf Stämme«, das »Universelle Leben« oder die »Zeugen Jehovas«.

Kritisch zu sehen sind aber auch einzelne evangelikale Gruppierungen – wobei nicht jeder Evangelikale auch ein Fundamentalist ist.

Viele Mitglieder fundamentalistischer Gruppierungen sind davon überzeugt, dass die christlichen Werte zunehmend ausgehöhlt werden. Ihr religiöser Fundamentalismus stellt insofern eine Art Gegenentwurf zu den erodierenden Wertesystemen in den westlichen Gesellschaften dar. Mit wortgetreuer Bibelauslegung, klaren Hierarchien und missionarischem Wirken wollen diese Anhänger verhindern, dass christliche Grundsätze an Bedeutung verlieren und gesellschaftliche Prozesse – wie etwa die Individualisierung – den Absolutheitsanspruch des göttlichen Wortes aushebeln. Die Bibel ist für sie alleinige Grundlage für sämtliche Lebens- und Glaubensfragen.

Um Einfluss auf die gesellschaftliche Entwicklung zu nehmen, ist zum Beispiel die »Deutsche Evangelische Allianz«, ein Zusammenschluss christlicher Gruppen, darunter zahlreiche evangelikale Vereinigungen, seit Anfang 2014 mit einem hauptamtlichen Beauftragten in Berlin vertreten. Er betreibt Lobbyarbeit bei Vertretern des Bundestages, der Bundesregierung und den Parteien.

* * *

Die Kinder und Jugendlichen der Zwölf Stämme kennen keinen Zucker, keine Zigaretten, keinen Alkohol. Sie sehen nicht fern, lesen keine Romane, hören keine CDs. Ihr persönlicher Besitz beschränkt sich auf ihre Kleidung, ihre Schulsachen und vielleicht mal ein Taschenmesser oder Maßband, das sie benutzen, um ihren Vätern bei der Arbeit zu helfen. Die Kleidungsstücke sind einfach und sittsam. Die Mädchen tragen Röcke, Kleider, Pumphosen und weite Blusen. Die Schnittmuster sind von der Zentrale der Zwölf Stämme vorgegeben. Mütter, die diese Pläne nicht korrekt befolgen, bekommen Schwierigkeiten. Das Haar haben die Mädchen zum Zopf geflochten, der am Ende mit einem schlichten Gummiband fixiert ist. Die Jungs stecken in Cargohosen und weiten Hemden. Kurze Hosen haben mindestens knielang zu sein. Bei Frauen und Mädchen muss der Rocksaum sogar bis zu den Knöcheln reichen. Sind ihre

Röcke und Hosen von ihren Müttern ausnahmsweise nicht selbst genäht oder die Winterpullover nicht selbst gestrickt, müssen ihre Mamas, die sie hebräisch Imma nennen, sämtliche Aufnäher aus den Kleidungsstücken entfernen. Lustige Aufdrucke, Comicfiguren oder Slogans sind verboten. Als Material werden nur Baumwolle, Leinen, Viskose oder Wolle geduldet. Auch die Markensymbole müssen ihre Mütter übermalen, weil sie das Streben nach Anerkennung durch Markenartikel befördern können. Einmal warnt mich eine Mutter sogar vor dem Etikett auf einer Wasserflasche: Ein Sportler reißt beim Zieleinlauf eines Marathons die Arme hoch. »Das ist der Geist der bösen Welt«, warnt sie mich.

Der Nachwuchs der Zwölf Stämme sieht keine Horror- oder Sexfilme, aber auch keine Nachrichten. Er weiß nichts von Dieter Bohlen oder Neonazis. Er kennt aber auch keinen Mozart, Rembrandt oder Goethe. Die Kinder heißen nicht Tim, Nils oder Mandy, sondern hören auf die hebräischen Namen Tehora (»reines Herz«), Néeman (»Treue«) und Perach (»Knospe«). Sie haben noch nie einen Cheeseburger mit Pommes gegessen und dazu Coca-Cola getrunken. Dafür kennen sie Matetee, Hirse und Dinkelbrot. Sie spielen keine blutrünstigen Computergames, aber auch nicht Schach oder Mühle. Mit einem »Mensch, ärgere dich nicht«-Spiel machen die Zwölf Stämme ungute Erfahrungen und schaffen es wieder ab. Die Sieger freuen sich zu sehr, die Verlierer sind sauer. Die bunten Spielfiguren bringen keine gute Frucht. Für das auserwählte Volk ist dieser Kinderkram Zeitverschwendung und zudem gefährlich, weil Gott keine Kinder will, die ihren Gefühlen freien Lauf lassen. Wer das nicht glauben mag, braucht nur eine Geschichte aus dem Alten Testament zu lesen. Darin bestraft Gott die Israeliten, weil sie sich die Zeit mit Sport und Spielen vertreiben, während Moses auf den Berg Sinai klettert, um dort von Ihm die Zehn Gebote zu empfangen.

Manchmal nehmen mich meine Brüder zur Seite und raten mir: »Vorsicht, pass auf, dass du nicht unsere Kinder an deine alten Götter verlierst!« Sie meinen damit jene Steckenpferde, auf denen sie einst selber ritten. Hobbys wie Fußballspielen, Modellbau oder Rockmusik. Wer diese Götter als Lehrer nicht ablegen kann, dem teilt die Gemeinschaft rasch eine andere Aufgabe zu. Meine Brüder ahnen, dass ich in dieser Hinsicht stark gefährdet bin. Seit meiner Kindheit ist der Sound einer Harley-Davidson für mich mehr als das bloße Arbeitsgeräusch eines Fortbewegungsmittels. Dieses Wummern der Töpfe lässt mein Herz schnellerschlagen und ruft in mir ein Gefühl aus Abenteuer und Freiheit wach. Manchmal erzähle ich meinen Schülern davon, wie es sich anfühlt, auf einen endlosen Horizont zuzufahren und das Trommeln des Motors im Leib zu spüren. Nun aber soll Schluss damit sein! Ich will diese Sehnsüchte in mir abtöten, will die Erinnerungen an mein früheres Leben ein für alle Mal vergessen und die Kinder nicht mit falschen Götzen anfüllen. Ich ringe mit mir, bin unsicher, wie sich etwas vergessen lässt, das so plötzlich in mir aufsteigt. So unerwartet, wie der Duft von frisch gemähtem Gras mich an die guten Zeiten meiner Kindheit erinnert, der Geruch von Benzin an die Lustfahrten auf meinem Motorrad. Nun soll mein einziges Verlangen sein, Gott zu gefallen und aus ihm meine Freude zu beziehen.

»Stell dir vor, Yathar, du würdest einem Kind das

Mandolinenspiel beibringen«, erklärt mir ein Jünger, der in seiner spirituellen Entwicklung offenbar weiter ist als ich. »Wenn du dieses Kind Begeisterung für Musik lehrst, wird es vielleicht mit Spaß bei der Sache sein und irgendwann sogar ein sehr, sehr guter Musiker werden. Doch verlernt das Kind dabei, Gott zu beachten, weil es der Musik verfallen ist. Das ist nicht, was Jahschua will.« »Warum«, frage ich verwundert, »sollen Kinder dann überhaupt lernen, auf Mandolinen zu spielen?« »Die Musik dient der Preisung Gottes und hat keinen Zweck aus sich selbst heraus«, antwortet er. »Wer musiziert, muss sich bremsen, muss seine Aufgabe als Diener kennen und nicht zu technisch werden. Ein Musikant muss darauf achten, dass er Freude zu Gott hat, wenn er spielt.« Echte Begeisterung für das eigene Tun gehört nicht zum System. Ganz im Gegenteil.

Die Zwölf Stämme geben mir ein paar Blätter mit dem Titel »Kindererziehung II« in die Hand, auf denen Yoneq am 23. Januar 1984 seine Ansicht vom Umgang mit dem Nachwuchs niedergelegt hat. Nach der Lehre unseres Gründervater Spriggs geht es nicht darum, Kindern Sachen anzubieten, die Spaß machen, lese ich da, und weiter: »Von allem, was sie tun, müssen sie profitieren. Unsere Kinder sind nicht wie die da draußen. Wir haben unsere Kinder angeleitet, nicht zu fragen. Zuerst müssen wir sie dazu erziehen, dass sie wissen, was die Eltern wollen, was sie zufrieden macht. Weil sie gefallene Kinder sind, werden sie natürlicherweise das tun, was ihr eigener Wille ist. Kinder müssen den Willen ihrer Eltern lernen.« In diesem Schriftstück macht Spriggs deutlich, dass das »wichtigste Ziel der Erziehung ist, die Kinder unter Kontrolle zu bringen und die Kontrolle beizubehalten, bis das Ziel erreicht ist.« Auch lese ich, dass »Kinder Kinder bleiben, bis die Eltern sie unter Kontrolle bringen. Wenn aber Eltern wahrhaftig Gottes Wort leben, haben sie ihre Kinder unter Kontrolle. Wenn die Kinder das nicht tun, habt ihr sie nicht richtig erzogen.« Auf diese Art nimmt die Stammesführung die Eltern für alle Taten ihrer Kinder in die Pflicht.

Will ich zu Beginn meiner Zeit bei den Zwölf Stämmen neue Wege beschreiten und den Kindern Lebensfreude und Selbstmut vermitteln, merke ich nun, wie ich nicht die Kinder, sondern mich selbst mehr und mehr verändere. Das Fundament meines Lebens bröckelt. Werte wie Freiheit, Selbständigkeit, Freude, Kreativität, Gerechtigkeit lösen sich allmählich auf. Die Begriffe bekommen bei den »Zwölf Stämmen« eine neue Bedeutung oder verschwinden völlig aus meinem Wortschatz. An ihre Stelle treten neue Inhalte wie Unterordnung, Abhängigkeit, Selbstzweifel, Kontrolle. Immer wieder hadere ich mit meinem neuen Leben, will die Hoffnung aber nicht aufgeben und versuche, als Wahrheit anzunehmen, was mir meine älteren Brüder sagen.

Ein kleiner Junge rennt an mir vorbei, als ich auf dem Weg in die Küche bin, um mir einen Matetee zu besorgen. Das Kind breitet seine Arme wie die Schwingen eines Adlers aus und scheint über die Erde zu schweben. Dazu macht es Geräusche wie ein stotternder Dieselmotor. »Was machst du?«, frage ich den Jungen. »Ich bin ein Flugzeug«, erklärt er fröhlich. Plötzlich steht seine Mutter in der Tür und ruft: »Hör sofort auf damit.« Später erklärt sie mir, dass Spielzeug und Phantasiespiele verboten sind, weil sie nicht zu Gott führen. Die Kinder würden sich nur in eine falsche Realität flüchten. Weder das »Brumm-Brumm«-Geräusch eines Autos noch das »Tut-Tut« einer Lokomotive oder das »Summ-Summ« einer Biene ist gestattet. Ich lerne.

Als ich Jahre später meine eigene Tochter Asarah in unserem Zimmer mit einer selbstgebastelten Puppe antreffe, weiß ich längst, was von mir erwartet wird. Zufrieden sitzt die Kleine auf dem Sofa und hält das Bündel aus Schnüren und alten Lappen im Arm. »Was hast du denn da?«, frage ich sie und lege rhetorisch nach: »Darfst du das haben?« Sie drückt die Puppe noch ein wenig fester an sich und schaut mich unsicher an. »Du weißt, dass das verboten ist. Es gibt kein Spielzeug!« Dann entreiße ich ihr das Spielzeug, pflücke es auseinander und verstaue Stoff und Kordel in der Schublade. Asarah weint, aber ich bin daran gewöhnt. Die Geschenke, die meine Mutter bei ihren wenigen Besuchen mitbringt, werfe ich regelmäßig in den Müll – den Beutel Legosteine, den kleinen Spielzeugtraktor, die Herde Holztiere.

Nicht anfreunden will ich mich hingegen mit der Art, wie die Mitglieder der Zwölf Stämme ihre Kinder im Fall von Erkrankungen behandeln. Möglichst lange zögern sie kostspielige Besuche in Arztpraxen und Krankenhäusern hinaus oder raten Kranken gänzlich von ärztlichen Visiten ab. Heilkräuter, Tees und ein gutes Gewissen sollen die Medizin sein, mit der Gott seine Kinder heilt! Nur wenn ein selbsternannter Arzt der Zwölf Stämme weder mit den Heilkräutern noch mit dem billig erworbenen Zahnarztstuhl und seinen wenigen Instrumenten etwas ausrichten kann, ist den Jungen und Mädchen der Weg zum Doktor erlaubt. Die Urchristen besitzen nämlich keine Krankenversicherung und zahlen – wann immer möglich – die Arztrechnung mit selbstangebautem Gemüse oder selbstgebackenem Brot. Kleine Platzwunden und Brüche nähen und schienen die Zwölf Stämme selbst. Einem meiner Freunde amputiert ein Ältester sogar mal den Finger.

Wozu das führt, erkenne ich, als sich ein Mädchen namens Shoshanna neben mich auf die Bank setzt und in den Himmel starrt. Schützend hält sie die Hand vor die Augen und schaut zur Sonne hinauf. »Was machst du?«, frage ich. »Ich schaue mir die beiden Sonnen an.« »Zwei Sonnen? Weißt du nicht, dass es nur eine gibt?«, entgegne ich erstaunt. »Ja, klar, das weiß ich doch«, erklärt mir das Kind daraufhin. »Ich habe meinen Eltern auch schon gesagt, dass ich da zwei Sonnen sehe, aber die sagen, für Ärzte ist kein Geld da.«

Das Mädchen musste dringend zum Arzt. Nach wochenlangem Hin und Her erlaubt der Ältestenrat doch noch die Behandlung durch einen Augenarzt: Shoshanna wäre andernfalls erblindet. Bei ähnlichen Fällen verliert ein Junge fast sein Gehör, ein anderer fast seine Zeugungsfähigkeit, und der Tumor im Bein eines Kindes wird erst entdeckt, als sein geschwächter Oberschenkelknochen beim Hinfallen bricht.

Nach solchen Erlebnissen bin ich froh, dass mir der Ältestenrat von Sus meine Reise zur Gemeinschaft nach Brasilien genehmigt. Vielleicht stimmen meine Brüder und Schwestern dem Überseeflug auch nur deshalb zu, weil meine Mutter das Ticket bezahlt. In Sus leben längst zu viele Jünger von zu wenig Geld. Die Gruppe betreibt außer dem Marktverkauf von Gemüse und Getreide nur ein kleines Baugewerbe, das kaum reicht, um die Kosten zu decken. Ich jette nach Bolivien, bleibe ein paar Tage bei meiner Mutter, die dorthin vor Jahren ausgewandert ist, und reise anschließend zur Gemeinschaft nach Brasilien weiter. Ursprünglich ist der Plan, zwei Wochen zu bleiben. Es werden drei Monate.

In der brasilianischen Gemeinde bin ich nicht mehr »Yathar«, der Neuling, sondern »Yathar«, der Anführer. Für die Brasilianer bin ich ein Held. Ich kenne mich mit vielen Dingen einfach besser aus als sie. Die meisten der Jünger sind noch nicht lange in der Gemeinschaft, für sie bin ich schon der ältere Bruder. Sie bewundern mich dafür, dass ich Brot backen, Gemüse anpflanzen, mit dem Hammer umgehen und Auto fahren kann. Sie sehen in mir einen tatkräftigen, charismatischen Macher, der sie anleiten und ziehen soll. Ich bin etwas Besonderes. Das schmeichelt mir. Ich werde von den Ältesten des Stammes Naftali, so lautet der Name der Gruppe in Brasilien, ermutigt, mein volles Potenzial auszuschöpfen und mehr Verantwortung zu übernehmen. »Du kannst der Johannan Abraham von Brasilien werden«, lobt mich ein Ältester und vergleicht mich auf diese Weise mit einem der charismatischen Führer der Gemeinschaften in Europa. Ich könne in Brasilien groß rauskommen. Seine Sätze tun mir gut. Mehr und mehr krieche ich aus meinem Schneckenhaus. Bin ich in Sus ein braver Mitläufer und gewinne dort den Eindruck, meine Ideen nicht vorbringen zu dürfen und lediglich Anweisungen befolgen zu müssen, bin ich nun in die Entscheidungsprozesse eingebunden und gebe sogar selbst Anweisungen. »Yathar«, denke ich, »du bist jetzt ganz oben in der Hierarchie.« Ich fühle mich prächtig und verlängere meinen Aufenthalt in Südamerika Woche um Woche. Ich habe immer daran geglaubt, dass ich fähig bin, eine Führungsrolle zu übernehmen. Das ist der Beweis.

Wochenlang sonne ich mich in Brasilien in meiner gehobenen Position, bis ich endlich merke, dass ich in der Gemeinschaft ein Teil einer Hierarchie bin, wie ich sie in meinem früheren Leben stets verteufelt habe. Dabei will ich doch ein Leben führen, das mich nicht durstiger macht, je mehr ich davon koste. Es soll Wahrheit hervorbringen und Nächste, die beständig füreinander da sind und sich in einem Bund der Liebe umeinander kümmern. Nun aber muss ich erkennen, wie sehr ich Fleisch bin. Ja, ich erhebe mich geradezu über die anderen und fröne meiner Macht. Ich lasse mich bewundern und fühle mich gleicher unter Gleichen. Selbst die Mädchen schaue ich in dieser Zeit wieder mit den niederen Instinkten eines Mannes an, wenn ich an der Dusche vorbeigehe und die Tür offen steht. Es ist ein komisches Gefühl. Während ich meine Brüder und Schwestern motiviere, tugendhaft auf dem Weg Gottes voranzuschreiten, bin ich innerlich zerrissen. Ich sehe meine Schwächen und Mängel und beschließe, dass es so nicht weitergehen kann. Ich fliege nach Europa zurück.

An einem regnerischen Frühlingstag lande ich in Frankfurt und treffe eine spontane Entscheidung. Am Bahnhof tausche ich das Ticket für den Zug um, der mich eigentlich zu den Zwölf Stämmen nach Sus bringen sollte, und setze mich stattdessen in einen nach Hennef zu meinem Vater. Zwei Tage bleibe ich dort und denke über meine Zukunft nach. Ich suche Antworten auf die Frage, ob ich mehr als eine Ansammlung von Zellen bin, die sich zufällig zu einem Körper verbunden haben, der nun versucht, irgendwo in diesem Universum auf einem großen Haufen Erde zu überleben. Mein Kopf schwirrt. Ich bin im Niemandsland, fühle mich hilflos und schwach wie ein Neugeborenes. Nicht ein klarer Gedanke kristallisiert sich aus dem Wirrwarr an möglichen Gedanken heraus.

Zwei Tage später packe ich erneut meinen Rucksack und niste mich bei meiner Schwester in Berlin ein. Die Unruhe reist in mir mit. Noch ahnt in Sus niemand, was mit mir passiert ist. Wieder ein paar Tage später finde ich im Internet eine Kunsthandwerkschule in Plön in der Nähe von Kiel, kaufe mir einen roten VW-Bus, fahre damit nach Plön und schreibe mich für ein dreijähriges Töpferstudium ein. Ich weiß nicht so recht, wohin mit mir. Ich weiß nur, dass ich meine Eigenständigkeit brauche, dass ich mir von nichts und niemandem etwas vorschreiben lassen will. Nicht nach den Erfahrungen in Sus und in Brasilien. Meine Suche nach dem Anfang des Regenbogens ist beendet.

Als die Gemeinde der Zwölf Stämme von meinem Ausstieg erfährt, sind die Brüder und Schwestern entsetzt. Gott will, mahnen sie, dass du dein Leben für den Nächsten niederlegst und nicht einfach verschwindest. Gott will, dass du Liebe findest und in Sus ein reelles Leben führst. Sie begreifen nicht, dass ich noch zu sehr Robert Pleyer bin. Ich fahre mit meinem roten Bully an die Küste und jogge stundenlang am Strand durch den Regen. Dann werfe ich mich auf Knien in den Sand. Die Regentropfen klatschen in mein verheultes Gesicht, während ich zum Himmel hinaufschaue und auf eine Antwort von Gott hoffe.

Am Morgen wache ich in dem Glauben auf, dass der Ausstieg bei den Zwölf Stämmen der richtige Schritt ist. Bis der Postbote ein Schreiben aus Sus in den Briefkasten wirft, dessen Zeilen mich erneut in einen Strudel aus

Zweifeln hinunterziehen und viele Fragen aufwerfen. Meine Brüder und Schwestern erinnern mich daran, dass ich getauft sei und nun den Bund mit Gott gebrochen habe. Ich schnappe mir mein altes Surfbrett und gleite hinaus aufs Meer. Ich hänge mich ins Segel, Wasser spritzt mir ins Gesicht, und ich presche über die See. Ich fühle mich frei, schreie vor Glück. Plötzlich packt mich eine starke Böe, schleudert mich in das kalte Meer, und ich schaffe es gerade noch, meinen Kopf einzuziehen, als der Mast um Haaresbreite an mir vorbeisaust. »Gott warnt dich«, kommt es mir, als ich auf meinem Brett ans Ufer zurückpaddele. Der Mast hätte dich erschlagen können. Gott aber will, dass du dein Leben in Seinem Sinne führst. Die Gäste eines Strandcafés schauen belustigt zu mir herüber und nippen an ihrem Cappuccino. »Frönt ihr nur eurer Lust«, verspotte ich sie. »Ich habe Wichtigeres zu tun. Gott braucht mich, um sein Volk aufzubauen.«

Es dauert noch drei Monate, bis ich das Kunsthandwerk-Studium hinschmeiße und als »Yathar« in Pennigbüttel lebe.

Der Aufstieg

Das Telefon klingelt. Am anderen Ende der Leitung meldet sich ein Mitglied der Zwölf Stämme aus Pennigbüttel. Ich soll vorbeikommen. Wochenlang habe ich bis zu diesem Tag im Frühling 1994 kein Wort mit meinen ehemaligen Brüdern und Schwestern gewechselt. Ich wundere mich, dass sie mir nicht grollen. Der Ton ist freundlich, trotz meines abrupten Ausstiegs vor drei Monaten. Das Haus, in dem einige meiner alten Weggefährten aus Sus im Stadtteil von Osterholz-Scharmbeck wohnen, gehört einer vermögenden Frau, die seit einiger Zeit in der Gemeinschaft in Australien lebt. Sie muss gegen ihren Mann einen Sorgerechtsprozess um die gemeinsame Tochter ausfechten und ist deshalb von Down under nach Deutschland zurückgekehrt. Die Wochenenden in Plön sind öde, und tatsächlich fahre ich an einem Samstag nach Pennigbüttel, einem kleinen Ort 25 Kilometer nördlich von Bremen. Die ganze Nacht reden wir über Gott und den Sinn des Lebens, meine Pläne und meine Sorgen, mein Töpferstudium und natürlich über meinen Wiedereinstieg bei den Zwölf Stämmen.

Auf der Rückfahrt nach Plön stecke ich in einem Dilemma. Es fühlt sich gut an, mit meinen alten Weggefährten aus Sus zu reden. Sie verstehen meine innere Not und meine Sorgen in der Welt außerhalb der Zwölf Stämme. Sie sind mir geistig nah, und ich mag ihren bescheidenen

Lebensstil. Aber soll ich wirklich wieder zurück? Andererseits bin ich mit meinem gegenwärtigen Leben unzufrieden und habe noch immer keinen rechten Boden unter den Füßen. Plön erscheint mir eher als Endstation einer Flucht denn als Erfüllung eines Lebenstraums.

In den Nächten wälze ich mich im Bett, überlege das Für und Wider. Während der schwarze Himmel wie eine schwere Eisenplatte auf dem Land liegt und es einfach nicht Morgen werden will, halte ich stumme Streitgespräche. Mal denke ich, ich bin zu schwach für ein Leben außerhalb der Zwölf Stämme und zu stark für ein Leben in Plön. Dann ist es wieder genau umgekehrt. Was *will* ich? Welches *Leben* passt zu mir? Ich sitze auf der Mauer und drohe, mal auf die eine Seite, mal auf die andere Seite zu stürzen. Manchmal weiß ich nicht mal mehr, welches meiner beiden Leben ich als »alt« und welches ich als »neu« bezeichnen soll.

An den folgenden drei Tagen vergesse ich vor lauter Grübelei manche Mahlzeit. Das kann so nicht weitergehen! Am Morgen der vierten durchwachten Nacht fasse ich noch im Bett liegend einen Entschluss: »Wenn du dich nicht entscheiden kannst, hast du mit den Zwölf Stämmen noch nicht abgeschlossen.«

Mit der Erleichterung, nicht mehr auf der Stelle zu treten, springe ich aus dem Bett und packe ein paar Klamotten zusammen. Ich werfe den Rucksack in meinen roten VW-Bus und fahre noch schnell bei der Kunsthandwerkschule vorbei, um mich bis auf weiteres abzumelden. Mein Ziel ist nicht mehr das Töpfern, sondern Pennigbüttel. Den Rest meiner wenigen persönlichen Sachen kann ich später holen.

Als ich über das Anwesen in Pennigbüttel zum mächtigen Bauernhaus laufe, fühle ich mich gleich wieder daheim. Bereits wenige Stunden später grabe ich gemeinsam mit ein paar Kindern die Beete im Gemüsegarten um. Die Zwölf Stämme brauchen jeden Mann. Sie haben beschlossen, die Liegenschaft der reichen Gönnerin zu ihrer ersten großen Niederlassung in Deutschland zu machen. Bei meiner Ankunft wohnen bereits drei Familien in Pennigbüttel, wenig später sind wir sechzig Personen. Bauwagen werden herbeigeschafft, um den vielen Menschen eine Bleibe zu bieten.

Eine Woche lang beobachten und prüfen sie mich mit Fragen. Sie wollen herausfinden, ob ich spirituell standhaft genug bin, um für höhere Aufgaben geeignet zu sein. Als sie sich sicher sind, dass »Yathar« wieder der Alte ist, muss ich mich vor den Augen der Gemeinde rituell waschen. Die öffentliche Waschung gilt als Zeichen dafür, dass ich mein Abfallen nicht nur mit Worten, sondern auch mit Leib und Seele bereue. Die Waschung ist ein Ausruf zu Gott, mich zu reinigen und mir wieder ein weißes Gewand zu geben. Gott soll mich von der Schuld befreien, die ich auf mich geladen habe. Sie sind zufrieden mit mir. Beim Brechen des Brotes sitze ich wieder an ihrem Tisch. Es ist das erste Mal, dass in Pennigbüttel Brot gebrochen wird. Der Ritus ist nur etablierten Niederlassungen der Zwölf Stämme vorbehalten. An diesem Tag gibt es demnach zwei Gründe zu feiern: Pennigbüttel ist als Ort Jahschuas anerkannt, und der verlorene Robert ist wieder Yathar.

Nach den Gesetzen der Zwölf Stämme dürfen Mitglieder, die an den Lehren der Gemeinschaft zweifeln, nicht auf den Versammlungen der Brüder und Schwestern sprechen. Sie müssen das Haarband ablegen, das sie als Priester Jahschuas kenntlich macht, und dem Brechen des Brotes fernbleiben. Zweifler sind schlicht Ausgeschlossene. So will es der 1937 in Chattanooga/Tennessee geborene Eugene Spriggs, der die Gemeinschaft damals noch unter der Bezeichnung Northeast Kingdom Community Church of God in den 1970ern gründet. Spriggs ist der Ansicht, dass kein Mitglied der Zwölf Stämme mit einem Abgefallenen am selben Tisch essen oder auch nur mit ihm reden darf. Sprechen mit Abtrünnigen ist nur erlaubt, um diese »zu tadeln und zu versuchen, ihr Vertrauen wiederherzustellen, wenn wir glauben, dass sie ein Bruder oder eine Schwester sind«. Wer in den Kreis der Urchristen zurückkehren will, der muss erneuert und gewaschen werden, befiehlt Spriggs, weil er vom Aussatz befallen sei. Jeder, der diesen vor der Waschung berührt, wird selbst von dessen Aussatz angesteckt.

Die Mitglieder der Zwölf Stämme gehorchen Spriggs aufs Wort. Es heißt, er habe seine Anordnungen direkt von Gott erhalten. Vielleicht nennt er sich deshalb Yoneq. Sein Name bedeutet im Hebräischen »Zweig« oder »Sprössling«. Spriggs sieht sich selbst als Teil der Prophezeiung. Heißt es doch in der Bibel im Buch Hezekiel: »So spricht der Herr, Jahwe: Und ich werde von dem Wipfel der hohen Zeder einen Schössling nehmen und ihn setzen; von dem obersten ihrer Schösslinge werde ich einen zarten abbrechen und ihn pflanzen auf einen hohen und erhabenen Berg.«

Als ich Yoneq in Sus 1990 in die Arme laufe, wirkt er wie ein unscheinbarer älterer Jünger. Ich stelle mich ihm vor, und wir geben uns die Hände. »Hey, der Vater braucht dich«, begrüßt er mich mit sonorer Stimme voller Wärme und Gutmütigkeit. Er schmeichelt mir. Ich finde seine sportlich-dynamische Art sympathisch. Mein erster Eindruck ist sehr positiv. In den Versammlungen bleibt der Gründervater der Zwölf Stämme höflich im Hintergrund, lässt die anderen reden, hört zu. Wenn er das Wort ergreift und mit kräftiger Stimme spricht, sind seine Sätze durchdacht. Ohne Zweifel, der Mann hat Energie. Eines Nachts, als meine Brüder und Schwestern bereits eine Weile in ihren Betten liegen, treffe ich ihn mit einem Besen in der Hand an, wie er allein noch die Stube im Haupthaus ausfegt.

Unsere zweite Begegnung findet im Herbst 1994 in Pennigbüttel statt. Einmal im Jahr reist Yoneq damals noch von Amerika nach Europa, stets dorthin, wo es die größten Probleme gibt. Zu diesem Zeitpunkt herrscht in der neuesten Gründung der Zwölf Stämme eine Menge Chaos. Ein Mitglied aus dem Ältestenrat, wir nennen ihn Obadiah, entpuppt sich als selbstgerecht, herrisch und faul. Während er in der Bibel liest, weist er die anderen, die Arbeiten zu erledigen. Die Hierarchie in der Gruppe stimmt hinten und vorne nicht. »Ich mache die geistige Arbeit, ihr könnt ja mit den Händen malochen«, verspottet mich dieser Älteste aus Stuttgart selbstherrlich, als ich seinen Führungsstil kritisiere. Aufgebracht suche ich das Gespräch mit Yoneq. Er versteht mein Problem und bittet mich: »Wenn du Dinge siehst, die schieflaufen, stelle dich auf den Tisch und mach Rabatz. Dann kommt Heilung.« Das gefällt mir. Yoneq versteht sich auf Trost und Zuversicht.

Aber Yoneq ist auch ein vorsichtiger Mann. Weltweit existiert gerade eine Handvoll Gemeinden der Zwölf Stämme, und unser oberster Apostel will bei der Auswahl seiner Führungsriege in dieser entscheidenden Phase des Wachstums keinen Fehler begehen. Echtes Vertrauen bringt er nur für seine engsten Mitarbeiter aus den Anfängen der Jesusbewegung auf. Es sind drei, vier Männer aus jener überschaubaren Gruppe, die sich in den 1970ern im Gemeindehaus »The Vine House« in Yoneqs Heimatstadt in Chattanooga/Tennessee versammeln, um dessen erste Predigten zu empfangen. Yoneq baut auf Menschen, die sich im Sinne der Gemeinschaft bewährt haben, die bienenfleißig sind und zugleich demütig bleiben. Er fürchtet nichts mehr, als die im Menschen innewohnende Stärke, weil sie eine Kraft ist, die eine kaum zu kontrollierende Eigendynamik entwickeln kann. Innere Stärke macht den Menschen selbstbewusst und befähigt ihn möglicherweise, eigene Entscheidungen zu treffen und sich mit diesen von den Worten Gottes zu entfernen.

Yoneqs Weltbild basiert dabei auf einem einfachen Prinzip. Er teilt die Menschheit in einen geistigen und einen fleischlichen Typus. Der fleischliche Mensch neigt dazu, die Kontrolle über seinen Geist zu verlieren, sich selbst in den Mittelpunkt zu stellen und der Hybris zu verfallen. Der geistige Mensch hingegen arbeitet sich für die Gruppe auf und bleibt Gott und der Gemeinde gegenüber untertänig. Also schart Yoneq gerade eine Handvoll männlicher Getreuer als Befehlsempfänger um sich, denen er absolut vertrauen kann. Er fürchtet nichts mehr als den Kontrollverlust über sein auserwähltes Volk und setzt auf klare Autoritätsstrukturen. Er fürchtet die Eigendynamik, die in der Gemeinde entstehen kann, wenn fleischliche Jünger das Zepter bei den Zwölf Stämmen in die Hände bekommen.

Im Laufe der Jahre verändert sich Yoneq zusehends. Immer fanatischer kämpft er gegen die Mächte des Bösen, ruhelos, getrieben. Folgen die Dinge nicht seinem Plan, erlebe ich ihn jetzt außer sich vor Wut. Er fährt manchmal so sehr aus seiner Haut, dass ich mich vor ihm fürchte. Auf dem Glastonberry Festival 200 Kilometer westlich von London betreiben die Zwölf Stämme in den 1990er Jahren ein Restaurant mit ökologischen Speisen und Getränken. Yoneq streicht um die Tische und prüft noch die kleinsten Details. Ist die Musik zu laut? Sind die Stühle bequem? Sind seine Jünger freundlich genug zu den Kunden? »Wenn Gott ein Restaurant betreibt, dann muss alles stimmen«, bleut er uns ein. Wir schuften zwanzig Stunden am Tag. Ich könnte im Stehen einschlafen. Yoneq ist mächtig unter Druck. »Gott ist immer für die Menschen da – immer und jederzeit«, mahnt er. »Deshalb darf uns kein Gericht ausgehen, das auf der Karte steht.« Während der Nachtschicht ist plötzlich die Sahnemaschine kaputt. Nichts geht mehr. Yoneq ist verzweifelt. Während wir vor Müdigkeit kaum die Augen offen halten können, kocht in ihm eine maßlose Aggressivität hoch. Von den Nächten in seinem eigenen Separee ausgeruht, schüttet Yoneq seine negative Energie geradezu über uns aus. »Gott zeigt immer seine Liebe«, brüllt er uns an. »Das darf euch nicht passieren – was seid ihr für Jünger Gottes?!« Wir Brüder und Schwestern sind geschockt. Wir schuften wie die Tiere, und eine kaputte Sahnemaschine brachte unser geistiges Oberhaupt in eine solche Rage. Später erklärt mir ein Ältester, der den Vorfall miterlebt, Yoneqs Verhalten so: »Yoneq hat keineswegs seine Selbstkontrolle verloren. Er wollte nur Gottes Zorn Ausdruck geben.«

In ähnlicher Verfassung zeigt sich Yoneq nach einer Taufe in Island Ponds/USA. Als die Gemeinde mit dem frisch getauften Mitglied vom Wasser zum Versammlungsraum zurückgeht, sticht der Dorn eines kleinen Busches eine Schwester fast ins Auge. Yoneq geht zu der vertrockneten Pflanze hin und tritt wütend auf sie ein. »Du wagst es, ein Geschöpf Gottes zu verletzen«, faucht er und trampelt so lange auf dem Strauch herum, bis er geschreddert am Boden liegt. Immer öfter regt sich Yoneq über solche Lappalien auf, reagiert impulsiv, benimmt sich narzisstisch. Der Mensch, den ich vor vielen Jahren in Sus kennengelernt habe, hat sich verändert – und mit ihm auch die Gemeinschaft. Die Stimmung wird fanatisch. Es werden mehr und mehr Gesetze und Regeln erlassen. Vielleicht bedrängt Yoneq die Angst, das Böse in der Welt nicht bis zum Tag des Jüngsten Gerichts besiegt zu haben. Vielleicht fürchtet er, dass wir auf der Stelle treten und trotz aller unserer Bemühungen im Ewigen Fegefeuer braten werden.

»Das Urteil vor dem Jüngsten Gericht ist abhängig von Sein, Handeln und der Bereitschaft, von Gut und Böse jedes einzelnen Menschen«, heißt es unmissverständlich in einem Schreiben vom 22. November 1988. Das Papier ist die Essenz einer Rede, die Yoneq in Island Pond vor seinen Jüngern hält, und hat Befehlscharakter. »Die meisten Menschen folgen dem Teufel, der sie in den zweiten Tod führt, die Ewige Verdammnis. Das Sein jedes Einzelnen wird für immer Bestand haben, das Gute wie das Böse. Das ist wahr. Die Ewige Verdammnis mit dem Fegefeuer und dem Schwefel ist keinesfalls nur ein Bild in der Sprache. Sie ist eine reale Sache und brennt, wie es geschrieben steht. Wir werden danach gerichtet werden, ob wird unserem Meister gehorcht oder nicht gehorcht haben. Die Welt wird gerichtet werden nach Gut und Böse. Wir werden gerichtet werden nach der Weisheit Jahschuas.«

Nach Auffassung der Zwölf Stämme müssen wir Menschen Buße tun, weil wir seit Adams Sündenfall Verdorbene sind. Das ist unser erster Tod. Dem Ewigen zweiten Tod aber können wir entrinnen, indem wir Jahschua in Wort und Tat folgen. Drei Generationen lang müssen wir nach der Lehre Jahschuas leben und auch unsere Kinder und Enkel in Gottes Sinne erziehen. Die Jungen und Mädchen sind das Wichtigste, was wir besitzen. Als gute Früchte bedeuten sie unsere Rettung.

In Pennigbüttel trauen mir meine Brüder und Schwestern inzwischen wieder zu, ihre Kinder in Jahschuas Geist anleiten zu können. Ich bin wieder der treue Single-Brother und stehe den Müttern als zweiter Papa zur Seite, falls der leibliche Vater anderweitig beschäftigt ist. Es gibt viel zu tun in Pennigbüttel. Die Arbeitstage sind bis zu achtzehn Stunden lang. Wir haben ein Gewerbe angemeldet, um Gemüse, selbstgezogene Kerzen und selbstgenähte Naturbekleidung auf den umliegenden Märkten verkaufen zu können. Manche von uns arbeiten auch bei Privatleuten im Garten oder machen sich bei Aufräumarbeiten nützlich. Unsere Gemeinde braucht dringend Geld. Die Frauen stehen von morgens bis abends in der Küche. Sie waschen Unmengen von Geschirr mit den Händen, hacken Weißkohl und schälen Karotten. Es gibt nur wenige Haushaltsgeräte. Die Waschmaschinen und Trockner sind veraltet. Körbeweise hängen die Frauen die nasse Kleidung auf den Leinen im Hof auf. Eine Knochenarbeit. Während die Frauen

und Männer schuften, setzt mich die Gruppe in Pennigbüttel als Kinderbetreuer ein. Bald arbeite ich auch wieder als Sportlehrer – und steige in der Hierarchie sogar
noch weiter auf.

Nach ein paar Wochen darf ich erstmals an einem
Treffen des Ältestenrats in Pennigbüttel teilnehmen. Der
Rat besteht aus einer Handvoll Männern, die nicht von
den anderen Brüdern und Schwestern gewählt sind, sondern diese als Vorbilder und Vordenker übertreffen. Wer
zu diesen Führungsfiguren zählt, bestimmen die Räte
selbst. Bislang sind die Entscheidungen aus diesem Gre-
mium Gesetz für mich. Wenn die Räte verlautbaren:
»Unser Vater hat gesprochen, wir bauen Erdbeeren an«,
stehe ich bei nächster Gelegenheit in der Erde und pflanze Erdbeeren. Stets schien solchen Anweisungen etwas
Höheres innezuwohnen. Nun aber erlebe ich in den
Ratsversammlungen unsägliches Gequatsche, und mir
ist offenbar, auf wie wenig Wissen und Geist die Entscheidungen in Wahrheit beruhen. Statt Fachkenntnisse
beweisen die Verwaltungsräte einen Hang zur Eitelkeit
und tun sich in endlosem Gelaber hervor.

Inzwischen hat auch die Zentrale in den USA Zweifel
an der geistigen Führung von Pennigbüttel und entsendet einen ihrer führenden Köpfe nach Norddeutschland.
Der Deutsche Werner Klinger (Name geändert) soll dem
kränkelnden Stamm zur Blüte verhelfen. Er wird die
treibende Kraft in Europa und formt die europäischen
Stämme nach der Gesinnung Yoneqs, mit dem er als
einer der wenigen immer in direktem Kontakt steht.

Werner erkennt meine Qualitäten als Lehrer und auch
meine innere Zerrissenheit, die mit jedem Tag in Pennigbüttel wächst. »Das soll das auserwählte Gottesvolk

sein?«, frage ich mich skeptisch und gebe mir die Antwort selbst. »Nein, Eitelkeit und Triebe werden in dieser Gemeinschaft keineswegs überwunden.« Aber Werner will mich bei der Stange halten und verfrachtet mich in den Ostalbkreis nach Stödtlen-Oberbronnen, wo parallel zur Gemeinschaft in Pennigbüttel ein neuer Haushalt entstanden ist. Das Haus gehört einer jungen Familie, die jüngst der Gemeinschaft beigetreten ist. Anfangs helfe ich den deutsch-französischen Eheleuten im Auftrag der Zwölf Stämme, ihr kleines Gewerbe anzukurbeln.

Nach der Taufe des Paares in Sus übernehmen die Zwölf Stämme dann nicht nur deren Haus, sondern zugleich den Verkauf der Naturtextilien auf Märkten in Bayern und Baden-Württemberg. Die kleine Gemeinde gedeiht. Alle noch in Frankreich verbliebenen deutschstämmigen Familien kommen auf Geheiß der Ältesten nach Deutschland und verteilen sich auf die Gemeinschaften im Norden und Süden. Zusammen sind es über hundert Personen, darunter vierzig Kinder. Obwohl ich erfolgreich als Verkäufer die Krämermärkte in Süddeutschland abklappere, drängt Werner mich, in den kränkelnden Schuldienst zu wechseln. Er stellt mir einen Computer mit Windows hin und ernennt mich zum verantwortlichen Lehrer für den Schulaufbau der Gemeinschaft in Deutschland.

Als ich mit meiner Arbeit beginne, gibt es noch keine Schulbücher für die Belange der deutschen Kinder der Zwölf Stämme. Das Einzige, das wir haben, sind die Materialien, die in der Gemeinschaft in den USA benutzt werden. In Sus und Pennigbüttel schneiden die Lehrkräfte bislang Bildchen und Texte mit der Schere aus dem amerikanischen Material aus, kleben die Teile auf ein Papier und kopieren das Ganze für die Schüler. Nun unterrichte ich morgens und konzipiere nachmittags die Arbeitsblätter für den nächsten Tag am Computer. Ich arbeite sehr effektiv. Oft loben mich meine Brüder und Schwestern für meinen Einsatz, und obwohl mich der Ältestenrat immer wieder aus spirituellen Gründen meines Lehramtes enthebt und zwischenzeitlich degradiert, bleibe ich viele Jahre der führende Lehrer in der Gemeinschaft. Als Computerfachmann des deutschen Ablegers entwerfe ich bald nicht nur die Schulbücher, sondern bin auch verantwortlich für die Gestaltung der deutschen Missionszeitungen; mit meinem profunden Wissen von Layoutprogrammen wie Photoshop und Illustrator bin ich nahezu unersetzlich. Die Führung der Gemeinde erlaubt mir neben meiner Arbeit online Computerkurse zu machen, so dass ich meine Kenntnisse vertiefen und erweitern kann. Als Ich-AG bilde ich quasi eine eigene Abteilung, indem ich für Druckvorbereitung, Layouts, Textbearbeitung und Fotobeschaffung zuständig bin. Diese Fähigkeiten machen mich zum Bindeglied zwischen der Führung und den übrigen Mitgliedern. Ich werde gebraucht, darf sogar in die USA zur Zentrale reisen, damit ich vom mittlerweile zwanzigjährigen Schulbetrieb der Keimzelle in Vermont profitieren kann. In Deutschland lebe ich mal in Pennigbüttel und mal in Oberbronnen, um die Schulen beider Gemeinschaften zu vernetzen und voranzutreiben.

Bereits Ende der 1970er Jahre stehen die Zwölf Stämme in den USA in der Kritik. Anti-Sekten-Bewegungen monieren die Erziehung und die schulische Ausbildung der Kinder. Eugene Spriggs, der bis dahin in seinem

Haus in Chattanooga/Tennessee eine Schar junger Hippie-Familien um sich gruppiert hat, verlegt den Sitz der Gemeinschaft nach Island Pond/Vermont. Die Zwölf Stämme wachsen dort zu einer starken Gemeinde heran, die mittlerweile mehrere Häuser der Ortschaft bewohnt. 1984 marschiert die US-Polizei auf das Gelände und nimmt hundertzwölf Kinder mit, um sie unter staatliche Vormundschaft zu stellen. Nur einen Tag später kehren die Kinder nach Island Pond zurück. Ein Gericht beurteilt die Razzia als ungesetzlich.

Auch die Heimschulung in Deutschland wird zum Zankapfel zwischen Staat und den Zwölf Stämmen. Die Schulbehörde in Baden-Württemberg will die allgemeine Schulpflicht der Kinder von Oberbronnen durchdrücken. Wir weigern uns und verweisen auf die Glaubensfreiheit. Schließlich basiert unser Leben streng auf dem Alten Testament, und dort steht geschrieben, dass Vater und Mutter ihre Kinder zu lehren haben. Caleb David, der Vater eines Kindes, muss vorübergehend in Beugehaft. Wir bleiben eisern und handeln mit den Behörden einen Kompromiss aus: Ein Mitarbeiter des Schulamtes darf unsere Klassenzimmer regelmäßig besuchen und nach dem Rechten sehen. Immer stärker geraten wir ins Visier des Staates.

In der Gemeinde Sus stirbt ein anderthalb Monate alter Säugling. Bei seinem Tod wiegt der Junge nicht einmal fünf Kilogramm. Die Eltern haben den angeborenen Herzfehler ihres Sohnes nicht von einem Spezialisten behandeln lassen. Stattdessen schaut der Vater eines unserer Brüder, der niedergelassener Arzt ist, bei dem Kind in Sus nach dem Rechten. Nachdem das Kind in Oberbronnen 1995 mit der Herzerkrankung Blausucht zur

Welt gekommen ist, finden nur die beiden in Deutschland vorgeschriebenen ärztlichen Untersuchungen im ersten Lebensjahr statt. Bei der Obduktion stellten die französischen Ermittler zudem eine akute Rachitis fest. Ein französisches Gericht entzieht den Eltern das Sorgerecht für ihre anderen beiden Kinder.

Auf die Gemeinde in Oberbronnen hat das keine Auswirkungen. Im Gegenteil: Das zuständige Jugendamt bescheinigt uns »glückliche, quicklebendige Kinder« und nennt den Tod des Jungen von Sus einen »unglücklichen Vorfall«. Die Eltern des toten Jungen gelten bei den Zwölf Stämmen seither als Märtyrer, weil sie viele Jahre für unser Evangelium im Gefängnis sitzen.

Details über bei der Geburt verstorbene Kinder dringen selten bis ins Innere der Gemeinschaft vor. Die Ältesten sind verschwiegen, und wer nicht gerade als Hebamme direkt an der Entbindung beteiligt ist, erhält keine Informationen über besondere Vorfälle oder Komplikationen. Die Zwölf Stämme haben Angst vor Gerede, weil sie ihre Kinder nicht in Krankenhäusern, sondern daheim auf die Welt bringen und dabei ein hohes Risiko eingehen. »Gott gibt Leben und Gott nimmt Leben«, erklärt mir Nahum, einer der deutschen Ältesten, dessen Baby bei der Geburt stirbt. Oft höre ich erst Jahre später, dass ein Kind seine Erweckung nicht überlebt hat. Nur über viele Ecken erfahre ich vom Tod eines deutschen Kindes und von dem eines deutsch-spanischen Paares in Sus. Auch lebt ein behindertes Kind in der Gemeinschaft, das bei seiner Geburt nicht ausreichend mit Sauerstoff versorgt worden ist. Jahrelang versucht der Vater, diesen Schicksalsschlag als von Gott gewollt anzunehmen, bis er die innere Stimme seines Gewissens nicht mehr zum Schweigen bringen kann und die Gruppe in Sus verlässt.

Wie bereits in Oberbronnen wollen die Behörden nun auch in Pennigbüttel die Einschulung unserer Kinder auf öffentlichen Schulen durchsetzen. Natürlich verweigern wir uns. Der Streit über die Schulpflicht erreicht über die Bezirksregierung Lüneburg die höchste politische Ebene des Bundeslandes Niedersachsen, das Kultusministerium in Hannover. Das Schulamt macht uns Auflagen. Wir beschließen, den Unterricht stärker am staatlichen Lehrplan auszurichten. Zugleich finden wir heraus, dass in der Gemeinde Pennigbüttel einer unserer Lehrer einen Schüler begrapscht hat. Mit diesem Mann habe ich als federführender Lehrer viele Jahre eng zusammengearbeitet. Bemerkt habe ich nichts. Der offenbar homosexuelle Mann bestreitet alles, muss aber zwei Wochen später die Gemeinde verlassen, und ich bekomme noch mehr zu tun.

In Baden-Württemberg existieren mittlerweile zwei Grundschulklassen und zwei Klassen mit älteren Kindern. Insgesamt mehr als fünfzehn Schüler. Hinzu kommt ein Dutzend schulpflichtiger Kinder in Niedersachsen. Ich unterrichte alle Fächer. Biologie, Erdkunde, Religion, Rechnen, Lesen und Schreiben. Immer weiter baue ich das Schulwesen der Zwölf Stämme in Deutschland aus. Die Schulthemen gibt der Ältestenrat vor. Eine Führungsperson überwacht meine Umsetzung. Wir übersetzen die amerikanischen Schulbücher eins zu eins ins Deutsche und ändern nur wenige Inhalte. Aus amerikanischen Elchen werden deutsche Rehe. Wir richten uns streng nach den erprobten Handbüchern für Lehrer aus der Zentrale in Vermont. In Fächern wie Mathematik und Deutsch kopieren wir die Inhalte deutscher Schulbücher, behalten die Didaktik bei und ändern nur die Lesegeschichten. Die Kinder in unseren Büchern gehen nicht auf die Kirmes und fahren im Karussell, sondern arbeiten im Garten und ernten Karotten. Die kleinen Bilder überarbeite ich mit Hilfe von Fotoprogrammen, male allen Männern Bärte um den Mund, verlängere bei den Frauen die Röcke und retuschiere Spielzeuge wie Teddybären und auch kleine Drachen von den Seiten.

Nicht auf dem Lehrplan stehen beispielsweise Sexualität, Urknalltheorie und aktuelle Gesellschaftsthemen. Vor allem im Religionsunterricht, eine Dreiviertelstunde, mit der jeder Schulmorgen für die Kinder der Zwölf Stämme beginnt, tue ich mich schwer. Ich glaube nicht an die Geschichte von Noah und seiner Arche und versuche auch sonst, zwischen der Doktrin der Zwölf Stämme und meiner moralischen Überzeugung einen Mittelweg zu finden. Ich laviere mich regelrecht durch. Manchmal übergehe ich Unterrichtsthemen oder setze andere Schwerpunkte. Am wenigsten komme ich mit der Rassenkunde zurecht, die in den neuesten Lehrbüchern aus Amerika behandelt wird.

Die Zwölf Stämme glauben, dass die biblische Figur Ham der Ursprung für die Erbsünde der schwarzen Rasse ist, die bis heute andauert. Vater Noah verflucht nämlich seinen jüngsten Sohn Ham, als dieser seinen Vater zufällig nackt und betrunken vorfindet. Nach der Völkertafel der Genesis stammen alle Menschen von den acht Insassen auf Noahs Arche ab, welche die Sintflut überleben, wobei die Fundamentalchristen die schwarze Rasse auf Ham, die gelbe und weiße auf seine von Noah gesegneten Brüder Sem und Jafet zurückführen. Zeit seines Lebens muss Ham seinen beiden Geschwistern dienen.

»In der natürlichen Ordnung aller Dinge in der Welt existiert ein Unterschied zwischen den drei Rassen«, heißt es in einem Papier der Zwölf Stämme vom 22. November 1988. »Es ist nichts Falsches darin, wenn Ham Sem und Jafet dienen muss.« Sklaverei sei für einige Menschen der einzige Weg, hilfreich für die Gesellschaft zu sein. Ohne angetrieben zu werden, würden diese Menschen nichts Produktives tun. »Das ist, wofür Ham in der Welt ist – wie schwarze Kindermädchen –, das ist die Art von Aufgaben, die sie zu tun haben. Das ist eine natürliche Sache.« Das Schreiben, das direkt aus der Zentrale in Island Pond stammt, will vor allem den Unterschied zwischen Ham und seinen Brüdern verdeutlichen. »Hams Herz war böse und dunkel. Seine Tat war das Schlimmste, das jemals getan worden ist. Ham war nicht im Ungewissen bei dem, was er tat. Er wusste von Gut und Böse. Er ging so weit, dass er seinen Brüdern gegenüber berichtete, wie er den Vater in Misskredit brachte. Er wusste es besser. Ham wusste, was richtig ist, und tat es nicht. Sem und Jafet wussten es auch und wählten das Gute.« Aus diesen bibelgestützten Überlegungen heraus entwickeln die Zwölf Stämme ein Weltbild, das jeden Menschen ins Unrecht setzt, der die angeblich göttliche Ordnung der Rassen umstoßen will.

»Martin Luther King kam im Namen des Herrn, um die Schwarzen von ihrem Fluch der Ungleichheit zu befreien. Er ist ein Antichrist, ein Kommunist. Es gibt keine Möglichkeit, Ham von seinem Fluch zu befreien, ganz egal, was er auch versucht, weil es wider Gottes

Wort ist. Martin Luther Kings Aussagen versprechen eine Freiheit, die nur durch den Leib des Messias erreicht werden kann«, heißt es im Weiteren unter der Überschrift »Ham und die Bürgerrechtsbewegung«. »Martin Luther King scheiterte, weil er ein Liberaler war und östliche Religionen mit seiner eigenen Philosophie vermischte. Denn kein Mann und keine Revolution kann den Fluch brechen außer Jahschua und einem seiner Gesandten, der wahrhaftig die gute Nachricht der Freiheit bringt.« Die Zwölf Stämme verteufeln die afroamerikanische Bürgerrechtsbewegung der 1950er und 1960er Jahre. Diese habe »die Tür für die Rechte der Schwarzen aufgestoßen, später für Homosexuelle und die Frauenbewegung, bis zum Punkt des moralischen Zusammenbruchs im Innersten der Familien und deren Strukturen.« Jünger, die angesichts dieser reaktionären und kruden Logik immer noch nicht begreifen wollen, dass »die Rassen zu trennen sind«, erfahren Folgendes: »Die menschliche Natur erlaubt keine Gleichheit. Es gibt Unterschiede zwischen Schönheit, Intelligenz, Befähigungen. Gleichmacherei ist dazu bestimmt, die Menschheit, Männer und Frauen, zu zerstören. Gleichmacher zerstören die Strukturen der Familie, und die generelle Gleichheit beschädigt die Wirklichkeit.«

* * *

Hintergrund II:
Vom Ursprung der Welt

»Im Anfang schuf Gott Himmel und Erde;
die Erde aber war wüst und leer,
Finsternis lag über den Wogen, und Gottes Geist
schwebte über dem Wasser.«
1. Mose 1,1

In evangelikalen Kreisen existiert ein Schulbuch mit dem Titel »Evolution. Ein kritisches Lesebuch«. Es soll sich mittlerweile in mehreren Auflagen rund 50 000-mal verkauft haben. Das Werk setzt sich mit der angeblich fehlerhaften Entwicklungstheorie von Charles Darwin auseinander und macht sich alternativ für die Schöpfungsgeschichte stark.

Es heißt, Schulen des Verbandes evangelischer Bekenntnisschulen (VEBS) nutzten das »Lesebuch« als Lehrbuch im Fach Biologie.

Die Ablehnung der Evolutionslehre der »Zwölf Stämme« und anderer Gruppen ist beileibe nicht neu. Sie geht auf den sogenannten Kreationismus zurück, der sich Anfang des 20. Jahrhunderts aus dem protestantischen Fundamentalismus in den USA entwickelte. Basis der Denkrichtung ist die biblische Schöpfungsgeschichte im ersten Buch Mose. Erklärungsansätze wie die Urknalltheorie und biochemische Prozesse bleiben unerwähnt.

Eine Umfrage unter 10 000 US-Amerikanern kam Anfang 2014 zu dem Ergebnis, dass neun von zehn Befragten Zweifel an der Evolutionstheorie hegen. Demnach sind nur 9,5 Prozent davon überzeugt, dass weder Gott noch eine andere höhere Macht einen Einfluss auf die Entstehung des Universums und des Lebens auf der Erde hat. Unter den befragten Evangelikalen glauben sogar 97 Prozent, dass ein Gott alles Leben und die Erde selbst geschaffen hat. Die Hälfte von ihnen glaubt an den Kreationismus – beziehungsweise daran, dass Gott die Erde in sechs Tagen erschaffen hat –, und 40 Prozent sprechen sich dafür aus, Kreationismus statt Evolutionstheorie im Schulunterricht zu lehren. Deutsche Experten sprechen davon, dass auch hierzulande die Zahl derjenigen steigt, die die Evolution leugnen und dem Schöpfungsmythos Glauben schenken.

* * *

In der Gemeinschaft Pennigbüttel nimmt mich ein Bruder arabischer Herkunft zur Seite und möchte mit mir über seine Töchter sprechen. Ich bin der Lehrer seiner Kinder. Nach einer Weile kommt er mit der Sprache heraus: »Ich will nicht, dass meine Mädchen intelligent sind.« In seinen Augen spiegelt sich Entschlossenheit. Er meint das ernst. »Was ist schlimm daran, wenn deine Töchter besser rechnen und lesen können als andere Kinder?«, frage ich ihn. »Intelligente Frauen machen nur Probleme«, antwortet der Mann und verweist darauf, dass »im Islam die Familienstrukturen noch funktionieren, weil sich die Frau dem Mann unterordnet«. Daran wolle er nicht rütteln. Schon zuvor bemerke ich, dass seine Ehefrau immer viele Meter hinter ihm hergeht. Diese Art der Partnerschaft entspricht im Grundsatz der biblischen Auffassung der Zwölf Stämme. Nach dem Bibelwort ist die Frau dem Mann untertan und insofern von allen Führungsaufgaben in der Gemeinschaft ausgeschlossen.

Als ich merke, dass wir den Kindern in der Gemeinschaft nicht nur Gutes tun, falle ich immer wieder in emotionale Löcher. Zugleich stehe ich unter permanenter Beobachtung der Brüder und Schwestern. »Du hast eine falsche Sicht von Gerechtigkeit«, heißt es in den Versammlungen, auf denen ich meine sichtbaren Zweifel am Erziehungskonzept rechtfertigen muss. »Unser Vater denkt da anders als du!« Die Kinder der Gemeinschaft sollen nicht aus eigenen Fehlern zu ihren Überzeugungen gelangen, sondern durch das Vertrauen in die Erwachsenen. Sie sollen keine selbständigen Erfahrungen machen, sondern sich von anderen führen lassen. Für die Jungen und Mädchen der Zwölf Stämme gilt der Grundsatz: »Vergiss, was du willst, und vertraue auf Gott!« Unsere Kinder dürfen nicht nach Versuch und Irrtum zu eigenen Erkenntnissen vordringen, sondern müssen auf dem einen, von unserer Gemeinde vorgegebenen Pfad bleiben. Irrwege und Sackgassen, auf denen sie für Gottes Sache verloren gehen können, sind verbarrikadiert. So steht ihnen nur eine Richtung offen: der fehlerfreie Weg zu Gott. Sie müssen sich also reinhalten und im Dienen ihre Freude und Erfüllung finden. Wenn ich die Kinder abends immer mal wieder nach ihren Höhen und Tiefen des Tages befrage, antworten sie unisono: »Nichts Besonderes, war halt ein Tag ...«

Immer wieder passt meinen Brüdern und Schwestern meine Denkweise nicht ins Konzept. Manchmal scheinen mir die Regeln in der Gemeinschaft der reinste Irrsinn zu sein. Kann ich in meinem Leben als Robert Pleyer noch so manche Beschränkung umgehen, sind bei den Zwölf Stämmen alle Verbote wortgetreu einzuhalten. Ständig korrigieren mich die anderen. Mehrmals taufen sie mich, weil ich ihrer Meinung nach den Heiligen Geist irgendwie doch noch nicht so richtig empfangen habe. Zugleich diene ich ihnen als Lehrer genau in dem Beruf, der meine Zweifel weiter schürt. Ich tue mich schwer damit, den Kindern die »Drei Ewigen Schicksale« zu lehren. Rassenkunde und die Verteufelung von Martin Luther King, von Mahatma Gandhi und des afrikanischen Freiheitskämpfers Nelson Mandela, die ich den Teenagern beibringen soll, sind mir unerträglich. Sie sollen alle drei von Dämonen besessen sein? Auch komme ich nicht damit zurecht, dass unsere Kinder auf den illegalen Schulen in Pennigbüttel und Oberbronnen keine Schulabschlüsse machen können, mit denen sie außerhalb der Zwölf Stämme Aussichten auf einen Beruf hätten.

Vielmehr glaube ich an einen Schöpfer, der die unüberschaubare Vielzahl an Schmetterlingen erschaffen hat und der mir keine Schuld für sein Opfer aufbürdet. Ich glaube an Seine Gerechtigkeit und Liebe. Aber sind die Zwölf Stämme der richtige Ort dafür?

Ich spiele Gottes Sohn

Am schönsten Tag meines Gemeinschaftslebens stehe ich neben Shalomah Simchah (»Friede«, »Freude«) unter einem Baldachin, und sie macht mich vor dreihundert Zeugen zu ihrem Oberhaupt: »Ich will mir meinen Kopf abschneiden. Von nun an sollst du mein Kopf sein. Ich will alles tun, was du befiehlst. Du bist jetzt mein Herr! Was du sagst, ist Gesetz. Ich will die Mutter deiner Kinder sein!« Shalomah ist zweiundzwanzig Jahre alt. Sie trägt ein weißes Brautkleid mit weißem Schleier und eine Blumenkrone auf dem Kopf. Um das Fußgelenk haben ihr die Frauen der Zwölf Stämme ein gehäkeltes Band mit Schellen geknotet. Damit ich sie überall hören kann und stets weiß, wo meine Frau steckt. Ich selbst habe eine weiße Leinenhose und ein weißes Leinenhemd an und trage eine Schärpe um den Bauch, auf der in gestickten Buchstaben steht: »König der Könige, Herrscher der Heerscharen«. Shalomah strahlt. Ich bin unendlich aufgeregt, überwältigt. Mein Herzschlag ist aus dem Takt.

Eine ganze Woche lang haben meine Brüder und Schwestern unsere Hochzeit geplant, haben in endlosen Versammlungen Aufgaben verteilt, Tänze, Lieder und Theaterstücke eingeübt und die Braut am Vormittag hergerichtet. Eine Woche herrscht in der Gemeinschaft eine Stimmung wie bei einer amerikanischen Wedding-Preparation. Die Frauen haben für Shalomah eine Brauttasche entworfen und ein Armband mit wunderbaren Ornamenten gehäkelt. Die Braut zu schmücken ist eine ehrenvolle Aufgabe für die Mitglieder der Gemeinschaft. Seit vergangenem Samstag darf ich meine Braut nicht mehr sehen. Die Brüder und Schwestern bereiten Braut und Bräutigam getrennt voneinander vor. Kontakt haben wir nur mittels eines kleinen Büchleins, in das wir uns gegenseitig Ermutigungen schreiben und das ein Bote hin und her trägt. Voller Sehnsucht habe ich Shalomah ein Lied geschrieben und einen Bräutigamtanz einstudiert, den ich ihr später vorführen will. Es ist einer der heißesten Tage des Jahres. Am Mittag steht die Hitze zwischen den Häusern des Gutshofes, dass man sich wie in der Sauna nach dem Aufguss fühlt. Schweißtropfen rinnen mir den Rücken hinunter. Ich bin nervös.

Das kleine Zelt, das von vier Stangen gehalten wird und unter dem wir einander das Eheversprechen geben, symbolisiert die Gründung eines eigenen Hausstandes. Gestärkt vom Festmahl, sind unsere Brüder und Schwestern und viele Gäste, darunter meine Schwester und meine Eltern, um uns versammelt. Gleich wird uns ein Ältester offiziell und für alle Ewigkeit miteinander vermählen. Es ist Zeit: Ich bin dreiunddreißig Jahre alt und habe sechs Jahre auf diesen Moment warten müssen. Ich bin ergriffen vom späten Glück. Die Reize fluten meine Sinne. Einen kurzen Moment bin ich mir sicher, dass ich in Ohnmacht falle. Ich könnte auf der Stelle explodieren vor Glück. Stattdessen erkläre ich meiner Shalomah: »Ich liebe dich. Ich werde für dich sorgen und immer für dich da sein. Ich will mich zeitlebens um deine Nöte kümmern!« Von dieser Stunde des 30. August 2003 an ist

Shalomah meine Gehilfin, und ich bin ihr Anführer. Die Gemeinde bekräftigt unseren Ehebund mit einem derart vehementen »Amen!«, dass der Boden vibriert, als ginge er augenblicklich unter unseren Füßen auf. Dann stellt sich die Hochzeitsgesellschaft in zwei Reihen auf, man fasst sich über Kopf an den Händen und bildet einen menschlichen Tunnel, durch den wir von unserem Fest ausziehen. Im Vorbeilaufen erkenne ich schemenhaft meine Schwester, meine Mutter, meinen Schwager und meinen Vater, die sich freuen und uns umarmen wollen. Aber Shalomah und ich haben anderes zu tun, unser Weg führt direkt in unser Hochzeitszimmer.

Die Vermählung ist das mit Abstand wichtigste und größte Fest bei den Zwölf Stämmen. Zumal Feierlichkeiten an Geburtstagen, zu Ostern oder Weihnachten dort nicht gestattet sind. Eine Hochzeit repräsentiert in der Gemeinschaft die Wiederkehr von Gottes Sohn. Als Vorlage der Hochzeit dient die Offenbarung, die im letzten Buch der Bibel detailliert beschreibt, wie der Sohn Gottes auf die Erde zurückkommt, um seine Braut zu nehmen. Dieses Ereignis nimmt die Vermählung von Frau und Mann bei den Zwölf Stämmen in einer Art Theaterspiel vorweg. Dabei schlüpft der Bräutigam in die Rolle von Gottes Sohn, während die Braut für die Gemeinschaft selbst, die Zwölf Stämme, steht. Eine Hochzeit bedeutet also nichts weniger als die Übereinkunft der Zwölf Stämme mit dem Allerhöchsten und somit die Erfüllung allen Strebens der Urchristen. Meine Trauung mit Shalomah ist zudem eine Vorzeigehochzeit und in dieser Zeit der größte Hoffnungsschimmer, den wir haben: Der Satan macht uns seit längerem das Leben schwer.

Im Jahr 2001 verlasse ich mit rund hundert Brüdern und Schwestern die Gemeinden in Oberbronnen und Pennigbüttel. Wir ziehen in das ehemalige Zisterzienserinnen-Kloster in Deinigen im Nördlinger Ries. Die 1,8 Millionen Euro für das bayerische Anwesen stammen aus dem Verkauf unseres Bauernhofs in Pennigbüttel und dem Privatvermögen einer reichen Bauerstochter, die in Australien zu den Zwölf Stämmen stößt und beschließt, ihre Millionen der Gemeinde zu schenken. Der Gutshof namens Klosterzimmern ist unsere neue Festung. Zweistöckige Wohnhäuser mit roten Ziegeldächern und Geranienkästen unter den Fenstern reihen sich an mächtige Scheunen und Maschinenhallen. Im Norden, Osten und Süden bewehrt eine mannshohe Steinmauer die neue deutsche Zentrale der Zwölf Stämme. Eine Mühle, eine Bäckerei und ein breiter Bach schützen die Westseite.

Auf dem Gelände, gleich in der Nähe jenes Ortes, an dem vor 15 Millionen Jahren ein Meteorit eingeschlagen und einen riesigen Krater aufgeworfen hat, beackern wir zwölf Hektar Land. Im Gewölbe unter dem ehemaligen Äbtissinnenhaus lagern Kartoffeln, Möhren, Äpfel, Auberginen, Salatköpfe und Rote Bete. Wir halten Ziegen und Schafe, Kühe und Hühner. An den Wänden der Schulräume hängen Bilder von Hirschen und Schmetterlingen. Ein paar Bücher über Pflanzen und Tiere stehen im Regal. Ich bin einer von sechs Lehrern. Wir unterrichten die rund drei Dutzend Schüler nach Mädchen und Jungen getrennt und auf Grundschul- und Hauptschulniveau. Im August 2001 schreiben wir einen Brief an das Bayerische Bildungsministerium und bitten die Behörde darum, unseren Heimunterricht offiziell zu genehmigen, da wir aus Gewissensgründen nicht der öffentlichen Schulpflicht nachkommen können. Das Ministerium verweist auf ein Urteil des Verwaltungsgerichtshofes von 1992, welches das Elternrecht zugunsten der Schulpflicht beschneidet, und kommt unserem Wunsch nicht nach. Es folgt ein beispielloses Gezänk.

Der Kreis Donau-Ries fordert im Oktober 2001 für jedes Kind, das nicht der Schulpflicht nachkommt, 2000 Euro Strafgebühren. Wir bleiben eisern, weil wir nicht unser Gewissen verkaufen können. Stattdessen bitten wir bei der Regierung von Schwaben um ein Gespräch, bei dem wir eine einvernehmliche Lösung finden wollen. Die Regierung lehnt ab und verweist auf die eindeutige Rechtslage, die sich angeblich aus dem Richterspruch von 1992 ergibt. Wir schreiben mehrere Briefe, in denen wir auf die besondere Situation unserer Kinder hinweisen. Die Kinder der Zwölf Stämme, erklären wir, blieben nicht generell dem Unterricht fern, sondern nur jenem an den staatlichen Schulen. Die Briefe an das Kultusministerium bleiben unbeantwortet.

Im Februar 2002 startet das Finanzamt ein sogenanntes Pfändungsverfahren. Wir erheben Einspruch, verlieren aber im Mai und Juni zwei Verfahren, eines in Augsburg und eines in Nördlingen. Da wir unsere Kinder weiterhin nicht zum Unterricht an öffentlichen Schulen anmelden, wird ein Bußgeld verhängt. Wir zahlen das Bußgeld und melden unsere Kinder offiziell zum Unterricht an, haben aber nicht vor, unseren Nachwuchs tatsächlich auf die staatlichen Schulen zu schicken. An einem frühen Morgen im Oktober 2002 kommen Polizistinnen in Zivil auf unseren Gutshof Klosterzimmern, nehmen die Kinder mit und liefern sie gegen unseren

Widerstand in den Schulen des Kreises ab. Nach dem Unterricht holen die Eltern ihre Kinder von der Schule ab, bringen sie aber am nächsten Morgen nicht wieder hin. Vertreter der Schulbehörde statten uns daraufhin einen Besuch ab. Sie schauen in die Unterrichtsräume und führen mit den Eltern Gespräche. Im März 2003 treffen neue Bußgeldbescheide ein. Diesmal zahlen wir nicht. Auf unserer Internetseite verkünden wir stattdessen, dass wir »grundsätzlich und selbstverständlich bereit sind, Bußgelder wie zum Beispiel für Falschparken zu bezahlen«, dass wir aber, was diesen Streit um die Schulpflicht betrifft, keine weiteren Zahlungen leisten werden, weil dies keine Ordnungswidrigkeit darstelle, sondern eine Gewissensüberzeugung sei. Wir legen dar, dass wir nicht gegen unser Gewissen handeln können und uns unschuldig fühlen: »Wir glauben nichts Unrechtes begangen zu haben.«

Im Dezember 2003 schreiben wir erneut einen Brief an das Bayerische Bildungsministerium – auch dieser bleibt unerwidert. Im Januar 2004 reisen dreißig Brüder und Schwestern nach München, um auf einen Anhörungstermin zu drängen. Die Behörde weist uns ab. Im Sommer 2004 wird eine Beugehaft von acht bis sechzehn Tagen gegen die Zwölf Stämme beantragt, um die Zahlung der Bußgelder zu erzwingen. Im Juli 2004 prüft das Landratsamt Donau-Ries den Einzug des Sorgerechts und will vor diesem Hintergrund den Leistungsstand unserer Schüler vor Ort kontrollieren. Wir verweigern uns dem Besuch der Behördenmitarbeiter und begründen dies damit, dass eine Überprüfung unzumutbar sei, solange eine Beugehaft der Mütter und Väter im Raum steht. Ein Nördlinger Amtsrichter ordnet im August

2004 schließlich die Beugehaft von achtzehn Eltern an. Tatsächlich müssen am 18. Oktober sieben Väter ins Gefängnis. Drei Tage später demonstrieren wir vor dem Landratsamt gegen die Haftstrafen.

Am 5. November 2004 beantragt der Landrat des Donau-Ries-Kreises bei der Staatsanwaltschaft in Augsburg die Aussetzung der Erzwingungshaft für die Mütter. Er sagt, er wolle ein »Zeitfenster« schaffen, um mit den Zwölf Stämmen weitere Gespräche zu führen. Der Landrat möchte offenbar Bilder vermeiden, auf denen Kinder mit Polizeigewalt zur Schule eskortiert werden. Die Gerichtsverhandlung wegen der Bußgelder, die auf den 11. November terminiert ist, vertagt das Amtsgericht Nördlingen bis auf weiteres.

Am 17. und 20. Januar 2005 schauen sich Vertreter des Staatlichen Schulamtes unseren Unterricht und das Schulmaterial an. Der Besuch ist angekündigt, und wir präsentieren nur Lehrstoff und -material, das sie nicht anstößig finden können. Die Behördenmitarbeiter erfahren nichts von unseren Lehren über Farbige, Homosexuelle und andere Gottlose. Nicht mal über die »Drei Ewigen Schicksale« reden wir in der Religionsstunde noch, ansonsten ist »3ES« unser Auftakt an jedem Schulmorgen. Nach einjähriger Verhandlung genehmigt uns das Bildungsministerium im Februar 2006 überraschend doch noch den Heimunterricht. Da den Mitarbeitern des Ministeriums offenbar unser Unterricht nicht so recht geheuer ist, bezeichnen sie unsere Schule nicht wie für diesen Status allgemein üblich als Privatschule, sondern als Ergänzungsschule. Diese rechtliche Form existiert nur ein einziges Mal in Deutschland – in Klosterzimmern.

Am Morgen des 30. August 2003 versammeln sich die Hochzeitsgäste in Klosterzimmern vor einem leeren Thron. Es ist der Thron des Himmels, der mir als Bräutigam, der den Sohn Gottes symbolisiert, zusteht. Botschafter treten vor mich hin, die mir als Sohn Gottes von der Apokalypse auf der Erde und der Herrschaft des Antichristen berichten. »Ich warte auf meine Braut, bis sie bereit ist«, rufe ich der Gesellschaft entgegen, »dann komme ich zurück!« Nun übernehmen meine Brüder und Schwestern die Rollen alter Propheten und berichten von der Endzeit auf der Erde, auf der Selbstsucht und Habgier toben. Endlich ertönt das Signal, dass meine Braut bereit ist. Die Menge jubelt, und ich verkünde, dass ich zur Schlacht bereit bin und auf die Erde zurückkehre. Ich erklimme ein Podest, auf dem eine große Wolke aufgebaut ist, und flehe: »Shalomah, komme zu mir!« Schon eilt mir Shalomah aus einem Wald entgegen und springt zwischen den Büschen hervor. Shalomahs Szene ist der Offenbarung nachempfunden. Dort heißt es, dass sich die Zwölf Stämme drei Jahre, bevor Gottes Sohn auf die Erde kommt, in der Wildnis verstecken müssen. »Komm zu mir!«, rufe ich, und Shalomah steigt zu mir in die Himmelswolke. »Oh, mein König, heute ist der Tag, ich habe auf dich gewartet«, sagt sie. Gemeinsam steigen wir auf die Erde.

Auf der Erde angekommen, folgt die Schlacht gegen die Feinde Gottes. An einem Gestell hängen Tücher, auf denen die Sünden der Menschen geschrieben stehen. Habgier, Eifersucht, Trauer, Schmerz, Lüge, Respektlosigkeit, Promiskuität. Ein Prophet tritt hervor und erklärt den Hochzeitsgästen, dass Habgier eine Sünde ist, welche die Erde zugrunde richtet. Aus Habgier, sagt er drohend, besitzen ein paar Superreiche ein so großes Vermögen wie die gesamte ärmere Hälfte der Weltbevölkerung. Zu jeder Sünde gibt es den passenden Propheten. Eine Hochzeit dient den Zwölf Stämmen als evangelistisches Event, bei dem ihre Kinder und – im besten Fall – auch die Gäste für Gottes Gabe empfänglich gemacht werden sollen. Dann betreten Tänzer mit wilden Sprüngen und kriegerischem Gebrüll die Szene und kämpfen die »Feinde« nieder, bis die Tücher mit den Sünden auf der Erde liegen und das Blut der Feinde bis zu den Hälsen der Sieger schwappt. Die Brüder und Schwestern wedeln dazu mit roten Fahnen auf Augenhöhe herum. Die Schlacht ist geschlagen, und Gottes Sohn, also ich, und sein Volk, also meine Frau und die Hochzeitsgesellschaft, ziehen in Jerusalem ein, der Stadt des Friedens, also in den Festraum eine Tür weiter.

An der Eingangspforte durchschneide ich das Siegel, das der Bibel nach nur Gottes Sohn zerbrechen kann, und marschiere mit meinem Volk in den Festsaal. Alles ist mit Blumen und Papiergirlanden geschmückt, die Musik spielt auf, und die Frauen servieren kleine Häppchen. Nun ist es Zeit für die Gaben. Die Geschenke sind Darbietungen. Rund sechzig meiner Schulkinder führen eine gewaltige Tanzchoreographie auf. Zwei Gruppen drehen sich wie zwei übergroße Spiralen ineinander und schwenken Flaggen. Shalomah inszeniert für mich einen Brauttanz mit Tamburin. Gemeinsam mit ihren Freundinnen führt sie ein ganzes Musikspiel mit mehrstimmig vorgetragenen Liedern auf. Schließlich bin ich dran. Ich singe das selbstgeschriebene Lied über die Liebe zu meiner Braut und tanze danach mit meinen Freunden den Tanz des Bräutigams. Im Vergleich zum romantischen, zarten und fröhlichen Brauttanz der Frauen treten wir Männer deutlich maskuliner auf. Unsere Bewegungen zeugen von Stärke, Entschlossenheit und Macht. Dann ist es so weit: Shalomah und ich dürfen nach dem Eheversprechen in unser Hochzeitszimmer entschwinden – und staunen nicht schlecht.

Auf einer Insel im Fluss gleich hinter der alten Mühle steht zu unserer Überraschung ein Wohnwagen eigens für uns. Unsere Brüder haben davor eine hölzerne Terrasse gebaut, und unsere Schwestern haben die Nachspeise des Festmahls auf den Tisch gestellt. Das Bett ist hergerichtet. Seit ich bei den Zwölf Stämmen bin, habe ich erstmals ein eigenes Zimmer, eine Decke und einen eigenen Teekocher, die mir gehören. Als Single muss ich in Mehrbettzimmern schlafen, in denen oft Trubel herrscht, weil die vielen Besucher von Klosterzimmern stets in diesem Raum einquartiert werden. Nie bin ich allein. Plötzlich habe ich so etwas wie Privatsphäre, aber ich muss auch einen Auftrag erfüllen.

In den Vorbereitungstagen haben mir die Männer eindringlich erklärt, was zu tun ist. Die Hochzeitsnacht markiert den Anfang einer Familie mit vielen wohlerzogenen Kindern und einer glücklichen Frau. In der Anzahl der Kinder offenbart sich ein guter Herrscher. Tatsächlich besteht die Hälfte der weltweit 2500 Mitglieder der Zwölf Stämme aus Kindern. Den Hochzeitstermin rechnen die älteren Frauen exakt so aus, dass er in die fruchtbaren Tage der Braut fällt. Erwartet die Frau am anvisierten Tag des Festes ihre Periode, wird die Hochzeit kurzerhand verschoben. Die Blutung mache die Frau vom ersten Tag ihrer Periode an eine Woche lang unrein, lautet die Lehre der Zwölf Stämme. In dieser Zeit darf der Mann nicht neben seiner Ehefrau im Bett liegen, sondern muss sich einen Platz auf dem Boden suchen oder – falls vorhanden – auf das Sofa oder ein anderes Bett ausweichen. Männer, die in diesen sieben Tagen mit ihrer Frau Sex haben, fallen vor Gott in Ungnade. Andererseits darf eine Frau trotz ihrer Unreinheit Möhren schälen, Wäsche waschen und die Zimmer fegen. Dieses doppelbödige Gesetz ist aber längst nicht die einzige Regel der Zwölf Stämme, deren Sinn sich mir nicht erschließt. Oft machen mich auch Nachfragen nicht klüger.

Als ich in meiner Anfangszeit in Sus in Begleitung eines meiner Brüder einen toten Nashornkäfer finde und ihm diesen triumphierend vor die Nase halte, schreit er panisch auf: »Boah, weg damit. Du bist drei Tage unsauber!« »Oh, Mann, Mist«, reagiere ich überrascht und ringe mich ob meiner Unwissenheit zu einer Frage durch: »Warum das denn?« »Ich weiß es auch nicht, aber du bist drei Tage unrein.« Auch erfahre ich, dass kein Ältester an einer Ältestenversammlung teilnehmen darf, der am Tag der Versammlung einen Samenerguss hat. Da der Tag bei den Zwölf Stämmen mit dem Sonnenuntergang beginnt, muss ein Ältester vom Sonnenuntergang des Vortages an bis zum Versammlungsbeginn am nächsten Tag enthaltsam bleiben.

Oft können meine Brüder und ich die Gesetze, die vom Gründer und Apostel Elbert Eugene Spriggs stammen, schwer deuten. Wir begnügen uns damit, dass Gott uns eines Tages die Weisheit seiner Gesetze schon offenbaren wird. Sogar für diese behelfende Denkweise haben wir ein Gesetz: Gehorche Gottes Gesetz, auch wenn du es nicht verstehst. Wir haben gelernt, dass Gehorsam vor

Offenbarung kommt, und Offenbarung heißt verstehen. In diesem Sinne hüte ich mich eben ab sofort vor toten Nashornkäfern. Das scheint mir im Vergleich zu anderen Befugnissen und Rechten, auf welche die Mitglieder der Zwölf Stämme verzichten, das deutlich kleinere Übel zu sein.

Die Jünger der Zwölf Stämme dürfen nicht selbst entscheiden, wann und wohin sie reisen, wo sie wohnen und wann sie ihre Familien sehen. Sie besitzen kein Privateigentum, und der Lohn ihrer Arbeit wird ihnen nicht ausgezahlt. Es ist ihnen verboten, jederzeit das Wort zu ergreifen und zu sagen, was sie denken. Sie können ihre Anführer nicht frei wählen, nicht eigenmächtig entscheiden, wann und wen sie heiraten oder ob sie mit einer Diät beginnen. Bei den Zwölf Stämmen existieren keine freien Wahlen, keine Rechtssicherheit, keine unabhängigen gerichtsähnlichen Verfahren bei »Gesetzes«-Verstößen, keine Religionsfreiheit – und letztlich keine Gedankenfreiheit. Den Brüdern und Schwestern, die ihr Missfallen über bestimmte Zustände in der Gemeinde zum Ausdruck bringen wollen, nimmt Gründervater Spriggs, alias Yoneq, mit einem einzigen Satz den Wind aus den Segeln: »Wer gegen den Heiligen Vater ist, wird zum Bruder Satans, des rebellischen Anführers des Weltsystems.«

Für meine Hochzeitsnacht gibt es zwar keine gesetzlichen Anweisungen, aber eine Art Vorbereitungskurs. Ich habe bis zu meinem Hochzeitstag keinen Schimmer davon, wie die Zwölf Stämme zum Thema Sexualität stehen. Ich weiß bis dahin nur, dass es für Singles ein Tabuthema ist. Jede Form von Pornographie, auch wenn diese nur im Kopf stattfindet, ist eine Sünde. »Das größte

Sexualorgan des Menschen ist sein Kopf«, erklärt Yoneq. Zum Glück gerate ich an Älteste, die mir die Sexualität im Sinne Gottes erklären können und sich sehr viel Zeit nehmen, damit ich gut vorbereitet bin. Ein Anfänger wie ich kann bei den Zwölf Stämmen richtig Pech haben. Am Beginn der Bewegung hat Yoneq zum Thema Sexualleben so viele, sich mitunter widersprechende Aussagen gemacht, dass die Lehrmeinung zum Beischlaf unübersichtlich ist. Gerät ein Ahnungsloser an den falschen Experten, endet das schnell im Desaster. Vor allem die Eltern der Mädchen versäumen es oft, ihre Töchter auf die Nacht der Nächte vorzubereiten. Zwar gehen die Zwölf Stämme in der Theorie davon aus, dass Mutter und Tochter zum Zeitpunkt der Ehevorbereitung beste Freundinnen sind und auch über Sex reden. In der Praxis aber fallen solche Gespräche eher dürftig aus. Ich selbst bin beeindruckt, als ich als zukünftiger Bräutigam zu einer Runde mit verheirateten Männern geladen bin. Sie plaudern über Sexualität und Ehe, dass mir die Ohren schlackern. Angesichts ihres profunden Wissens antworte ich am Morgen nach dem ersten Mal auf ihre wortlos gezwinkerte Nachfrage mit einem stolzen »Passt schon!«. Andere Brüder und Schwestern haben weniger Erfolg.

Als ein junger Bräutigam in der Hochzeitsnacht nackt aus der Dusche kommt und sich bereits sichtlich auf seine Braut freut, schaut ihm seine Gattin erschreckt zwischen die Beine, bekommt Angst und kriecht panisch unter ihr Bett. In Sus organisiert die Hochzeitsgesellschaft einem jungen Brautpaar eine abgeschiedene Hütte in den Bergen und gibt dem Mann für den Notfall ein Handy mit. Nach drei Tagen meldet sich der Gatte und fragt: »Was müssen wir jetzt eigentlich machen?« Niemand hat Bruder und Schwester über den Liebesakt aufgeklärt.

Angesichts solcher Missverständnisse existieren seit Mai 1999 Papiere, die Mann und Frau über die erste Liebesnacht informieren sollen. Für die weibliche Aufklärung steht dort etwa geschrieben, dass Begriffe wie »dort unten« und »zusammenkommen« keineswegs ausreichen, um »der Braut mitzuteilen, womit genau sie rechnen muss«. Zudem erfährt die Frau, dass sie sich »danach unter fließend kaltem Wasser reinigen« muss, »total dem Mann gehört« und sich »beim Küssen nicht zurückzuhalten braucht«. Ein anderer Ratschlag lautet: »Sei einfühlsam und reagiere schnell auf ihn.« In der Anweisung für die Männer ist niedergelegt, dass die eigenen Eltern die besten Lehrer in Liebesdingen sind. Denn »häufig lernen Kinder falsch«. Sie lernten »von Älteren oder Jungen aus der Nachbarschaft alles über Sex«. So aber werde der »homosexuelle Geist weitergegeben«. Auch sollen die Herren der Schöpfung »das Ehebett rein halten«, weil Ehebrecher nicht in den Himmel kommen; sie erfahren, dass »die Impotenz des Mannes von einer Frau kommt, die keinen Spaß am Sex hat«, und dass sie sich vor perversen Praktiken hüten sollen. »Analverkehr ist absolut verboten, und beim Oralverkehr darf der Samen des Mannes nicht in den Mund der Frau gelangen. Das ist eine falsche Erfindung.«

Die Zwölf Stämme sind kein prüdes Volk. Im Gegenteil: Gründervater Yoneq legt viel Wert darauf, dass Frau und Mann Zeit für ihre Sexualität finden. Sex wertet die Gemeinschaft als natürliche Sache, die Spaß macht und schön ist. Yoneq findet auch, dass es eine wichtige Aufgabe des Mannes ist, seine Frau zu befriedigen. »Wenn du schneller warst als deine Frau«, sagt er einmal, »dann kümmere dich nachher um sie. Sei nicht so ein selbstsüchtiger Kerl, der sich auf die Seite dreht, schläft und seine Frau da liegen lässt.« Ein weiterer Appell lautet dementsprechend: »Schneide und feile deine Fingernägel, dass du deiner Frau nicht weh tust.« Nur bei der eigenen Gattin vermag Yoneq mit seinem Sachstand nicht recht zu landen. Ist Marsha anfangs eine glühende Bewunderin ihres Mannes, als dieser sie in den 1970ern nach zwei gescheiterten Ehen in einem Hippie-Dorf in den kalifornischen Bergen findet und ihr den hebräischen Namen Ha-emeq (»vom Tal«) gibt, folgt sie später ihren eigenen Gesetzen und ist ihrem Manne alles andere als untertan.

Eines Tages muss sich Marsha »vom Tal« sogar vor den versammelten Ältesten in Hiddenite, dem heutigen Zentrum der Zwölf Stämme, dafür rechtfertigen, dass sie außereheliche Sexualkontakte pflegt. Ihre Liebhaber sollen ein Ältester aus der Gemeinschaft Sus und ein Ältester aus der Gemeinschaft in Brasilien gewesen sein. Die Frau des Gründervaters schart gerne eine Handvoll Ältester um sich, die sie in der Öffentlichkeit »meine Jungs« nennt. Auch mir gegenüber verhält sich Marsha eine Weile ungewöhnlich freundlich, als ich zu Besuch in den USA bin. Ich lasse sie abblitzen, weil ich keinen Mutterkomplex habe, spüre aber, dass sie mich fortan ignoriert, was wiederum meiner Karriere bei den Zwölf Stämmen keinesfalls förderlich ist, denn Marsha hat mehr Befugnisse als jede andere Frau in der Gemeinschaft: Zum einen ist sie die einzige weibliche Person, die im Ältestenrat sitzen darf. Zum anderen legt sie fest, wie sich Frauen und Mädchen bei den Zwölf Stämmen zu verhalten haben. Sie gibt die Musik und die Kleidung vor – und hält sich selbst am wenigsten an ihre eigenen Regeln.

Marsha ist ein Kalifornien-Girl. Die Mutter der Kompanie verhält sich immer etwas überdreht, etwas süßlich und überkandidelt. Sie liebt Dekorationen im pompösen Puppenhausstil und lässt sich mit einer Art Personenkult huldigen, der innerhalb der Gemeinschaft geradezu grotesk wirkt. Bei einer Hochzeit in Sus befällt sie eine ihrer typischen, leicht verqueren Visionen. »Ich brauche«, erklärt sie so exaltiert wie ein avantgardistischer Modeschöpfer, »unbedingt ein blaues Tuch, um den Thron zu dekorieren; ohne blaues Tuch geht das nicht.« Ihre Jünglinge überschlagen sich fast, um den geforderten Stofffetzen zu organisieren. Sie spielt Spielchen, denke ich, und fühle mich an ein Ritterturnier erinnert, bei dem der Sieger eine Audienz bei der Königin erhält. Ihr Wort ist Gottes Wille.

Angesichts der sexuellen Eskapaden der Gründergattin fordern einige Älteste in der Versammlung Konsequenzen und mahnen gleiches Recht für alle an. Sie monieren, dass jugendliche Jünger aus der Gemeinschaft verbannt werden, weil sie ein Mädchen vor der Ehe geküsst haben, während die Frau des Gründervaters außereheliche Verhältnisse eingeht. Marsha gibt die reuige Sünderin. Yoneq sagt: »Alles, was ich in meinem Herzen für sie habe, ist Vergebung. Gott vergibt ihr.« Der Protest läuft ins Leere. Stattdessen verschwinden die Protestler nach und nach aus der Gemeinde. Manche gehen scheinbar freiwillig, andere schickt Yoneq selbst fort. Stets ist das Recht auf Yoneqs Seite. Er allein ist Gott

Rechenschaft schuldig – und Gott gibt Yoneq offenbar Freiheiten, die der Gründervater seinem eigenen Volk verwehrt. Yoneq sagt: »Wir sind das einzige wahre Werk Gottes auf der Erde seit den Aposteln.«

Yoneqs Haltung ist von einer schier unmenschlichen Selbstdisziplin geprägt. Eisern hält er sich an die Regeln der Zwölf Stämme und erwartet diese treue Gefolgschaft auch von allen Jüngern der Gemeinschaft. Vielleicht ist es gerade diese konsequente Haltung, die ihn so fanatisch werden lässt. Er sieht sich selbst als einzigen Menschen, der direkt von Gott hören kann. Glaubt er sich und seine Idee angegriffen, schleudert er Sätze wie Donnerhall heraus, auf dass sein Volk erzittern möge: »Jene, die lügen, und jene, die diesen Lügen zuhören, landen im Ewigen Fegefeuer.« Wir sollen uns fernhalten von Ungläubigen, von all jenen, die nicht wahrlich Mitglieder bei den Zwölf Stämmen sind, denn sie wollen uns nur vergiften. Ungläubige sind für Yoneq bereits all jene, die sein Urteil anzweifeln.

Meine Familie sieht meine Hochzeit kritisch. Zum einen gehen meiner Verwandtschaft die Predigt und dieses religiöse Tamtam mächtig auf die Nerven. Zum anderen glaubt sie, dass ich mit meiner Vermählung noch ein Stück mehr für das Leben außerhalb der Zwölf Stämme verloren bin. Sie beschließen, das Hochzeitstheater als Statisten mitzuspielen, weil sie den Kontakt zu mir aufrechthalten und versuchen wollen, Vertrauen zu den Zwölf Stämmen aufzubauen. Sie verstehen, dass sie meine Brüder und Schwestern nie direkt mit ihren Ansichten konfrontieren dürfen, weil den Mitgliedern der Gemeinschaft vorgegeben ist, sich in diesem Fall augenblicklich abzuwenden. Auf jegliche Kritik, die alte

Freunde oder die Familie an den Zwölf Stämmen äu-
ßern, reagiert die Gemeinschaft mit Hausverboten und
Kontaktsperren, die der Ältestenrat auf Jahre verhängt.
Meine Schwester und meine Mutter sind geschickt. Sie
dürfen mich besuchen. Ich selbst werde von der Gemeinschaft immer wieder dazu ermuntert, nicht nur
bloße Freundschaft mit ihnen zu pflegen. Wenn ich sie
wirklich liebe, lautet die Botschaft der Zwölf Stämme,
könnte ich nicht zusehen, wie sie in ihr Verderben rennen, sondern müsse alles daransetzen, dass meine Familie die gute Nachricht der Errettung aus meinem Mund
hört und letztlich ebenfalls zur Gemeinschaft findet. Mit
diesem Auftrag gelingt es mir immer, meine Aufgaben
bei den Zwölf Stämmen mit einer Übernachtung bei
meiner anderthalb Jahre älteren Schwester in Berlin zu
verbinden. Einmal übernachten wir sogar mit einigen
Brüdern und Schwestern bei ihr in der Wohnung, als wir
für ein evangelistisches Event mit einer Gruppe nach
Berlin fahren. Ohne meine Mutter und meine Schwester
wäre mir der Ausbruch aus der Gemeinschaft nie gelungen.

Die Hilfe meiner Schwester kostet sie selbst fast ihre
Ehe. Sie ist Therapeutin, führt mit mir und später mit
meiner Frau Shalomah stundenlange ermüdende Gespräche und versucht immer wieder, mich aus den Fän-
gen der Gemeinschaft zu befreien. Häufig nimmt sie
mich und auch mal meine Kinder und meine Frau bei
sich in Berlin auf.

Das Thema Zwölf Stämme belastet ihre Beziehung.
Ihrem Mann sagt sie: »Das ist mein Bruder. Wir können
ihn nicht hängenlassen.« »Ich verstehe dich, aber ich
kann diese Irren nur schwer ertragen«, antwortet ihr

Mann und zieht sich mehr und mehr aus der Beziehung zurück. Die Intoleranz der Zwölf Stämme macht ihm schwer zu schaffen. Sein Bruder ist homosexuell, seit Jahren mit einem Mann verheiratet und führt eine glückliche Beziehung. Offenbar haben die Mitglieder der Zwölf Stämme Wind davon bekommen. Als mein Schwager die Gemeinschaft in Klosterzimmern anfänglich noch besucht, diskutieren die Urchristen fast jedes Mal ausschweifend über die Sünde der gleichgeschlechtlichen Liebe. Das kann kein Zufall sein. Für die Zwölf Stämme sind schwule und lesbische Partnerschaften eine Krankheit, die der Satan in die Welt gesetzt hat, um Gottes Werk zu vernichten. Nach solchen Abenden kocht mein Schwager vor Wut. Es ist unerträglich für ihn, diese homophoben Äußerungen über sich ergehen zu lassen, während er still auf dem Stuhl sitzt und nichts sagen darf, um das Klima zwischen meiner Familie und den Mitgliedern der Zwölf Stämme nicht zu beschädigen. Die Situation ist demütigend und verletzend für ihn.

Als Frischvermählte fühlen wir uns im Wohnwagen am Fluss wie in einem Sterne-Hotel. Während unsere Brüder und Schwestern nach dem Blasen des Schofar, des Gazellenhorns, morgens um sieben Uhr zur ersten Andacht vor die Tür treten, dürfen wir liegen bleiben. Sie verwöhnen uns, bringen uns Frühstück, Mittag- und Abendessen in unser Liebesnest. Eine Woche lang brauchen wir nichts weiter zu tun, als an uns selbst zu denken. Wir kuscheln viel und unternehmen manchmal kleine Ausflüge mit einem von der Gemeinschaft bereitgestellten Fahrzeug. Wir fahren auf der Sonderschiene. Ich bin glücklich, merke aber auch, dass ich mein altes Leben vermisse. Es ist, als betrete ich den dunklen Dachboden meiner Vergangenheit, und im Lichtkegel der Taschenlampe tauchen plötzlich Erinnerungsfetzen an längst vergessene Freuden auf. Ausflüge. Urlaub. Zweisamkeit. Eigene Entscheidungen. Sich selbst spüren. Genießen. Ich bin überwältigt.

Sieben lange Tage können Shalomah und ich als Jungvermählte das tun, was uns Spaß macht. Ansonsten gibt es nur zu wenigen Anlässen mal zwei oder drei Tage frei. Wenn etwa eine Frau ein Kind zur Welt bringt, gilt die junge Mutter als unrein und darf im Falle eines Mädchens achtzig Tage und im Falle eines Jungen vierzig Tage nicht an den Versammlungen und Feierlichkeiten teilnehmen. »Es ist ihnen zwar nicht verboten«, heißt es in der Gemeindezeitung »The Communicator« vom Januar 2002, aber die jungen Mütter »sollten schon abseits sitzen«. Mit anderen Worten: Sie sind von allen Verpflichtungen und Verantwortungen in der Gemeinschaft freigestellt, so dass die Chance für die Eltern besteht, eine kleine Auszeit von zwei oder drei Tagen zugesprochen zu bekommen. Die Kehrseite ist allerdings, dass auch der Mann sich seiner Frau in der unreinen Zeit nach der Entbindung nicht nähern darf.

Als 2004 unser Mädchen Asarah zur Welt kommt, male ich mir aus, wie Shalomah und ich gemeinsam mit unserem Baby im Bett liegen. Das Kind schläft auf meiner nackten Brust, der Kopf meiner Frau schmiegt sich an meine Schulter. Nur enden meine Vorstellungen vom warmen Familienglück in Entsetzen. Die Ältesten mahnen an, dass ich Shalomah zwei Monate lang nicht nahekommen darf, und so schlafe ich allein und frustriert auf dem Sofa. Beim zweiten Kind ignoriere ich die hartherzige Maßgabe und schlüpfe zu Shalomah unter die

Decke. Prompt rügt mich ein Ältester ein paar Tage darauf für mein unsittliches Verhalten. Es ist mir schleierhaft, wie er das rausbekommen hat. Später höre ich die Geschichte eines Paares aus Island Ponds/USA, das sich vor einem Ältesten rechtfertigen muss, weil die Frau bei der Anbahnung des Liebesspiels aufreizende Wäsche trägt. Die Kontrolle der Zwölf Stämme endet nicht vor der Tür zum Schlafzimmer.

Ich erkläre meiner Gattin, dass wir ab sofort die Gesetze der Zwölf Stämme nicht mehr Wort für Wort, sondern im Sinne ihres Geistes auslegen wollen. Shalomah ist anderer Ansicht.

Die Ehefrau als Untertan

Seit ich geheiratet habe, fühle ich mich den Zwölf Stämmen enger zugehörig als jemals zuvor. Dreizehn lange Jahre muss ich auf den Tag meiner Vermählung warten. Die meisten Brüder, die nach mir zu den Zwölf Stämmen stoßen, haben vom Ältestenrat eine kleine Ewigkeit vor mir ihre Frauen zugesprochen bekommen. Sehnsüchtig muss ich zusehen, wie sie voller Glück getraut werden und Familien gründen. Zuletzt sitze ich oft auf meiner Gemeinschaftsstube für Single-Brothers und hadere mit meinem Schicksal, während unten vor dem Fenster Horden von Mädchen und Jungen aller Altersklassen vorbeilaufen. »Gott«, rufe ich aus, »warum bekomme ich keine Frau?« Die Antwort liegt auf der Hand: Wenn die Ältesten einem Mann keine Frau genehmigen wollen, hat der Mann bei den Zwölf Stämmen eben Pech gehabt. So einfach ist das. »Gott gibt dir eine Frau«, erklären mir die Ältesten, »als ein Zeichen der Anerkennung und des Vertrauens in dich.« Offenbar habe ich mehr als ein Jahrzehnt ein solches Vertrauen nicht verdient. Nun aber bin ich verheiratet und darf mit Zuspruch des Ältestenrats Kinder zeugen. Endlich bin ich im Kreis meiner Brüder und Schwestern angekommen. Ich bin einer von ihnen. Mein Schwiegervater Ephraim, der »Doppelfruchtbare«, ein langjähriger Ältester und Vater von sieben Kindern, drückt das freilich nüchterner aus: »Ich gebe dir meine Tochter, damit du darin die Liebe Gottes für dich erkennst und es schaffst, bei uns durchzuhalten!«

Zum ersten Mal begegne ich Shalomah in Sus. Ich bin einundzwanzig Jahre alt und ein sehr zurückhaltender Neuling. Sie ist gerade acht. Als ihr Lehrer bringe ich ihr und den anderen Kindern gymnastische Übungen bei. Fortan kreuzen sich unsere Wege immer wieder. Ich unterrichte Shalomah in Pennigbüttel und lebe später mit ihr in der Gemeinschaft Oberbronnen, bevor wir beide in führenden Positionen die Gruppe in Klosterzimmern aufbauen. Sie managt die Küche, ich die Schule. Als Shalomah sechzehn Jahre alt ist, merke ich, dass ich mehr für sie empfinde als die Liebe zwischen Bruder und Schwester. Ich mag ihre fröhliche Art und bewundere den Glauben, den sie ausdrückt. Vielleicht hoffe ich auch, dass sie mir hilft, mein eigenes Vertrauen in Gott zu festigen. Welcher Mann weiß schon wirklich, warum er die eine und nicht die andere Frau liebt?

Eines Tages fasse ich Mut, stehe mit feuchten Händen vor jenem Ältesten, der damals in Pennigbüttel Shalomahs Familie betreut, und sage unbeholfen: »Boah, ich mag die!« – »Wen magst du?« – »Na, die Shalomah!« – »Vergiss es!« Wie ein Stein im Wasser eines Brunnens entschwindet mit einem Mal alle meine Tatkraft. Das war es dann wohl. Alle Hoffnung und Gefühle, die ich habe, soll ich also vergessen. Dabei habe ich gehört, dass nach der Vision unseres geistigen Anführers Yoneq die Kinder der Zwölf Stämme im Alter von vierzehn oder fünfzehn Jahren verheiratet sein sollen. Ich bin verflucht spät dran. Aber die Eltern – vor allem jene von Töchtern – halten damals eine Ehe in so jungen Jahren für verfrüht. Hinzu kommt, dass die Brüder und Schwestern zu dieser Zeit noch unsicher sind, ob ein außerhalb der Gemeinschaft geborener und aufgewachsener Mensch einer Ehe mit einem bei den Zwölf Stämmen geborenen Mitglied überhaupt würdig ist. Ich kämpfe gegen das Verlangen an, Shalomah nahe zu sein, und suche immer wieder Rat bei meinem Ältesten. Der sagt: »Schneide deine Gefühle ab. Wenn es von Gott ist, wird Er es dir nicht wegnehmen.« Zwei Jahre später, Shalomah ist achtzehn Jahre alt, erlauben mir die Ältesten schließlich, ihren Vater Ephraim um die Zustimmung zur sogenannten Probezeit mit seiner Tochter zu bitten. In der Probezeit sollen die Paare herausfinden, ob sie für eine Ehe bestimmt sind.

Im Sommer 2002 reist eine größere Gruppe aus Klosterzimmern nach Görlitz, um auf einem Folkfestival israelische Kreistänze aufzuführen. Shalomah ist Tänzerin und Küchenchefin, ich bin der Busfahrer und Mitorganisator der Reise. Ich scheine ihr sympathisch zu sein. Sie ahnt nichts von meinen Phantasien, und ich bleibe meinerseits auf Distanz. Stattdessen gehe ich den vorgeschriebenen Weg und verabrede mich mit ihrem Vater zu einem Gespräch unter vier Augen. Ephraim ist von meinem Ansinnen einer Probezeit keineswegs überrascht. Er selbst sitzt in den Ältesten-Versammlungen, in denen solche Dinge besprochen werden. Das Gespräch glückt, und Ephraim erklärt mir die Ernsthaftigkeit einer solchen Zeit und dass er mir großes Vertrauen entgegenbringt. Als wir aus dem nahe gelegenen Wald von unserem Spaziergang zurückkommen, bemerkt Shalomah meine Freude, doch ahnt sie nicht, was sie bedeutet.

Ein paar Tage danach fragt Ephraim seine Tochter, ob sie sich eine Probezeit mit mir vorstellen könnte. Shalomah ist überrascht, aber bereit, sich mit dieser Frage zu beschäftigen. Bevor sie jedoch zustimmt, verabredet mein Ältester Werner Klinger, der mich zu dem Zeitpunkt betreut, mit ihrem Vater Ephraim, dass ich am Nachmittag einen Spaziergang mit ihr machen darf.

Den Tag über habe ich Mühe, mich im Büro auf meine Arbeit zu konzentrieren. Die Zeit steht. Mir gelingt wenig anderes, als darauf zu warten, dass Ephraim mir seine Tochter zu einem Spaziergang vorbeibringt. Endlich öffnet sich die Tür. Ich lasse den Stift fallen, und Shalomah steht blass vor Aufregung im Raum. Mein Herz pocht mir bis zum Hals, als wir verlegen und unbeholfen schweigend das Haus verlassen. Wir reden über die Zwölf Stämme und unsere Liebe zu Gott. Das Gespräch stockt. In mir ist Unordnung. Erstmals sind wir ohne ihre Eltern und andere Mitglieder der Gemeinde unterwegs. Unbeobachtet. Obwohl wir immer wieder mal miteinander reden, ist diese Situation so gänzlich anders als alle anderen vorher, dass uns die Worte fehlen. Nach der langen Zeit, in der ich meine Gefühle unterdrücken muss, fällt es mir schwer, vernünftige Worte für meine Zuneigung zu ihr zu finden. Stumm laufen wir nebeneinander her. Ich würde sie gern in den Arm nehmen, ihr Gesicht berühren, aber das ist strengstens verboten. Als die halbe Stunde fast vorbei ist, gesteht sie mir, dass sie mich mag. Dann müssen wir uns trennen. Die Zeit ist um.

Bis zu diesem Moment ist die Ehe für Shalomah kein Thema. »Ich wusste, dass irgendwann mein Vater kommt«, erklärt sie mir später, »und mir Bescheid gibt.«

Schließlich stimmt sie unserer Probezeit zu. Und noch einmal vergehen ein paar Tage, in denen wir über unser Ansinnen schweigen müssen, bis Vater Ephraim am freitäglichen Rüsttag offiziell verkündet, dass seine Tochter und ich auf Probezeit gehen. Abends sitze ich gemeinsam mit Shalomah, ihren sechs Geschwistern und ihren Eltern Ephraim und Baruchah (»Segen«) am Festtisch. Die Blicke der Eltern verunsichern mich, eigentlich möchte ich lieber mit Shalomah alleine sein, um sie besser kennenzulernen. Doch ich werde mich daran gewöhnen müssen; es ist ein langer Weg, denn die Probezeit wird ein Jahr dauern. Ich will mich fügen. Ich liebe Shalomah.

Shalomah ist nicht die erste Frau in meinem Leben. Doch meine erste Beziehung liegt mehr als zehn Jahre zurück und ist längst beendet, als ich mit einundzwanzig in die Gemeinschaft ziehe. Steigen in mir und meinem Unterleib in diesen vielen Jahren Bedürfnisse auf, lerne ich, sie zu unterdrücken. Als Jünger der Zwölf Stämme ist es meine Pflicht, meine Triebe abzublocken. Vor der Ehe ist es mir als Mann Gottes nicht mal gestattet, eine nackte Frau überhaupt nur zu sehen – nicht in ihrer realen Gestalt, aber auch nicht in meiner Vorstellung und meinen Träumen. Falls ein Jünger masturbiert, darf er sich bei diesem Akt keinesfalls eine entblößte Frau vorstellen. Falls er nachts von einem weiblichen Hintern träumt, hat er dies am nächsten Morgen vor einem Ältesten zu bereuen. »Tut mir leid«, sagt der Fehlbare mit gesenktem Haupt. »Ich hatte da wieder so sündhafte Phantasien, die ich nicht steuern konnte.«

Von Anfang an will ich mit meiner Ehefrau Shalomah eine Partnerschaft auf Augenhöhe führen. Ich will mit ihr alle Dinge gemeinsam entscheiden, die unser Leben betreffen. Doch die Zwölf Stämme – und zu meiner Überraschung auch meine Ehefrau selbst – besitzen einen anderen Plan vom gottgefälligen Dasein. Als es ihr an einem Morgen nach unserer Flitterwoche gesundheitlich schlechtgeht, beschließen wir, dass sie an diesem Tag im Zimmer bleibt und nicht zur Arbeit in die Küche geht. Der Rüffel ist gewaltig. »Was bildest du dir ein, deiner Frau sagen zu können, was sie machen soll«, geht eine ältere Küchenfrau auf mich los, nachdem ich ihr die Nachricht von Shalomahs Auszeit überbringe. »Hol sie sofort her, sie muss Kartoffeln waschen.«

Der Mann, so lerne ich, ist bei den Zwölf Stämmen zwar das Oberhaupt der Familie, aber was die Arbeit der Frauen anbelangt, bestimmen die älteren Weiber, wo der Hase langläuft. Wenn ich in der Bäckerei oder in der Schule mal früher Schluss mache, um mit meiner Frau ein bisschen an den Fluss zu gehen, muss ich die älteren Frauen fragen, ob Shalomah beim Geschirrspülen eine kleine Pause machen darf. Meist habe ich kein Glück. »Nein«, heißt es dann. »Die muss noch waschen und danach in der Küche Essen vorbereiten, die hat keine Zeit für dich.« Shalomah fügt sich. Ich soll, bittet sie mich eindringlich, dem Wort der älteren Frauen unbedingt Folge leisten und bloß keinen solchen Ärger machen.

Nach den Gesetzen der Zwölf Stämme pflegen meine Frau und ich ein merkwürdiges Verhältnis. Als Ehemann muss ich ihr die geistige Richtung vorgeben und mich ihr gegenüber freundschaftlich, aber zugleich distanziert verhalten. Ich aber will Shalomah vor allem emotional nahe und dabei authentisch sein. Ich möchte mit ihr Sorgen und Nöte teilen. Ich will mich ihr zu erkennen geben, wie ich bin – und nicht, wie ich nach den Anweisungen der Zwölf Stämme zu sein habe. Der nächste Tadel ist programmiert.

»Sprich mit deiner Frau nicht so viel über deine Probleme«, redet mir ein Ältester ins Gewissen. »Du bist zu ehrlich zu ihr.« Wenn ich Sorgen habe, soll ich mit den Ältesten reden und meine Frau raushalten. Nach Überzeugung der Ältesten sollte es ungefähr so zwischen mir und meiner Frau ablaufen: Ich komme nach Hause, erbitte vor der Tür in einem Stoßgebet noch rasch Gottes Beistand (»Lieber Gott hilf, dass ich ein guter Ehemann bin«), trete dann ein, umarme meine Frau und lese ihr aus der Bibel vor. »Lerne«, rät mir der Älteste, »vom göttlichen Geist erfüllt zu sein, dann gibt es keine Probleme.« Mit anderen Worten: Ich soll daheim die heile Welt vorspielen und voll im Glauben stehen.

Shalomah ist derselben Ansicht. Sie erwartet von mir, dass ich ihr gegenüber immer perfekt reagiere, dass ich jederzeit der starke Jünger des Herrn an ihrer Seite bin. Diese Art des Umgangs von Mann und Frau kennt sie von ihren Eltern. Mein Schwiegervater Ephraim und meine Schwiegermutter Baruchah unterhalten sich in ihren eigenen vier Wänden genauso abstrakt und förmlich wie in der Öffentlichkeit. Sie sind ausschließlich erfüllt von der göttlichen Liebe füreinander – ein Vorbild für die jüngeren Brüder und Schwestern. Wenn Shalomah und ich abends in unserem Bett liegen, sprechen wir nicht über Gefühle wie etwa Zweifel und Ängste, sondern über organisatorische Probleme der Gemeinschaft; wir diskutieren Lösungen aus. Unsere Beziehung ist seelenlos. »Das ist eher ein Sozialmeeting zu zweit als eine echte Partnerschaft«, denke ich oft und starre traurig an die Zimmerdecke. Rede ich mit ihr über meine Sorgen, wird sie unsicher. So etwas wie Zweifel an den Entscheidungen der Ältesten kennt sie nicht.

Drei Arten von Versammlungen existieren bei den Zwölf Stämmen. Es gibt das Ältesten-Meeting, bei dem die Ältesten, etwas mehr als eine Handvoll Männer, sämtliche Entscheidungen der Gemeinschaft treffen. Daneben gibt es das Frauen-Meeting, bei dem die Frauen über Haushaltsfragen debattieren, und schließlich noch das Sozial-Meeting, bei dem Männer und Frauen gemeinsam miteinander Lösungen besprechen. Praktisch läuft das so: Die Versammlung der Frauen kommt überein, dass zu einer Hochzeit Ziegengulasch gekocht werden soll, und trägt dieses Ansinnen in das Sozial-Meeting. Im Sozial-Meeting beratschlagen die Männer und Frauen gemeinsam, ob es genug Ziegen im Stall gibt und welcher der Männer das Tier schlachten soll. Anschließend bespricht der Ältestenrat die Vorschläge aus dem Sozial-Meeting und stimmt ab.

Stundenlange Gespräche über organisatorische Fragen der Gemeinschaft Klosterzimmern kennt meine Ehefrau aus der eigenen Familie. Ihre Eltern Ephraim und Baruchah haben ihr vorgelebt, ständig über andere Mitglieder zu reden und Lösungen für deren Probleme zu suchen. Ich aber will mit Shalomah über das sprechen, was mich selbst im Inneren beschäftigt. Unser gemeinsames Zimmer dient mir als Ort des Rückzugs, an dem meine Seele zur Ruhe kommt; hier kann ich emotionale und intime Gespräche mit meiner Ehefrau halten. Nach vielen Jahren als Single-Brother habe ich nun endlich einen Raum für Privatheit und möchte diesen auch nutzen. Meine Ehefrau aber ist an einer Diskussion über meine Probleme gar nicht interessiert. »Yathar, ein Mann darf kein Zweifler sein – er ist der Ermutiger seiner Frau«, erklärt mir ein Ältester die Denkweise meiner Gattin. »Er soll aus dem Zimmer gehen und seine Frau glücklich zurücklassen. Der Mann gibt seinem Weib Kraft, Vision und Mut und leitet sie zu Jahschua.« Bei den Zwölf Stämmen soll ein Bruder der stärkende Abraham der Frau sein und hat die Sache im Griff. Dann sagt der Älteste noch: »Und auf gar keinen Fall darfst du mit deiner Frau über die Probleme aus dem Ältesten-Meeting reden. Das macht kein Mann!«

Größte Skepsis bringt mir Shalomahs Mutter entgegen. Vom Tag unserer ersten Begegnung an reagiert sie auf mich reserviert, und meine zahlreichen Glaubenskrisen in den vergangenen Jahren dienen keineswegs der Besserung unseres angespannten Verhältnisses. Bis meine Schwiegermutter der Ehe mit ihrer Tochter zustimmt, dauert es sechs Jahre. Sie will meine Standhaftigkeit in Gottes Wort testen und zögert ihr Einverständnis hinaus. »Die böse Außenwelt versucht, dich zu verdrehen«, lautet ihre Botschaft. »Das Böse nagt an deinem Glauben.« Meine Schwiegermutter ist aus besonders hartem Holz und im Kreis der Zwölf Stämme nicht weniger als eine Heldin.

Seit dreißig Jahren dienen die Erlebnisse, die meine Schwiegermutter als junges Mädchen macht, den Zwölf Stämmen beispielhaft dafür, dass ein Mensch den Versuchungen des Satans widerstehen kann, wenn er nur fest genug an die Vorgaben der Urchristen glaubt und danach handelt. In den Augen meiner Brüder und Schwestern ist die Lebensgeschichte meiner Schwiegermutter eine Parallele zum Leben und Leiden von Jahschua. Wie der Allerhöchste widersteht Rebecca Westbrooks, so ihr Mädchenname, den Attacken des Teufels, die ihren Glauben ruinieren und ihr Leben zerstören wollen. Doch Rebecca bleibt fest in Gott. »Wir lernen daraus«, ziehen die Zwölf Stämme auf ihrer Internetpräsenz ein mächtiges Fazit, »dass wir genauso behandelt werden, wie Er behandelt wurde, wenn wir auf Seinem Weg wandeln.«

Am 17. Januar 1980 treten Polizisten in das kleine Restaurant der Zwölf Stämme in Chattanooga, legen Rebecca Handschellen an und verhaften sie wegen illegalen Besitzes und Verkaufs von Marihuana. Sie bringen sie auf die Polizeistation, nehmen Fingerabdrücke und erklären, dass sie gleich dem Haftrichter vorgestellt werde. Sie soll ein Papier mit der Höhe der Kaution unterschreiben und registriert, dass das Blatt bereits die Unterschrift ihres Vaters trägt, der in dieser Stadt Kriminalbeamter ist. Rebecca wittert ein Komplott, und der Vater fängt sie beim Verlassen der Polizeistation tatsächlich an der Tür ab. Mit dem Streifenwagen fährt er sie in das Haus eines befreundeten Paares nach Alabama und sperrt sie in einen Raum mit heruntergelassenen Rollos. Rebecca darf nicht allein auf die Toilette gehen, und nachts im Bett flankieren sie zwei ehemalige Mitglieder der Zwölf Stämme, Naomi und Melinda, damit sie nicht fliehen kann.

Melinda und Naomi ist der Ausstieg aus der Gemeinschaft ein paar Jahre zuvor mit Hilfe von Ted Patrick gelungen, einem sogenannten Deprogrammierer. Darunter versteht man einen Therapeuten, der in langen Gesprächen versucht, jenes Gedankengut zu »löschen«, das den Betroffenen in Sekten eingepflanzt wird. Man kann Leute wie Ted Patrick mieten. »Meine Familie hat mich angelogen«, notiert Rebecca in ihrem Bericht über das sogenannte »Kidnapping der Rebecca Westbrooks«. »Ich traue ihnen nicht mehr und will mich ihnen verschließen.« Statt zu reden, weint Rebecca und fleht Gott an, er möge ihr helfen, ihre Lage durchzustehen.

Am zwölften Tag tritt Ted Patrick in ihr Zimmer. Patrick hat bereits vier Mitglieder der Zwölf Stämme mit seinen Methoden behandelt. Drei von diesen Patienten bleiben anschließend der Gemeinschaft in Chattanooga fern. Patrick baut eine Videokamera auf und stellt zwei Stühle in den Lichtkegel der Scheinwerfer. Als Rebecca ihm gegenüber Platz nimmt, erklärt er ihr, dass ihr Gehirn auf das Niveau einer Zweijährigen verkümmert sei. Sie sei ein Zombie und der Gründervater der Gemeinschaft, Eugene Spriggs, ein Bauernfänger. »Ich kämpfte um mein Leben«, schreibt Rebecca, »mental, emotional und spirituell.« Patrick sagt, sie müsse wieder lernen, an sich selbst zu denken, und wenn dieser Prozess vier Monate dauern sollte, dauert er eben vier Monate. »Das lehne ich ab«, kontert Rebecca. »Ich will mich weder einer Hypnose noch einer Gehirnwäsche unterziehen.«

Viele Stunden spricht Patrick auf Rebecca ein. Rebecca versucht, ruhig und unempfänglich für seine Worte zu bleiben. Am dreizehnten Tag bricht Rebecca zusammen, nachdem über sie eine Flut von Anschuldigungen gegen die Gemeinschaft hereinbricht. Rebecca trommelt mit den Fäusten gegen ihr Bett und schreit: »Ihr wollt mich verrückt machen, aber ich bin es nicht, bin es nicht, bin es nicht.« Rebecca glaubt, dass Patrick und ihre Familie ihr Herz mit Lügen anfüllen wollen. Sie schwört

123

sich, eisern zu bleiben, weil Gott sie zu Menschen geführt habe, deren Herzen von Seiner Liebe erfüllt sind und die ihr Leben für Seinen Willen geben. Das will sie auch.

Nach zwei Wochen nimmt Ted Patrick Rebecca mit nach San Diego und bringt sie in einer Entzugsklinik unter. Er will Rebecca unter Hypnose setzen, damit sie ihre Schuldgefühle und Ängste gegenüber der Gemeinschaft überwindet. »Ich fühlte mich nicht schuldig und ängstlich, bis ihr mich gekidnappt habt«, kontert sie. Patrick berichtet ihr davon, wie sehr ihre Familie unter ihrem Leben bei der Gemeinschaft leide, dass ihr Vater seither Herzprobleme habe und nachts weinend im Bett liege. »Das war eine Taktik, um mir ein schlechtes Gewissen zu machen. Sie wollten, dass ich mich nicht gut fühle, weil ich meiner Familie, seit ich bei der Gemeinschaft bin, so viel Leid zugefügt habe«, erinnert sich Rebecca. Zwei Wochen lang leistet sie in San Diego inneren Widerstand, dann verfrachtet die Familie sie in das Haus ihrer Schwester nach Houston. Als die Schwester bei der Arbeit ist, flüchtet Rebecca und kehrt zur Gemeinschaft zurück. »Das Einzige, das mich diese vier Wochen durchstehen ließ«, erklärt Rebecca, »waren meine Hoffnung in Seine Gnade und meine Überzeugung, dass Gott mich zur Gemeinschaft zurückkehren lässt. Mein innigster Wunsch war es, das Leben mit meinen Überzeugungen fortzusetzen.«

Rebeccas Geschichte interpretieren die Zwölf Stämme als klassische Jesus-Variante. Die Kungelei des Vaters bewerten sie als »gefährliche Allianz zwischen Staat und Kirche«. Aus ihrer Sicht sind Rebeccas Erfahrungen Ausdruck des »ewig alten Musters des Satans«. Auf ihrer Homepage stricken sie daraus eine religiöse Legende: »Rebecca ist unzufrieden mit der gängigen Religion. Sie schließt sich einer Gruppe an, die radikal anders ist, folgt ihrem Herzen und findet die Erfüllung in einem Leben der Liebe und Nächstenliebe. Sie will dienen nach den Worten Gottes. Ihre christlichen Eltern sind außer sich angesichts ihrer Wahl. Das ist typisch für die christlichen Seelsorger. Sie überzeugen die Regierungsfunktionäre, bei ihren Deprogrammierungsplänen mitzumachen. Anti-Sekten-Akteure wie Ted Patrick lösen die Furcht vor dem Sektenkult aus. Sie sind Beschleuniger.« Dass Leute wie Patrick an ihr gottloses Werk gehen, sei jedoch schon in der Bibel prophezeit. Die Männer der Gesetzlosigkeit, heißt es dort, werden erstarken.

Die Männer der Zwölf Stämme aber wissen sich zu wehren und bringen die nach Chattanooga heimgekehrte Rebecca ins Ausland. Ihr Fluchtort ist jene kleine Stuttgarter Gemeinde, die wenig später durch Spanien und Portugal zieht und schließlich Mitte der 1980er Jahre die erste große europäische Niederlassung der Zwölf Stämme im südfranzösischen Sus gründet. Rebecca lernt auf dieser Reise ihren Ehemann Ephraim kennen. Bald ist sie schwanger und entbindet das Mädchen in der Zentrale der Zwölf Stämme in Island Ponds/USA. Es ist Shalomah.

Shalomah und ich stehen während unserer einjährigen Probezeit unter ständiger Beobachtung. Viele unserer Glaubensbrüder in Klosterzimmern laden uns zu sich in die Stube ein, wollen uns beim Tee aushorchen und unsere Gesinnung prüfen – vor allem meine. Die Brüder und Schwestern wollen ermessen, ob meine Ehe mit Shalomah funktionieren kann. Einige Älteste petzen meiner Zukünftigen sogar angebliche Verfehlungen früherer Tage. Darunter sehr persönliche Sachen, die ich befreundeten Brüdern einst unter vier Augen verraten habe. Wenn Shalomah mit diesem Wissen ihren Yathar immer noch heiraten will, denken sie wohl, dann liebt sie ihn wirklich. Jeden Samstag beim Brotbrechen, bei dem alle getauften Mitglieder beieinandersitzen, müssen wir berichten, wie unsere Probezeit läuft. Ein Ältester nimmt uns regelmäßig ins Kreuzfeuer. Es ist demütigend. In der Gemeinde kursiert eine Geschichte von mir mit einer siebzehnjährigen Schülerin. Vor vielen Jahren macht mir das junge Mädchen schöne Augen, und ich bin zu unerfahren, um gleich zu merken, dass sie den Männern gern Hörner aufsetzt. Passiert ist nichts, aber Gerüchte sind langlebig.

In Klosterzimmern existieren zwei große Wohnhäuser. Die Bewohner beider Häuser müssen einer Ehe zustimmen. Billigt der Haushalt, in dem das Paar wohnt, die Heirat, gilt das Einverständnis des zweiten Haushalts als Formsache. Nicht so bei uns. Mit der Zustimmung unseres Hauses in der Tasche sitzen Shalomah und ich zuversichtlich in der Versammlung des zweiten Haushalts. Plötzlich steht eine ältere Frau auf und sagt: »Nein, ich habe keinen Frieden drüber!« Sie verweigert uns ihr Amen, weil ihr diese nichtige Geschichte mit der Siebzehnjährigen im Kopf herumspukt. Die Entscheidung wird um drei Tage verschoben. Dann erhalten wir endlich die Erlaubnis.

Manchmal fühle ich mich den Gesetzen der Zwölf Stämme ausgeliefert. Immer wieder ist eine neue Regel zu befolgen, die mir bis dahin unbekannt ist. Nie bin ich mir sicher, ob unsere Heiratspläne nicht noch scheitern.

Es ist kafkaesk. Wie bei der Türhüterlegende von Franz Kafka, in der ein Mann an einem Pförtner nicht vorbeikommt, weil er die Gesetze für den Zutritt nicht erfährt. Als das Hochzeitsdatum feststeht, teilt man uns mit, dass wir kurz nach dem avisierten Wochenende unserer Eheschließung zu einem evangelistischen Event nach Washington DC reisen müssen. Der Termin platzt. Die Begründung können wir in der Bibel nachlesen. Dort steht, dass ein frisch vermählter Mann ein Jahr lang nicht in den Krieg ziehen darf. In der Lesart der Zwölf Stämme ist ein evangelistisches Event also ein »Krieg«, stelle ich verwundert fest und frage mich, warum sie nicht mal eine Vorschrift zu unseren Gunsten heranziehen. Nach einer anderen Regel hat die Hochzeit nämlich innerhalb von dreiundachtzig Tagen nach der Verlobung stattzufinden. Bei uns liegen Monate dazwischen. Kein Wunder, dass wir uns bei einer derart langen Wartezeit ungehörig nahekommen.

Nach einem langen Tag auf dem Platz vor dem Weißen Haus in Washington sitzen wir im Bus auf der Rückfahrt zum Campingplatz – unglücklicherweise in derselben Bankreihe – und können uns nicht mehr zügeln. Ich lege meinen Arm um Shalomah und streichle mit der Hand leicht über ihren Rücken. Müde legt Shalomah ihren Kopf auf meine Schulter. Bislang halte ich die Mädchen, die bei den Zwölf Stämmen aufwachsen, für prüde. Jetzt spüre ich zu meiner Überraschung Shalomahs Lust. Keiner beachtet uns richtig, alle sind erschöpft, und wir genießen die Zweisamkeit inmitten der Gruppe. Nie zuvor sind wir uns so nah. Doch unser Handeln hat Konsequenzen.

Als wir zurück in Klosterzimmern sind, wird meine

Frau von ihrem schlechten Gewissen geplagt und beichtet unser Fehlverhalten ihrer Mutter. Es folgt ein Rieseneklat, an dessen Ende Shalomahs Eltern das Recht erhalten, unsere Verlobung zu lösen. Doch wir haben Glück. Die Ältesten beschließen »lediglich«, dass ich Shalomah sechs Wochen nicht sehen darf. Bis dahin ist Shalomahs schlimmste Ahnung, dass das offizielle Hochzeitsfest ausfällt. Bei den Zwölf Stämmen werden Hochzeiten abgesagt, wenn Mann und Frau außerehelichen Geschlechtsverkehr haben. Auch Shalomahs Mutter reicht es längst nicht, uns für eine Weile zu trennen. Sie ist unzufrieden mit der Entscheidung, die ihr Mann und die anderen Ältesten getroffen haben, aber sie fügt sich. Nach einem schnellen Abschied von meiner Braut muss ich in die kleine Niederlassung der Zwölf Stämme in Wörnitz umsiedeln – sechzig Kilometer von Shalomah in Klosterzimmern entfernt.

Manchmal muss ich von Wörnitz nach Klosterzimmern zu Versammlungen anreisen. Wenn ich dann mit dem Auto auf dem Gutshof vorfahre, muss Shalomah auf ihr Zimmer gehen und sich verstecken. Ich leide wie ein Hund: Ich weiß, dass sie irgendwo da drin ist, darf sie aber nicht sehen. Der Kontakt zu meiner Frau wird nicht gestattet. Die Anweisung, dass Shalomah bei meiner Ankunft auf das Zimmer gehen muss, kommt ausgerechnet von ihren Eltern. Noch heute habe ich regelmäßig Alpträume. Im Schlaf fühle ich eine unstillbare Sehnsucht nach einem Menschen, will ihn unbedingt sehen, und jemand verbietet mir das.

Fatalerweise ist Vater Ephraim Shalomah und mir als Ältester zugeteilt. Er ist unser Hirte, und Shalomah möchte, dass ich so werde wie ihr Papa. Ich aber will

Endlich – nach langer Wartezeit die Hochzeit mit Shalomah

Der Bus der Zwölf Stämme auf dem Missionarischen Camp anlässlich des Folkfestivals in Görlitz 2006

Blick auf Klosterzimmern

Das Willkommensschild der Zwölf Stämme in Klosterzimmern

Der Versammlungsplatz in Klosterzimmern

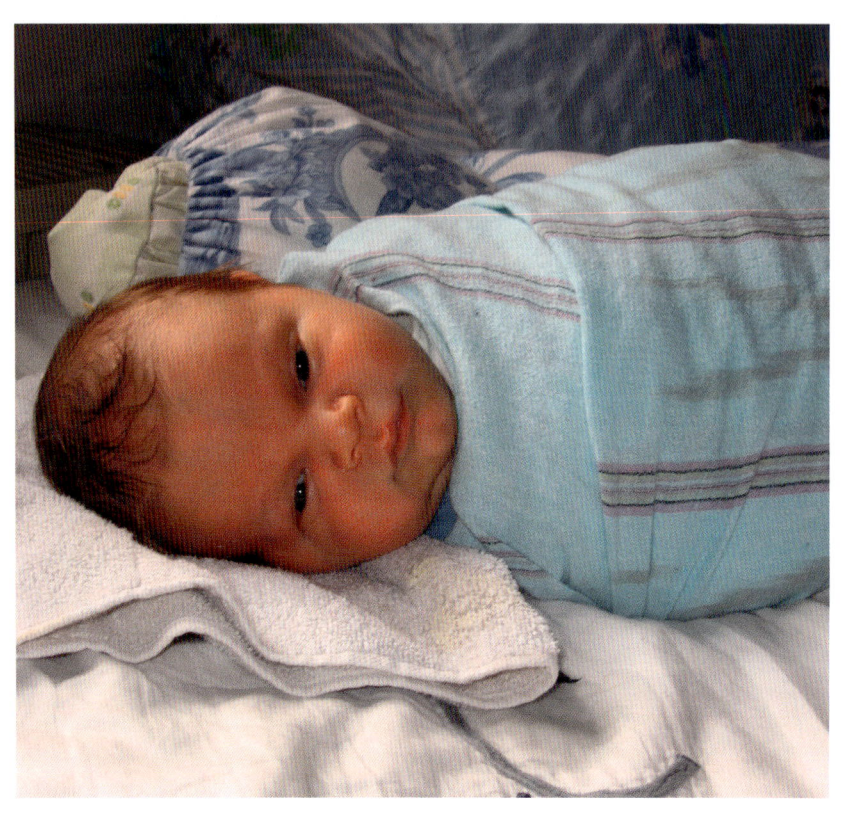

Mein Sohn Shimshon eng gewickelt als Baby

Mit meinen Kindern kurz nach der Rückkehr
aus der sechsmonatigen Verbannung

*Mit meiner neuen Partnerin Diana und ihrem Sohn Dominik
sowie meinen Kindern Asarah (hintere Reihe), Leah, Naarai und
Shimshon (vorn, von links)*

eine eigene Persönlichkeit sein und keine Kopie. Meine Brüder und Schwestern sagen: »Wenn du ein geistiger Mann wärst, hättest du kein Problem damit, in die Fußstapfen von Ephraim zu treten.« Nach der Vorstellung der Zwölf Stämme zieht der Vater die Tochter auf, übergibt sie dem Ehemann, der sie genau an dem Punkt weiter erzieht, an dem sein Schwiegervater aufgehört hat. Die Bande der Brüder und Schwestern sind bei den Zwölf Stämmen eng geknüpft. Anders verhält es sich mit den Beziehungen nach draußen zu den weltlichen Familien.

Meine Schwiegermutter sieht ihre beiden leiblichen Schwestern und ihre Mutter erst anderthalb Jahrzehnte nach der Flucht aus dem Haus in Houston in der südfranzösischen Gemeinschaft Sus wieder. Ihr Vater ist zu diesem Zeitpunkt bereits gestorben. Über das Wiedersehen schreibt Baruchah, alias Rebecca Westbrooks, auf der Homepage der Zwölf Stämme Folgendes: »Meine Mutter und meine Schwester sahen deutlich, dass mich mein Ehemann liebt und für mich sorgt, dass die Kinder glücklich, gesund und geliebt sind, dass alle in der Gemeinschaft normale Leute sind und keine gehirngewaschenen, hypnotisierten Zombies. Meine Mutter sagte, jetzt erkenne ich, was du versucht hast, mir vierzehn Jahre lang mitzuteilen. Sie erkannte das Ergebnis all dieser Lügen, die sie über uns gehört und geglaubt hatte, und die unsere Beziehung zerstört hatten.« Rebeccas Sätze vermitteln jenes Bild, das die Gemeinschaft gerne von sich in der Öffentlichkeit präsentiert. Ihr Text ist Propaganda.

Hand in Hand mit ihren Kindern treten die Eltern am Morgen eines jeden Freitags vor die Häuser. Es ist sieben

Uhr und Rüsttag in der Gemeinschaft Klosterzimmern. Mädchen und Jungen, Mütter und Väter singen. Es ist der Tag, an dem sich die Jünger der Zwölf Stämme auf den samstäglichen Sabbat vorbereiten. Sie putzen und kochen. Ein kleines Mädchen hilft seiner Mama mit dem Besen. Ein anderes versucht sich beim Kartoffelschälen. Die Wiesen dampfen. Irgendwo muht eine Kuh. Im Versammlungshaus bollert ein grüner Kachelofen. Später spielen drei Musikanten einfache Weisen auf der Gitarre, begleitet von einer Klarinette. Die Gemeinde tanzt gemeinsam israelische Folkloretänze. Sie recken die Arme in die Luft, als wollen sie in den Himmel klettern. Einer erhebt eine Fürbitte: »Herr, ich bitte dich um den Schutz unserer Kinder.«

Die Idylle trügt. Die meisten dieser Menschen haben verlernt, auf eigenen Beinen außerhalb der Zwölf Stämme zu existieren. Mit ihren hebräischen Namen sind nicht nur ihre bürgerlichen verschwunden, sondern auch ihre weltliche Identität und ihre eigene Meinung. »Tote Menschen«, erklärt mir ein Ältester in Boston/USA, »haben keine Meinung«. Das Schlimmste aber ist, dass sie ihre Kinder mit Weidenstöcken schlagen und sie geistig und emotional unfähig machen, in ihrem Leben jemals eigene Entscheidungen zu treffen.

Zucht und Ordnung

Ich schließe die Zimmertür hinter mir und weine. Hemmungslos. Schockiert über mich selbst rinnen mir die Tränen die Wangen hinunter, mein verschwitztes T-Shirt klebt am Körper. Meine eigene Härte überrascht mich. Ich bin ein Geist, eine seelenlose Gestalt. Meine Tochter Asarah liegt nach der Tortur, die ich ihr zufüge, entkräftet und verstört neben ihrer Mutter und wird gestillt, während ich von Weinkrämpfen geschüttelt, mich selbst hassend, vor dem Haus stehe. Mein kleines Mädchen ist gerade acht Monate alt. Ich habe Asarah niedergerungen, sie innerlich gebrochen.

Anderthalb Stunden lang halte ich ihre beiden Händchen fest, als seien meine Pranken Schraubstöcke, und befehle: »Sei ruhig und sitz still!«

Asarah hockt auf meinem Schoß und schaut mich erschrocken an. Fünf Minuten. Zehn Minuten. Dann beginnt sie sich zu regen, zappelt ein bisschen. »Nein, still sitzen«, mahne ich erneut mit ruhiger Stimme. Asarah schaut mich fragend an. Fünf Minuten. Zehn Minuten. Dann wehrt sie sich erneut, will sich aus meinem Griff befreien. Ich fasse ihre Handgelenke fester. Das Kind schreit und biegt sich nach hinten. Es streckt den Rücken durch und macht sich steif. Mit der flachen Hand drücke ich ihren Kopf auf ihre Brust. Asarah rebelliert. Sie brüllt. Ihr Gesicht ist puterrot. Schweiß tropft ihr von der Stirn. Auf ihren Wangen platzen kleine Äderchen.

Asarahs Kampf dauert eine gefühlte Ewigkeit. Schließlich kapituliert sie und lässt ihren Kopf völlig erschöpft in meine Hand sinken. Ihr Willen bricht. In diesem Moment wird mir bewusst, dass mit der Erziehung bei den Zwölf Stämmen etwas nicht stimmt. Ganz und gar nicht stimmt. Ich übergebe Asarah meiner Frau Shalomah. »Du bist ein toller Vater«, lobt sie mich für meine Brutalität. »Das hast du gut gemacht. Ich bin stolz darauf, dass du dich an die Regeln von unserem Gott hältst!« Aus Sicht meiner Frau ist alles in bester Ordnung. Ich aber bin entsetzt über mich selbst. Was habe ich Asarah angetan?

Als ich vor dem Haus stehe, um Luft zu bekommen, und mit mir hadere, kommt ein Ältester vorbei. »Was ist los mit dir?«, fragt er. »Hast du geweint?«

Ich erkläre ihm, was ich soeben anderthalb Stunden lang getan habe, und füge an: »Das mache ich nie wieder!«

»Hey«, entgegnet er. »Das ist doch ganz normal. Das geht uns doch allen so. Das sind die Gefühle. Das musst du lernen.« Ich solle nur daran denken, wie gut es für Asarah sei, dass ich ihren Willen gebrochen habe. »Wenn deine Tochter mal auf die Straße läuft, du ›Stopp!‹ rufst und sie sofort stehen bleibt, dann weißt du, dass du das Richtige getan hast«, erklärt er mir. »Wenn der Lastwagen sie nicht erwischt hat, dann wirst du erkennen, dass es notwendig ist, dein Kind zum absoluten Gehorsam zu erziehen.«

»Eltern müssen ihre von Gott gegebenen Kräfte nutzen. Die Kräfte ihrer elterlichen Autorität sind Züchtigung und Disziplinierung gegen Rebellion und Weigerung der Kinder«, legt ein Teaching zur Kindererziehung bei den Zwölf Stämmen aus dem Jahr 1997 dar.

Die Anweisungen sind erbarmungslos. »Wie die Geschichte lehrt, ist die Züchtigung mit körperlichen Schmerzen die normale Methode, um Kinder unter Kontrolle zu bringen. Es ist ein natürliches Gesetz. Sohnsein bedeutet, einen Vater zu haben, der dich genug liebt, um dich zu züchtigen – und auch auszupeitschen, wenn es nötig ist. Es verwundert nicht, dass Kinder, die nicht gezüchtigt wurden, sich zurückgestoßen und ungewollt fühlen. Also muss ein Kind gezüchtigt werden, um ihm Liebe zu zeigen; nur so wird es für die Gemeinschaft wieder akzeptabel.« Damit ein Kind »akzeptabel« wird, ist sein Wille zu beugen. »Das bedeutet nicht, ihnen Sachen anzubieten, die Spaß machen. Von allem, was sie tun, müssen sie profitieren«, heißt es im Teaching »Einen Willen haben« vom 23. Januar 1984. »Unsere Kinder sind nicht wie die da draußen. Sie verhalten sich nicht wie andere Kinder. Wir haben unsere Kinder angeleitet, nicht zu bitten, weder um Essen noch um andere Dinge, die sie tun wollen. Da sie gefallene Kinder sind, werden sie natürlicherweise das tun, was ihr eigener Wille ist. Sie wollen essen, was sie essen wollen. Kinder müssen den Willen ihrer Eltern lernen.«

In vielen Gesprächen schaffen es die Ältesten, mich wieder aufzubauen und so weit zu bringen, dass ich einen Sinn in meinem brutalen Handeln sehe. Allmählich wird mir die Züchtigung meiner Asarah zur Gewohnheit. Alle zwei, drei Tage widme ich mich der Prozedur und halte meine Tochter jedes Mal so lange an den Händen fest, bis sie ihre Gegenwehr aufgibt und ihr kleiner

Kopf in meine Handfläche fällt. Sechs Monate dauert diese Maßnahme. Als Asarah etwas älter als ein Jahr ist, hat sich jener Punkt in ihr verfestigt, an dem sie bereit ist, sich meinem Willen »freiwillig« unterzuordnen. Wenn ich ihr den Befehl gebe, still zu sitzen, folgt sie nun ohne größeren Widerstand. Asarah hat damit den unterwürfigen Zustand erreicht, in dem die Kinder der Zwölf Stämme bis zu ihrer Taufe gehalten werden sollen. Bis sie als Jugendliche mit ungefähr zwölf Jahren im Wasser stehen und gen Himmel rufen: »Jahschua, ich kapituliere vor dir. Aus freien Stücken und freiem Willen.« In den Versammlungen sehe ich Kleinkinder, die wie kleine Puppen stundenlang auf dem Schoß ihres Vaters sitzen und sich nicht rühren. Ihre Eltern behaupten, sie befinden sich in völligem Frieden, weil sie sich ihnen unterordnen. Es ist bizarr.

Die erste Erziehungsmaßnahme, mit welcher der Wille der Kinder gebeugt wird, beginnt unmittelbar nach der Geburt. Die Eltern wickeln ihre Babys so eng in Tücher ein und befestigen diese mit Sicherheitsnadeln, dass sich der Nachwuchs nicht mehr bewegen kann. Wie ein verschnürtes Paket liegen sie da. Anfangs finde ich das sogenannte Restraint noch ziemlich vernünftig, habe ich doch gelesen, dass die Urvölker ihre Babys einst ebenfalls hart wickelten. Die Enge der Tücher, welche die Geborgenheit im Mutterleib simuliert, soll den Kindern Sicherheit vermitteln. Zugleich stärkt der Wickel ihre Muskulatur – vor allem am Rücken, da die Kleinen stetig gegen ihre »Verpackung« arbeiten. Doch mit dieser altmodischen Wickeltechnik, die landläufig als Pucken bezeichnet wird, hat das Restraint der Zwölf Stämme wenig gemein. Zum einen sind die Kinder der Urchristen die ersten Monate quasi permanent und deutlich enger verschnürt. Zum anderen dient die Methode vor allem dazu, die Kinder zur Ruhe zu bringen. Meine Tochter Asarah kann sich mit dieser Zwangslage jedenfalls schwer anfreunden und strampelt sich jede Nacht erneut frei. Wenn meine Frau das entblößte Kind morgens auffindet, legt sie die Tücher gleich wieder an. Shalomah ist konsequent. Oft streiten wir.

»Eltern müssen die unterschiedlichen Phasen der Kindererziehung verstehen: 1. Kontrolle; 2. Erziehung. Wenn Eltern wahrhaft nach Gottes Wort leben, haben sie die Kontrolle über ihre Kinder. Wenn die Kinder nicht gehorchen, habt ihr sie nicht richtig erzogen«, so die Maßgabe zum Thema »Die Verantwortung der Eltern« aus dem Jahr 1997. »Psychologen sind dumme und schlechte Menschen. Die Gesellschaft hat das Konzept von Kinderrechten erstellt. Die Philosophie meint, dass Kinder jedem Gesellschaftsmitglied gegenüber gleich behandelt werden müssen, in der Schule und in der Familie. Es gibt auch Menschen, die behaupten, körperliche Disziplinierung sei gegen das Wohl des Kindes. Das führt dazu, dass die Eltern sich fragen, ob sie die eigenen Kinder strafen dürfen. So etwas produziert unkontrollierbare Teenager und Jugendliche. Harte Erziehung ist keine Methode nach Versuch und Irrtum.«

Mit ungefähr sieben Monaten wird der eigene Geist der Kinder erstmals sichtbar. Liegen sie bis dahin beim Windelwechseln ruhig auf dem Wickeltisch und lassen sich die neue Windel ohne Widerstand gefallen, beginnen sie nun, mit den Armen und Beinen in der Luft zu rühren. Sie strampeln herum und wehren sich. Beim Füttern drehen die Kinder den Kopf zur Seite oder patschen mit der Hand den Löffel weg. Im Kind erwacht das Selbst. Für die Zwölf Stämme ist dies der entscheidende Augenblick. Nach ihrer Überzeugung ist dies der Moment, in dem der eigene Wille des Kindes erwacht, der von den Eltern mit allen Mitteln niedergerungen werden muss. Zur Niederschlagung des Willens eines jeden Zwölf-Stämme-Kindes existieren auf jeder seiner Entwicklungsstufen, Meilensteine genannt, verschiedene Methodiken, die zur Anwendung kommen. Der Erziehungsplan beginnt bei den Kleinsten mit dem Restraint; es folgen das Festhalten der Gliedmaßen und die als Disziplin bezeichneten Schläge mit der Rute. Einziges Ziel ist die bedingungslose Unterordnung des Kindes.

Bei der Disziplinierung bestrafen die Mitglieder der Zwölf Stämme jede Art des Ungehorsams. Im ersten Schritt – bis zum Alter von etwa sechs Jahren – wird dem Kind der Grund nicht erklärt, warum es dies und das nicht tun darf. Der »reine« Gehorsam ist unabhängig von Begründungen, teilen die Ältesten uns Eltern mit. Erst wenn die Kinder älter werden, ist es den Eltern erlaubt, ihre Bestrafungshandlungen zu erklären, denn körperliche Züchtigung gilt in der Gemeinschaft als unausweichliche Maßnahme. Es ist die schnelle Reinigung des Herzens der Kinder. Der Logik der Urchristen gemäß bereitet jeder Ungehorsam dem Kind ein schlechtes Gewissen, weil er eine Sünde gegenüber Gott ist. Mit der Züchtigung des Körpers wird die Seele von der Sünde gereinigt. Im zweiten Erziehungsschritt rückt die Züchtigung des Herzens in den Vordergrund, und die körperliche Bestrafung nimmt an Bedeutung ab. Nun sind die Kinder in der Lage, ihr Fehlverhalten auch ohne

Schläge einzusehen. Ist die Erziehung der Kinder nach dem Geist der Zwölf Stämme gelungen, haben sie ab dem zwölften Lebensjahr einen Herzenszustand erlangt, der es den Jungen und Mädchen ermöglicht, eigene Sünden selbst zu erkennen und öffentlich Reue zu zeigen. In ihnen ist ein übergroßes schlechtes Gewissen installiert.

»In der Kindheit müssen die meisten Verhaltensmuster verinnerlicht sein«, beschreibt das Kapitel »Die Natur des Kindes« das Erziehungsziel der Zwölf Stämme. »Der Begriff Jugend wird für das Alter 13 bis 20 gebraucht. Das ist die Zeit, in der die Eltern den größten Einfluss auf das Denken des Kindes haben. Der Jugendliche, der nicht unter Kontrolle gebracht wurde, wird gegen jede Beschneidung seiner Freiheit härter und härter rebellieren. Solche Jugendliche müssen aus der Gemeinschaft weichen gemäß dem Urteil des Ältestenrates über die elterliche Verfehlung. Eltern verlieren ihre Autorität über das Kind ab der Heirat oder dem 21. Lebensjahr.« Der Abschnitt »Konflikte« ergänzt: »Das wichtigste Ziel der Erziehung ist es, die Kinder unter Kontrolle zu bringen und die Kontrolle beizubehalten, bis das Ziel erreicht ist. Eltern sollten den Konflikt als Möglichkeit begrüßen, die notwendige Veränderung herbeizuführen. Der Wendepunkt ist erreicht, wenn die Kinder die Herrschaft der Eltern anerkennen. Das Kind will wissen, ob die Liebe zu ihm groß genug ist, um ihnen sein Leben anzuvertrauen.«

Immer wieder erlebe ich Kinder, die in der Gemeinschaft aufwachsen, aber das von den Zwölf Stämmen erwünschte Ziel der Willenlosigkeit nicht erreichen. Die Züchtigung mit der Rute trägt keine Frucht mehr. Nach Tausenden von Schlägen, die sie in ihrem Leben empfangen haben, sind ihre Herzen gehärtet. Sie haben gelernt, den Schmerz auszublenden und nichts mehr zu empfinden. Für Kinder, die in diesem Stadium angelangt sind, hält der Ältestenrat einen drakonischen Maßnahmenkatalog bereit. Die Ältesten verhängen Umgangsverbote mit anderen Kindern, sogar mit ihren eigenen Geschwistern. Außerhalb der Wohnhäuser sind sie unter strenge Aufsicht von dafür bestimmten Erwachsenen gestellt. Sie dürfen am Leben in der Gemeinschaft kaum noch teilnehmen, erhalten Tanzverbot, Musizierverbot und Stubenarrest über viele Tage hinweg, mitunter sogar über Wochen.

Bereits bei meinem ersten Besuch 1990 im südfranzösischen Sus werde ich mit den rauhen Methoden der Zwölf Stämme konfrontiert. Beim Abendessen sitzt mir ein Mann gegenüber, der als ehemaliger Hippie den Weg zu den Zwölf Stämmen gefunden hat. Auf seinem Schoß brabbelt ein zehn Monate alter Junge. Das Kind murrt und kneift den Mund zu, während der Vater es zu füttern versucht. Der Papa ist sichtlich genervt, zieht plötzlich eine lange Rute hervor und schlägt dem Sohn auf die Innenflächen beider Hände. Das Kind jault auf. Die Umsitzenden zeigen keine Reaktion, ich aber bin außer mir und stelle ihn gleich zur Rede. »Gott will das so«, erklärt er daraufhin seelenruhig. »Das ist Liebe.« Als ich ein Dreivierteljahr später Mitglied der Zwölf Stämme bin, hoffe ich noch, dass ich selbst einen neuen Erziehungsstil bei meinen Brüdern und Schwestern prägen kann. »Die Gruppe ist erst am Anfang. Das pendelt sich sicher ein«, bin ich überzeugt. »Mit meinem Pädagogikwissen kann ich bestimmt etwas bewegen.« Das Einzige, das sich dann ändert, bin ich selbst.

Im Jahr 1991 nehme ich jeden Freitagmorgen an den Versammlungen zur Kindererziehung in Sus teil. Bei diesen Treffen unterbreiten uns die Ältesten die Erziehungslehren, die direkt aus der amerikanischen Zentrale stammen. Ich beginne das Konzept, das hinter den Schlägen steht, zu verstehen, bin aber auch froh, dass ich zu diesem Zeitpunkt mit der Erziehung der Kinder nichts zu tun habe.

Das ändert sich erst, als ich ein Jahr später Sportlehrer der Gemeinschaft werde. Mein späterer Schwiegervater Ephraim, der damals für die Erziehung der jüngeren Kinder verantwortlich ist, bringt mir bei, wie die Disziplinierung der Kinder vollzogen wird. Frei von Aggression, gelassen und fast friedlich nimmt er den Stock in die Hand und schlägt gezielt und kontrolliert auf den nackten Hintern eines Kindes. Anschließend demonstriert mir ein Vater die Züchtigungen des älteren Nachwuchses anhand seines eigenen Kindes. Fanatisch und wie von Sinnen haut er mit einer Holzleiste auf den Rücken und den Hintern des Jungen ein. Der Zwölfjährige schreit bei jedem Hieb auf, der auf seinen Körper prasselt. Entsetzt sehe ich zu.

Am Abend suche ich das Gespräch zu meinem Ältesten Arel (Name geändert). Er gilt in der Gemeinschaft als lascher und eher weicher Erzieher. Arel ist Vater von vier Jungen und zwei Mädchen, und ich weiß, dass auch er mit den rüden Methoden hadert. Er erklärt mir, dass es zwei Typen von Menschen in der Gemeinschaft gebe – den harten, sehr strukturierten, eher militärischen Typus und den weicheren, eher verständnisvollen. In seiner Familie übernimmt meist die Frau die Züchtigungen. Sie ist zackig, kompromisslos und kann ihre Gefühle verschließen. Arel und seine Frau streiten zu der Zeit noch oft miteinander über die richtigen Erziehungsmethoden. Irgendwie beruhigt mich das. Die Quittung für seine angebliche Laschheit bekommt Arel Jahre später. Einer seiner Söhne muss die Gemeinschaft auf Geheiß des Ältestenrates verlassen, und Arel muss ihn bis zu seiner Volljährigkeit begleiten. Jahrelang wohnt er getrennt von seiner Frau und seinen anderen Kindern, die er nur alle paar Wochen besuchen darf. Arel durchlebt eine schmerzhafte und demütigende Zeit. Für ihn ist das Ausgestoßensein eine Strafe Gottes, die er aufgrund seiner laschen Erziehung verbüßen muss. Seinen abtrünnigen Sohn trifft es noch härter: Ihm ist seither jeglicher Kontakt zu den Geschwistern untersagt.

»Der einzige Weg, wie Eltern ihre Autorität zurückgewinnen können, ist der Gebrauch der Rute. Die Erinnerung an den Schmerz wird ihm helfen, künftig zu gehorchen und sich in allen Fällen von Rebellion und Ungehorsam an die Worte der Eltern zu erinnern«, rät die Erziehungslehre zur »Züchtigung« von 1997. »Die Rute repräsentiert das Recht der Herrschaft von Eltern und Ländern. Die Rute ist am besten geeignet, weil sie als Objekt von der Hand unterschieden werden kann. Aus der Hundeerziehung ist bekannt, dass die Benutzung der Hand kontraproduktiv ist. Das gilt auch für Kinder. Nur dumme Eltern benutzen die Hand. Eltern sollten ihren Kindern erklären, dass Gott die Rute als Symbol der Macht geschaffen hat. Die Rute kann Streifen verursachen, Zeichen wie die einer Peitsche, aber sie ist schmal genug, um keine bleibenden Schäden zu hinterlassen, wenn die Rute richtig gebraucht wird. Die Größe der Rute muss der Größe und dem Alter angepasst werden. Nach einer ausreichenden Anzahl von Schlägen müssen Eltern stoppen und das Kind fragen, ob es in Zukunft den Anweisungen folgen wird. Die Rute wird für den Hintern benutzt.«

* * *

Hintergrund III:
Muss Strafe sein?

»Denn wen der Herr liebt, den züchtigt er;
er schlägt jeden, den er gern hat ...
Jede Züchtigung bringt zwar für den Augenblick
keine Freude, sondern Schmerz;
aber später schenkt sie denen,
die so behandelt wurden,
Frieden und Gerechtigkeit.«
Hebräer 12,6+11

Mit der Reform des deutschen Kindschaftsrechts im Jahr 1998 wurde im Bürgerlichen Gesetzbuch (BGB) das grundlegende Recht des Kindes auf gewaltfreie Erziehung verankert. Präziser fassten die Richter diesen Grundsatz zwei Jahre später in § 1631 Absatz 2 des BGB: »Kinder haben ein Recht auf gewaltfreie Erziehung. Körperliche Bestrafungen, seelische Verletzungen, psychische Beeinträchtigungen und andere entwürdigende

Maßnahmen sind unzulässig.« Dies bedeutet, dass selbst leichte Ohrfeigen und Klapse auf den Hintern strafrechtlich relevant sind. Zugleich wird in § 1685 BGB festgeschrieben, dass von einer Kindeswohlgefährdung auszugehen ist, wenn Minderjährigen soziale Kontakte verweigert werden – insbesondere zu einem Elternteil, den Großeltern oder den Geschwistern.

Im scharfen Kontrast zur Gesetzgebung hat sich in Gemeinschaften wie den »Zwölf Stämmen«, aber auch bei Gruppen wie den »Zeugen Jehovas« und einem Teil der evangelikalen Freikirchen der Glaube etabliert, Züchtigungen mit der Rute seien durch die Bibel gedeckt. Aussteiger der in Deutschland rund 160 000 Mitglieder starken Vereinigung »Zeugen Jehovas« berichten von der dort herrschenden biblischen Pflicht, die Kinder körperlich zu züchtigen. Vor ein paar Jahren wurde auch bekannt, dass in evangelikalen Kreisen Erziehungsratgeber die Runde machen, in denen amerikanische Autoren praktische Tipps zu Rutenschlägen als Erziehungsmittel nennen. Die Fundamentalisten berufen sich dabei auf einschlägige Bibelstellen und leiten daraus ab, dass Schläge mit der Rute bei jedem Kind angewandt werden müssen, wenn dieses gegen Gottes Gesetz verstößt. Michael und Debi Pearl, die Autoren des Buches »Wie man einen Knaben gewöhnt«, schreiben etwa: »Wählen Sie Ihr Instrument der Größe des Kindes entsprechend. Für die unter Einjährigen genügt ein kleiner, 20 bis 30 cm langer Ast mit einem halben Zentimeter Durchmesser. Manchmal muss nach Alternativen gesucht werden. Ein 30 cm langes Lineal wäre eine solche Alternative. Für ein älteres Kind ist ein Gürtel oder ein größerer Ast effektiv.«

Eine Studie des Kriminologischen Forschungsinstituts Niedersachsen kam 2010 zu dem Schluss, dass die Risikogefährdung von Schülern, mindestens einmal als Kind massiv misshandelt zu werden, dann am höchsten ist, wenn ihre Eltern der Religion einen »sehr wichtigen« Stellenwert beimessen und sie Mitglieder einer Freikirche sind. Immerhin jeder fünfte Schüler dieser Gruppe sei davon betroffen, ergab die Nachforschung bei 45 000 Neuntklässlern zwischen vierzehn und sechzehn Jahren. Psychologen glauben zudem, dass systematische Schläge eine nachhaltige Wirkung auf die Kinder haben. Ihr Wille würde gebrochen, so dass sie die Überzeugungen ihrer Eltern übernähmen.

* * *

Als Lehrer versuche ich, für die Schwächen der Kinder Verständnis aufzubringen, und werde deshalb von meinen Brüdern und Schwestern immer wieder dazu ermahnt, mehr Härte gegenüber ihrem Nachwuchs zu zeigen. Bei der Züchtigung mit der Rute aber bin ich nüchtern und konsequent. Immer wieder schlage ich die Schüler während meiner Zeit als Lehrer. Manche Kinder mehrfach am Tag. Damals ist meine Logik: Wenn ich die Schüler schon schlagen muss, dann züchtige ich sie wenigstens so, dass mein Handeln für sie berechenbar ist. Die Jungen und Mädchen sollen in meinem Handeln eine klare Linie erkennen, an der sie sich orientieren können, um sich weitere Schläge zu ersparen. »Der Fairness den Kindern gegenüber«, rede ich mir ein, »muss ich mich an das Schema der Gemeinschaft halten.« Trotz eines bitteren Beigeschmacks, den diese Züchtigungen stets für mich haben, entwickle ich einen gewissen Automatismus. Es ist auch ein Selbstschutz.

Bei den Zwölf Stämmen gibt es unzählige Formen des Ungehorsams, die eine Züchtigung zur Folge haben. Ich muss die Kinder mit der Weidenrute schlagen, wenn sie im Klassenraum reden oder lachen oder sich im Sport nicht in einer Reihe aufstellen wollen. Jeden Tag greife ich zum Stock. »Es tut mir so leid, dass ich gelacht habe«, fleht ein kleines Mädchen und schaut mich mit großen Augen an. Meine Gefühle duellieren sich. Ich fühle mich miserabel, aber es muss sein – ich hole die Rute hervor. Nach dem Grundsatz der Zwölf Stämme existieren zwei verschiedene Charaktere: das natürlich gehorsame und das natürlich ungehorsame Kind. Der Ungehorsame zeigt sich dem Erzieher offen, so dass dieser einen Anhaltspunkt für die Probleme des Kindes erhält. Der Gehorsame hält sich mit seinen Äußerungen hingegen bedeckt, obwohl es möglicherweise unter der Oberfläche brodelt. Solche Kinder sind mit Worten schwer zu erreichen.

Oft sind es Petitessen, für die ich die Kinder züchtigen muss. Im Gegensatz zu vielen Vätern bin ich den ganzen Tag auf dem Hof in Klosterzimmern anwesend und als Lehrer zugleich für die Erziehung zuständig. Meine Aufgabe besteht darin, den Müttern zur Seite zu stehen, während ihre Männer auf auswärtigen Baustellen arbeiten. Beim Mittagstisch erreichen mich immer wieder hilfesuchende Blicke überforderter Mütter. Einmal nehme ich an einem Tisch Platz, an dem eine Mutter mit fünf Kindern sitzt. Sobald eines ihrer Kinder einen Mucks von sich gibt, schaut mich ihre Mutter mit stummer Aufforderung an. Sie erwartet von mir, dass ich ihre Kinder bestrafe.

Der Druck ist gewaltig. Irgendwann nehme ich eines ihrer Kinder mit in den Heizungskeller hinunter, wo die Weidenruten liegen, schlage auf seinen Hintern und kehre mit ihm an den Tisch zurück. Der Junge stellt sich vor seine Mutter, entschuldigt sich für seinen Ungehorsam, wird von der Mutter kurz gedrückt und sodann angewiesen, sich wieder zu setzen.

Mittlerweile gehören Schläge mit der Weidenrute zu meinem Alltag wie das Einnehmen der Mahlzeiten. Es ist Normalität. Für mich und auch für alle anderen Brüder und Schwestern. Die Züchtigungen der Kinder erfolgen auf den Privatzimmern und in öffentlichen sogenannten Disziplinierräumen. Die beiden öffentlichen Räume befinden sich unten im Schulhaus und im Heizungskeller des großen Versammlungsraumes. Einst hat ein solcher Disziplinierraum auch im Gewölbekeller eines Wohnhauses existiert. Rebellieren die Kinder und nehmen ihre Strafen nicht geduldig entgegen, müssen sie oft lange Zeit im feuchten und modrig riechenden Keller zwischen Holzkisten mit Karotten und Salat warten, bis die Schläge endlich ausgeführt werden. Manchmal bildet sich am Treppenabsatz zum Keller ein kleiner Stau, weil der Raum noch nicht frei ist. Betäubt und routiniert hören die Kinder die Schreie ihrer Vorgänger und zählen die peitschenden Schläge, die ihre Freunde erhalten.

»Jeder muss helfen, das Beste in den Kindern wachzurufen«, hält ein Papier der Zwölf Stämme vom 19. August 1990 fest. Mit welchen Mitteln dies am besten zu erreichen ist, beschreibt die »Kindererziehung« von 1997: »Disziplin und Kontrolle sind Gottes natürliche

Lösungen gegen Rebellion. Züchtigung ist der Ausdruck wahrere Liebe und zeigt die Vaterschaft und die Zugehörigkeit zur Familie. Züchtigung ist keine verbale Abbitte, keine Diskussion. Das rebellische Kind muss eine Lektion lernen, und zwar, wer der Boss ist. Bei einem kleinen Kind ist die maximale Kontrolle notwendig. Ein wohlerzogenes Kind hat die innere Kontrolle entwickelt, die nun die äußere Kontrolle der Eltern ersetzt.« In einem anderen Kapitel heißt es: »Die Rechtsprechung basiert nicht auf der Frage, warum jemand schuldig ist, sondern dass jemand schuldig ist. Das Kind muss lernen, dass seine Gründe keine Rechtfertigung für sein falsches Handeln sind.«

Als meine drei Kinder Asarah, Shimshon und Naarai 2004, 2006 und 2008 auf die Welt kommen und ich diese züchtigen soll, bricht in mir eine Welt zusammen. Die Verdrängung bröselt. Plötzlich keimen neue Gefühle in mir auf. Mir wird bewusst, wie viel leichter es mir fällt, eine autoritäre Haltung gegenüber fremden als gegenüber meinen eigenen Kindern einzunehmen. Bis dahin bilde ich mir ein, dass das Erziehungskonzept der Zwölf Stämme ein Stück weit die Mittel heiligt und die Hiebe innerhalb dieses Systems durchaus einen Sinn ergeben. Nun aber blicke ich in die Herzen meiner eigenen drei Sprösslinge. Ich habe Verständnis für ihre kleinen Verfehlungen, auch weil sie mir ähnlich sind. Das ist das Ende meiner Routine, meines bislang eher abstrakten Umgangs mit der Rute. Ich habe Mitleid. In mir wächst der Gewissenskonflikt: Einerseits ergreife ich für meine Söhne und meine Tochter Partei. Andererseits muss ich nach den Regeln der Zwölf Stämme konsequent bestrafen.

Besonders nervenaufreibend ist für meine Kinder und mich die Bettgehzeit. Wie Kinder eben sind, wollen sie allabendlich noch länger wach bleiben, hier noch ein Glas Wasser, da noch eine Gutenachtgeschichte. Manchmal dauert es anderthalb Stunden und unzählige Rutenhiebe, bis die Kinder Ruhe geben und schlafen wollen. Nach einer Zeit sind sie derart an Züchtigungen gewöhnt, dass sie kaum noch Reaktionen auf die Schläge zeigen. Für etwas Aufmerksamkeit vor der Nachtruhe scheinen sie den Schmerz billigend in Kauf zu nehmen. Am Verhalten meiner Kinder ändert ihre Disziplinierung jedenfalls wenig. Nachts im Bett quält mich die Frage, warum ich meine Kinder nicht auf eine schöne Weise ins Bett bringen kann, in einem Einverständnis, das ihnen Vertrauen und Ruhe für die Nacht schenkt. Die Tränen der Kinder lassen mich nicht los. Was ist richtig? Was ist falsch? Doch für eine Beantwortung dieser Fragen fehlt mir der feste Grund.

Gleich den Kindern sind auch die Erwachsenen einem riesigen Bestrafungsapparat unterworfen. In der Gemeinschaft ist das Bekennen der Sünden mit anschließender Züchtigung als Reaktion darauf eine Selbstverständlichkeit. Jedes Mitglied, egal ob Mann, Frau oder Kind, das die Regeln und Gesetze nicht einhält, erfährt unmittelbare Sanktionen. Das ist ein Automatismus, der so wenig überraschend ist wie der Sonnenaufgang am Morgen. Wer aus Sicht der Ältesten ein Fehlverhalten begeht, muss sich in den Versammlungen vor der gesamten Gruppe rechtfertigen, wird an den Rand gedrängt und verliert seine Position innerhalb der Gemeinschaft. Ein verantwortlicher Bäcker oder Lehrer findet sich plötzlich auf dem Acker wieder und zupft auf Anleitung eines sehr viel jüngeren Bruders wochenlang Salatköpfe. Viele meiner Brüder entheben die Ältesten ihrer Ämter und lassen sie niedrigste Aufgaben erledigen. Die Degradierten fügen sich. Das Schuldgefühl, das uns von den Ältesten eingetrichtert wird, leistet ganze Arbeit. Die Betroffenen schwanken zwischen Rebellion und Reue. Erst wenn sie »ganz unten angekommen sind« und ehrlich ihre Sünden und ihre Motive bekennen, erfahren sie Vergebung und Restauration. Nur dann dürfen sie wieder in ihre früheren Positionen zurückkehren.

Oft sehe ich Kinder, die ihre Väter und Mütter mit ihrer bockigen Haltung regelrecht zur Weißglut bringen. Zugleich sollen die Eltern ihre Kinder nach der Vorgabe der Zwölf Stämme so lange züchtigen, bis diese die Korrektur annehmen. Im Ergebnis dreschen die Erwachsenen mitunter unkontrolliert bis zum Jähzorn auf den Nachwuchs ein. Meine Tochter Asarah ist so ein bockiges Kind. Nach der Lehre der Gemeinschaft ist sie »offen rebellisch«. Manchmal züchtige ich sie über Stunden, bis ihr Hintern wund ist. Wenn ein Kind eine rebellische Phase durchlebt, stellen die Ältesten seine Eltern von sämtlichen Aufgaben frei – von der Arbeit genauso wie von den schönen Tätigkeiten. Die Eltern müssen sich in diesem Fall ausschließlich um die Erziehung des Kindes kümmern. Wenn ich merke, dass Asarah mich in Rage bringt und ich dabei bin, die Kontrolle über mich zu verlieren, werfe ich die Rute nun immer öfter in hohem Bogen weg. Ich will mich vor mir selber schützen. Wer sein Kind züchtigt, gerät schnell in einem Kreislauf aus Reaktion und Gegenreaktion, aus dem er schwer herauskommt. Wut aber ist kein guter Erzieher. Aus dem Nachbarzimmer höre ich immer wieder die Schreie anderer Kinder. Es sind Exzesse, die bei den Zwölf Stämmen oft ignoriert werden. Die Eltern argumentieren damit, dass sie konsequent sein wollen, um für ihr erzieherisches Handeln die Gnade Gottes zu empfangen. Es ist ein verdrehtes Konzept: Meine Brüder und Schwestern glauben tatsächlich, dass sie mit den Schlägen den Kindern ihre Liebe beweisen.

Nach Überzeugung der Zwölf Stämme ist der Vater für die Kindererziehung verantwortlich. Da aber die Frau mehr als dieser zu Hause ist, führt sie auch die meisten Züchtigungen durch. Sie ist die Exekutive. Im Alltag läuft das so: Liest der Vater in der Bibel und ein Kind will nicht still sein, gibt er seiner Frau die Anweisung, das Kind zu züchtigen. Sie nimmt es, geht in den Nebenraum und holt die Weidenrute hervor. Anders meine Ehefrau Shalomah. Sie erwartet von mir, dass ich alle Züchtigungen bei unseren Kindern selbst vornehme, sobald ich daheim bin. Mir ist das oft zu viel, weil bei drei Kindern ständig irgendeines Faxen macht. Shalomah schaut dann zu mir herüber und bedeutet mir, dass ich das Notwendige erledigen soll. Manchmal herrscht regelrechtes Chaos – die Kinder sind wild, ich bin genervt, und meine Frau ist frustriert, weil ihr Mann nicht herrscht. Überhaupt ist Shalomah der Ansicht, dass jedes Mal, wenn ich nach Hause komme, das Laisserfaire ausbricht. Sie ist deutlich konsequenter als ich und versucht, meine Weichheit gegenüber den Kindern zu kompensieren.

Seltsame Gefühle beschleichen mich auch, wenn andere Mitglieder der Zwölf Stämme meine Kinder schlagen. Ich akzeptiere zwar »gerechte« Bestrafungen von »fairen« Personen, weil ich solche Maßnahmen selbst hundertfach an anderen Schülern ausführe. Auch finde ich es »normal«, dass ein anderer Lehrer nach einem Fehlverhalten eines meiner eigenen Kinder mit diesem im Keller verschwindet, es schlägt und mit ihm wieder im Klassenzimmer auftaucht. Bei »ungerechten« Schlägen kann ich mich aber kaum beherrschen. In der Öffentlichkeit gebe ich zwar vor, dass ich all das schlucke, aber innerlich bin ich mit vielen Erziehungsmethoden über Kreuz. Vor allem das Restraint, bei dem ich die Arme meiner Kinder stundenlang festhalten muss, löst in mir bittere Gefühle aus. Ich handele wider meine Natur. Jedes Mal durchfährt mich ein Gefühl tiefer Scham und Verzweiflung, wenn mein Kind in sich zusammensackt und sein Wille erlahmt. In diesem Moment spüre ich, dass im Inneren des kleinen Menschen etwas zerbricht. Meine Frau lässt mir bei diesem Thema wenig Spielraum. Sie verlangt, dass ich diese Methode gewissenhaft und konsequent ausführe. Selbst wenn wir eine Nacht bei meiner Schwester in Berlin sind und ich ohne Kontrolle der Gemeinschaft auf das Restraint verzichten will, fordert sie mich auf, das »Notwendige« durchzuführen. Weigere ich mich, schreitet sie selbst zur Tat.

»Euer Wort ist Gesetz. Wenn eure Kinder euren Worten nicht gehorchen, brechen sie das Gesetz, das ihr ihnen gegeben habt«, notieren die Zwölf Stämme im Papier »Kontrolle und Erziehung« vom 6. Juni 1990. »Gehorcht ein Kind den Eltern nicht, dann muss eine höhere Autorität Recht sprechen, um die Eltern zu unterstützen. Eltern besitzen die Autorität, egal ob richtig oder falsch. Sie allein entscheiden, nicht die Kinder. Wenn ein Kind das erste Kommando ignoriert, wird es versuchen, auch die weiteren Kommandos zu ignorieren. Ein Kind muss verinnerlichen, den Anweisungen der Eltern stets Folge zu leisten, und zwar ohne Erklärungen. Es muss nicht wissen, warum die Eltern etwas von ihm verlangen. Ein Kind zu kontrollieren bedeutet, Druck auszuüben. Manche Eltern haben Angst, die Liebe ihres Kindes zu verlieren, wenn sie versuchen, mit starker Kraft das Kind zu kontrollieren. Wenn ein Säugling davonkrabbeln will, während die Windel gewechselt wird, soll er leicht geschlagen werden. Der schockierte Blick und die Tränen in seinen Augen sind das Zeichen dafür, dass die Eltern nun die ganze Aufmerksamkeit haben. Wutgeschrei und Sichwinden sind Ausdruck eines willensstarken Kindes, das mit höherer Intensität und Frequenz in die Schranken gewiesen werden muss.«

Bei der Erziehung meiner eigenen Kinder lasse ich immer öfter die Zügel schleifen. Ich erinnere mich daran, wie aufständisch ich selbst als kleiner Junge gewesen bin. Meine Eltern haben es nicht leicht mit mir gehabt. Auch meine Jugendzeit ist eine permanente Rebellion gewesen. Diesen Geist besitzen offenbar auch meine Kinder. Zugleich wächst der öffentliche Druck. Meine Brüder und Schwestern ermahnen mich, die Züchtigungen an meinen Kindern stärker wahrzunehmen. Auf Veranstaltungen fordern sie mich auf, meinen Nachwuchs zu strafen, weil eines meiner Kinder Grimassen schneidet oder anderen Blödsinn macht. Ohnehin herrscht auf Versammlungen und Festen eine ständige Unruhe. Immer wieder verschwindet ein Kind mit Vater oder Mutter aus dem Raum, um im Disziplinarkeller mit der Rute gemaßregelt zu werden. Es ist ein Kommen und Gehen. Raus, rein, das Kind wischt sich die Tränen ab. Dann das nächste. Raus. Rein. Mal mit dem Papa. Raus. Rein. Mal mit der Mama. Tränen. Meine Schwester, die bei einigen Feierlichkeiten der Zwölf Stämme anwesend ist, denkt anfangs, dass die Eltern mit ihren Kindern auf die Toilette gehen. Als ich sie aufkläre, ist sie entsetzt. Meiner Mutter, einer staatlich geprüften Erzieherin, ergeht es nicht anders.

Als Mutter mich im südfranzösischen Sus in meinem ersten Jahr bei den Zwölf Stämmen besucht, beschließt sie eines Mittags, sich zu einem kleinen Schläfchen in das Gästezimmer im zweiten Stock zurückzuziehen. Im Erdgeschoss befindet sich der Kindergarten. Die Einrichtung erinnert an ähnliche Institutionen aus Zeiten der DDR. Die Kinder müssen gemeinsam auf den Topf und liegen bei der Siesta nebeneinander in ihren Bettchen. Doch die Kleinen wollen an diesem Tag nicht schlafen. Also holt eine Single-Sister eines nach dem anderen unter den Decken hervor und versetzt jedem Kind ein paar Schläge mit dem Stock. Das Geschrei ist gewaltig. Meine Mutter erwacht. Am Abend stellt sie mich zur Rede. Schläge sind für sie das absolut Letzte. Ein Tabu. Die Kinder, die meine Mutter im Heim betreut, sind von ihren Eltern oftmals massiv verprügelt worden. Sie kritisiert heftig, und ich finde kein echtes Argument für etwas, das mir selbst Probleme bereitet.

Neben handfesten Erziehungsmaßnahmen wie Rutenschlägen, Hausarrest und Redeverbot existieren bei den Zwölf Stämmen öffentliche Veranstaltungen, welche die Psyche der Kinder und Jugendlichen massiv beeinflussen. Wenn die Kinder beispielsweise im Alter zwischen zwölf und vierzehn Jahren zur Taufe in den Fluss steigen und ihre Schlechtigkeit zum Ausdruck bringen, haben ihre Eltern das vorgegebene Ziel erreicht. In der Lehre der Zwölf Stämme stellt die Taufe jenen geistigen Anker dar, der die Jungen und Mädchen in schwerer Jugendzeit fest im Glauben fixieren soll. An diesem Tag wirft sich der Nachwuchs unter lautem Wehklagen ins Wasser. Es sind Bekenntnisse, die mir das Herz zerreißen und deren Hoffnung in nichts weiter als Gott mündet. Bereits zwölfjährige Mädchen sind derart über ihren geistigen Zustand verzweifelt, dass ihre »einzige Zuflucht« in Jahschua besteht. Die negative Sichtweise sitzt den jungen Menschen unter der Haut. Sie fühlen endlose Schuld. Im Alltag strahlen diese Teenager kaum Lebensfreude aus. Über viele Jahre erzieht die Gemeinschaft ihnen eine gebeugte Haltung an. Der Trübsinn ist erlernt – beispielsweise bei einer Zusammenkunft, die sich zynischerweise Siegesfeier nennt.

Jeden Samstag in der Woche füllen meine Brüder und Schwestern einen Kelch mit Wein und lassen diesen auf der sogenannten Siegesfeier herumgehen. Alle getauften Mitglieder der Gemeinschaft stehen in einem großen Kreis und reichen das Gefäß einander weiter – vom Vater zur Tochter, von der Mutter zum Sohn, vom Mann zur Frau. Ab welchem Alter die Kinder an dieser Feier teilnehmen, entscheiden ihre Eltern. In der Regel finden sich dort auch Sechsjährige ein, mitunter Dreijährige. Wer den Kelch in den Händen hält, muss erklären, warum er als »Sieger der Woche« einen Schluck daraus nehmen darf – oder eben warum nicht.

»Ich darf heute vom Siegeskelch trinken«, erklärt ein Junge voller Stolz, »weil ich die Züchtigung meines Papas ohne Murren empfangen habe.« »Ich darf heute nicht vom Siegeskelch trinken«, gesteht ein kleines Mädchen leise und stockend, »weil ich heute nicht ehrlich war.« Ein anderes Mädchen druckst: »Ich darf heute nicht vom Siegeskelch trinken, weil ich meiner Mama einen Keks weggenommen habe.« »Ich habe es meiner Mama nicht leichtgemacht.« – »Ich habe in die Hose gepinkelt.« – »Ich habe meine Hausaufgaben nicht gemacht.« – »Ich habe mir eine Puppe gebastelt.« Die Siegesfeier ist eine Art öffentlicher Gerichtsprozess, bei dem der Täter ohne anwaltliche Vertretung sämtliche Verfehlungen gestehen muss. Auf die Kinder hat dies eine fast schockartige Wirkung, stehen sie doch vor der ganzen Gemeinschaft am Pranger. Ihre Beichten handeln von Unehrlichkeit, Widerworten oder Irrglauben. »Papa«, fragt ein Mädchen seinen Vater, darf ich vom Siegeskelch trinken?« – »Nein, heute nicht. Aber ich möchte, dass du was sagst!« – »Was soll ich denn sagen?« – »Warst du ehrlich? Nein, warst du nicht!« Schließlich bekommt das Kind den Siegeskelch zu fassen und erklärt: »Ich möchte sagen, ich war nicht ehrlich zu meiner Mama!« Dann reicht das Kind den Kelch weiter.

»Gebt eurem Kind nie, worum es bittet. Manche Eltern sind so naiv und glauben, dass Kinder ihre Anweisungen mit freudigem Herzen und einem Lächeln auf dem Gesicht empfangen werden«, weist die Gemeinschaft die Eltern in »Kontrolle und Erziehung« zurecht. »Je früher und je härter die Konflikte sind, desto eher lässt sich das Kind unter Kontrolle bringen. Der letzte Kampf ist in einem Krieg meist der härteste. Die Kinder müssen im Morgengrauen ihres Lebens gezüchtigt werden. Rebelliert ein Kind, ist physischer Schmerz das einzige Druckmittel, damit es elterliche Kontrolle und Anweisungen akzeptiert. Ein ernsthaftes Problem besteht für die Eltern, wenn ein willensstarkes Kind der Rute widerstehen kann, ohne gebrochen zu werden. Das kann verschiedene Gründe haben: Die Rute ist zu schmal, das Kind ist zu alt, um mittels einer Rute unter Kontrolle gebracht zu werden, oder das Kind ist dabei, seinen Eltern den eigenen Willen aufzudrücken. Züchtigung ist der Umgang mit der Rute, um Schmerzen zu erzeugen. Sie wird benutzt, um die Rebellion niederzuschlagen und sich der Autorität unterzuordnen.«

Als meine Frau Shalomah später wegen seelischer Probleme in ärztliche Behandlung kommt, erkenne ich das ganze Ausmaß der Schuldgefühle, die ihr bei den Zwölf Stämmen eingepflanzt wurden. Der Dämon, der in dieser Zeit in ihrem Kopf spukt, diese grenzenlose dunkle Furcht in ihr, ist nicht zu beschreiben. Die Gewalten kämpfen in ihr, und ihre Reaktionen sind so heftig, dass ich mich manchmal vor ihr grusele. Als Kind der Zwölf Stämme hat sie jeden Bezug zur Realität verloren. Einst haben die Zwölf Stämme in Klosterzimmern eine Gemeinschaft angestrebt, in der Lebensfreude ihren Platz findet. Nun aber stelle ich fest, dass die Brüder und Schwestern gebückt und geknechtet umherschleichen. Anstatt dass sich Brüder und Schwestern durch den Glauben befreien, erlebe ich sie nun als Sklaven ihrer eignen Doktrin und unzähliger Gesetze.

»Ein König ohne Rute besitzt keine Autorität. Die Ehefrauen erhalten ihre Autorität vom Ehemann, der Ehemann vom Messias«, heißt es in der »Kindererziehung« vom 6. Juni 1990. »Die Formel lautet: Disziplin + Rute + Anweisung = Erziehung. Versteht Kompromisse und Gnade nicht falsch.«

Einmal besuchen zwei Großeltern ihre Enkel in der

Gemeinschaft Klosterzimmern. Es ist ein sonniger Tag, und Oma und Opa beschließen, mit den zwei Jungen und zwei Mädchen an den Fluss zu gehen. Am Ufer kommt der Großvater auf die Idee, Fische zu angeln. Echtes Gerät zum Fischfang hat er natürlich nicht dabei, und so will er wenigstens so tun, als hätte er für die kleine Gruppe Angelzeug im Gepäck. Opa tritt also an eine Weide, sucht sich einen passenden langen Zweig und bricht diesen als imaginäre Angelrute vom Baum. Die Kinder schauen ihn entsetzt an und erstarren. Ein Mädchen schreit auf. Opa versteht die Welt nicht mehr. Für ihn ist es nur ein Spiel – für die Kinder grausame Realität. Ruten machen Schmerzen.

Exkurs:
Das Martyrium eines
Schülers

Aaron (Name auf Wunsch des Jungen geändert) wird Anfang der 1990er Jahre in der Gemeinschaft der Zwölf Stämme geboren. Er lebt dort anderthalb Jahrzehnte mit seiner Familie, bis er beschließt, die Gemeinde in Klosterzimmern zu verlassen. Sein Lehrer ist damals Robert Pleyer. Aaron hat vier Schwestern und Brüder. Die Geschwister und seine Eltern leben trotz Aarons Ausstieg weiterhin in der Gemeinde. In einem Brief beschreibt er seine Kindheit als Martyrium:

Es ist schwierig für mich, über das Thema zu schreiben. Ich bin in der Sekte geboren und erlebe dort alles mit, was man nur bei der Kindererziehung und der Züchtigung miterleben kann. Die Zwölf Stämme benutzen die Bibel, um die Maßnahmen ihrer Kindererziehung zu verteidigen. Diese Erziehung beginnt bereits, wenn das Baby geboren wird. Ein paar Wochen nach der Geburt fangen die Eltern mit dem sogenannten »Restraint« an. Das bedeutet, dass sie den Säugling sehr eng in Tücher wickeln und diese mit Sicherheitsnadeln feststecken, damit sich das Kind nicht befreien kann. Es kann sich überhaupt nicht mehr bewegen. Wenn es schreit, muss es umso länger in dieser Position ausharren. Das Ziel der Eltern ist es, den Willen des Kindes möglichst früh zu brechen. Findet diese Form des »Restraint« gerade mal nicht statt, halten die Eltern die Arme und Beine des Kindes so lange fest, bis das strampelnde Kind keine Kraft mehr hat, sich zu bewegen oder zu schreien. Es gibt entkräftet auf.

Ist das Kind etwa zwei Jahre alt, beginnen die Eltern, es mit der Rute zu schlagen, etwa wenn es etwas nicht essen will oder wenn es quengelt, wie es kleine Kinder eben so machen. Die Eltern interpretieren solche Situationen als Rebellion gegen sich. Die Ruten sind aus Weidenholz, etwa einen bis anderthalb Meter lang und acht Zentimeter dick. Sie lagern in einem Behälter mit Öl, damit sie möglichst lange frisch und biegsam bleiben und beim Schlagen nicht brechen. Der Behälter ist für alle Eltern zugänglich. Sie können sich dort immer wieder neue Weidenruten holen. Den Vorgang des Schlagens nennen die Erwachsenen Disziplin. Sie schlagen die Kinder auf den nackten Hintern, die Beine, die Arme, die Hände, den Rücken und die Füße. Bis zum Alter von zwölf Jahren legen die Erwachsenen die Kinder auch noch über das Knie. Sie werden so lange verprügelt, bis sie aufhören zu schreien, weil sie keine Kraft mehr dazu haben.

Diese Disziplinierung erfolgt durch die eigenen Eltern, die Lehrer und alle Mitglieder der Zwölf Stämme, die der Meinung sind, dass ein Kind rebellisch oder respektlos ist oder sich über etwas lustig gemacht hat – manchmal ist es nur ein Lachen, das die Erwachsenen als Spott deuten. Als Kind ist es mir immer ein Rätsel geblieben, was nun rebellisch ist und was nicht. In der Gemeinschaft existieren Schriften, welche die Eltern darüber aufklären sollen, wann ein Kind rebelliert. Diese sogenannten »Teachings« unterteilen die Rebellion in aktiv und passiv. Unter aktiver Rebellion versteht die Gemeinschaft ein Kind, das Widerworte gibt und ein schlechtes Benehmen zeigt. Unter die passive Rebellion fallen Ungehorsam und Unachtsamkeiten, beispielsweise wenn ein Kind vergisst, trotz Anweisung der Eltern bestimmte Sachen zu machen. Die Eltern, die Lehrer oder andere Aufsichtspersonen gehen in solchen Fällen davon aus, dass das Kind absichtlich die Anweisungen nicht befolgt hat. Sowohl bei der passiven als auch bei der aktiven Rebellion ist es irrelevant, was das Kind zu seiner Verteidigung vorzubringen hat. Im Gegenteil: Jede Rechtfertigung dient lediglich als Beleg dafür, dass das Kind rebellisch ist.

Eine Rebellion hat zur Folge, dass das Kind über das Knie der Erwachsenen gelegt und verprügelt wird. Da Kinder im Alter zwischen vier und zwölf Jahren noch nicht begreifen, dass sie ihren eigenen Willen unterdrücken müssen, erhalten sie deutlich öfter Prügel als die Jugendlichen. Die Schläge mit der Rute können bis zu vier Stunden andauern. Die Zwölf Stämme lehren, dass sich die Eltern nicht über die grünen und blauen Striemen auf den Körpern der Kinder wundern sollen. Das sei normal und genau das, was Gott von den Eltern verlangt. Eltern, die sich Sorgen um ihre Kinder machen, fürchten, dass diese Schaden nehmen, oder sie nicht hart genug schlagen, sind nicht vom Heiligen Geist oder von Gott erfüllt, heißt es. Die Kinder dürfen keinen eigenen Willen haben, niemals widersprechen oder gegen etwas argumentieren. Die Erwachsenen halten sie mittels Disziplin immer unter Kontrolle. Die Kinder müssen stets auf das erste Kommando gehorchen. Erhält ein Kind eine Anweisung – und sei es auch nur nebenher, so dass es diese gar nicht richtig mitbekommt – muss es sofort folgen. Andernfalls gilt es automatisch als rebellisch, ungehorsam oder respektlos, weil das Kind angeblich den Befehlsgeber ignoriert hat. Sind Gäste von außerhalb der Zwölf Stämme zu Besuch auf dem Hof in Klosterzimmern oder auf den Zimmern, verstecken die Erwachsenen die Ruten hinter der Heizung oder unter dem Bett. Die Gemeinschaft versucht, in der Öffentlichkeit ein friedvolles Bild aufrechtzuerhalten, eine Fassade vom glücklichen Zusammenleben und von perfekten Kindern.

Ich selbst bin sehr oft geschlagen worden – manchmal mehr als zehn Mal am Tag. Mitunter bekam ich einen oder mehrere Tage hintereinander Hausarrest. Ich saß auf meinem Zimmer und musste über meine Sünden nachdenken. Am Ende des Hausarrests sollte ich dann ein Bekenntnis für meine Umkehr ablegen und erklären, was ich falsch gemacht habe. Mein längster Hausarrest dauerte vier Wochen – am Stück wohlgemerkt. Ich persönlich habe meine angeblichen Sünden immer nur deshalb zugegeben, um endlich aus dem Zimmer herauszukommen, und auch, um etwas essen zu dürfen. Ein rebellisches Kind verdient nach Ansicht der Zwölf Stämme nämlich auch keine regelmäßige Nahrung. Eltern, die glauben, dass ihre Kinder ihre Sünden aus anderen Gründen als aus Hunger und Freiheitsdrang gestehen, täuschen sich gewaltig. Bei vielen Kindern ist die Gehirnwäsche durch die Eltern und andere Mitglieder der Sekte allerdings so weit vorangeschritten, dass sie glauben, was ihre Eltern da mit ihnen machen, sei normal.

Schließlich kennen sie auch das Leben außerhalb der Sekte nicht.

In der Gemeinschaft wird den Mitgliedern beigebracht, dass die ganze Welt und alle Dinge der Welt vom Satan sind. Rock 'n' Roll-Musik ist beispielsweise vom Satan. Kinder, so mahnen sie, die diese Musik heimlich hören, sind vom Satan erfüllt und haben eine Liebe zur Welt entwickelt. Das bedeutet, dass ihre Eltern sie nicht genug diszipliniert und gezüchtigt beziehungsweise geschlagen haben. Wenn diese sogenannte Liebe zur Welt ans Licht kommt, werden die betroffenen Kinder sofort isoliert und dürfen am Leben der Gemeinschaft nicht mehr teilnehmen. Sie dürfen mit keinem anderen Jugendlichen mehr reden, bekommen die meiste Zeit nichts zu essen, sondern sitzen auf ihren Zimmern und denken über ihre Sünden nach. Ab und an müssen die »Sünder« dann in einer Versammlung vor einer Handvoll Ältester erscheinen. Während die Ältesten Kekse essen und Tee trinken, müssen die Kinder und ihre Eltern vor ihnen über mehrere Stunden ihre Sünden auspacken. Oft drohen die Ältesten dann damit, das Kind aus der Gemeinschaft zu verbannen. Ich habe mal ein vierzehnjähriges Mädchen gesehen, das heulend und völlig aufgelöst aus so einer Versammlung herauskam. Es wusste gar nicht mehr, was los war. Das Mädchen tat mir so leid, und für einen Augenblick habe ich mir gewünscht, die Ältesten, die ihr das angetan haben, sollten ersticken.

Jeden Freitagmorgen lehrten die Ältesten die Mitglieder die sogenannten Teachings zur Kindererziehung. Da mussten alle Bewohner hin, außer Gäste und solche Kinder und Jugendliche, die noch nicht getauft waren. Oft kamen meine Eltern nach diesem Unterricht nach Hause

und waren noch viel strenger mit uns als ohnehin schon.
Die Ältesten hatten ihnen dort mitgeteilt, dass sie im
mer noch nicht streng genug mit uns seien und ihre Kin
der nicht unter Kontrolle hätten. Oder meine Eltern
probierten an uns neue Erziehungsmethoden aus, welche
die Ältesten angeblich direkt von Gott gehört hatten. Ich
habe die Leute verflucht, die diese Lehren geschrieben
haben.

Ich musste ansehen, wie meine Eltern immer verrück
ter wurden. Ich wurde oft von meinen Eltern geschlagen
und sehr oft übers Knie gelegt und angebrüllt. Von den
Lehrern und anderen Leuten, mit denen ich arbeiten
musste, wurde ich oft grün und blau geschlagen. Es war
auch üblich, die Kinder mit den Ruten auf die Hände zu
schlagen. Im Unterricht musste ich die Rückseite meiner
Hand hinhalten und wurde darauf wund geschlagen. Es
war eine der größten Demütigungen für mich. Wenn
Kinder weinen oder unruhig stehen, während sie ge
schlagen werden, erhalten sie umso mehr Schläge, weil
dies als Zeichen bewertet wurde, dass sie ihre Disziplin
nicht gänzlich empfangen haben. Ein Mal hörte ich, wie
ein Paar im Nebenzimmer seine fünfjährige Tochter
über einen Zeitraum von vier Stunden schlug. Das Kind
schrie wie am Spieß. Meine Hilflosigkeit, das anhören zu
müssen, nichts tun zu können und zugleich zu erleben,
dass die Eltern diese Behandlung ihrer Tochter scheinbar
noch amüsant fanden, versetzte mir einen Stich ins Herz.

Meine eigenen Eltern gaben mich mal für zwei Wo
chen zu einer sogenannten Single-Sister, weil sie offenbar
nicht mit mir klarkamen. Ich war sieben Jahre alt und
habe in dieser Zeit manchmal ins Bett gemacht. Als ich
bei der harten Erzieherin übernachtete, passierte es mir

wieder. *Eine ganze Stunde lang hat sie mich dafür ge-schlagen. Anschließend nässte ich jede Nacht in diesen zwei Wochen mein Bett ein und empfing daraufhin jede Nacht Prügel von ihr, bis mein Po blutig und wund war.*

Immer noch habe ich Alpträume, in denen die Zwölf Stämme vorkommen, und wenn ich daran denke, was ich da mitmachen musste, läuft mir ein kalter Schauer über den Rücken. Innerlich bin ich noch nicht zur Ruhe gekommen. Ich wünsche mir, ich hätte das nie erleben müssen. Die Erziehung verfolgt das Prinzip, dass die Kinder nichts wert sind und absolut keinen eigenen Willen haben dürfen. Die meisten Kinder sind ungefähr ab zwölf Jahren innerlich so verhärtet, dass sie gar nicht mehr spüren, wenn sie geschlagen werden. *Das ist ein-fach traurig.*

Ich habe das selbst erlebt. Als ich älter war, habe ich meine Eltern, wenn sie mich schlagen wollten, oft ange-brüllt oder ihnen die Tür vor der Nase zugeschlagen. Es war der einzige Ausweg. Ich wollte das nicht tun, aber ich konnte nicht anders. Deshalb gehörte ich zu den we-nigen Kindern, die mit vierzehn Jahren noch immer nicht getauft waren. Die Mitglieder der Zwölf Stämme fingen in dieser Zeit an, irgendwelche Sachen über mich zu erzählen, die ich angeblich verbrochen hatte, und ich musste häufig zu einer Art Strafgericht. Die Ältesten teil-ten mir mit, dass ich meine Sünden bekennen müsse, an-dernfalls müsse ich die Gemeinschaft verlassen. Das ist die Taktik, mit der sie die Jugendlichen unter Kontrolle bringen wollen. Als Kleinkinder haben wir bereits ge-lernt, dass der Weg aus der Gemeinschaft direkt in die Hölle führt. Da wir die Wahrheit kennen, aber sie mit Füßen treten würden, wenn wir die Gemeinschaft ver-

ließen, sagten sie, wartet auf uns außerhalb der Mauern der zweite Tod. Wir würden in Feuer und Schwefel brennen und ewige Qualen erleiden. Das mussten wir in unzähligen Bibelversen lesen.

Heute stelle ich mir die Frage, wer die Mitglieder der Zwölf Stämme eigentlich zum Richter über die Menschen gemacht hat. Ich bin auch der Meinung, dass Gott, wenn er wirklich so gut ist, wie es die Menschen in der Sekte erzählen, keinen dafür verdammen wird, weil er bei der Heuchelei in der Sekte nicht mitmachen will. In den Telefongesprächen, die ich ab und zu mit meiner Mutter führe, stimmt sie mir zu, dass vieles in der Gemeinschaft pure Heuchelei ist. Sie sagt, dass viele ihrer Brüder und Schwestern gewiss nicht das leben, was sie vorgeben. Aber, sagt sie, ich muss sehen, dass Gott Errettung in mein Leben bringt, und nicht auf andere Leute schauen.

Angesichts der brutalen Erziehungsmethoden und der ständig wiederholten taktischen Drohungen, ich müsse die Gemeinschaft verlassen, wenn ich mein Verhalten nicht ändern würde, baute ich eine innere Mauer um mich herum. Je mehr die Brüder und Schwestern auf mich einredeten, desto klarer wurde mir, wie falsch und korrupt die Sekte ist und wie die Sektenführer die Gedanken der Eltern und aller Mitglieder manipulieren, bis diese tatsächlich all die Lügen glauben, die sie den Leuten von außerhalb vorgaukeln. Die Sekte hat sich eine perfekte Fassade aufgebaut. Dabei stimmt so vieles hinter den Mauern nicht. Ich hatte beispielsweise damals gehört, dass der Sektengründer sich alle paar Monate für 30 000 bis 60 000 Euro ein neues Auto kauft, das nur er selbst fahren darf, während manches Kind in der Ge-

meinschaft nicht mal vernünftige Schuhe oder Kleidung zum Anziehen hat. Es entspricht einfach nicht der Realität, wenn sie sagen, wir teilen alles und keiner hat persönliche Besitztümer. Dass die Eltern das nicht sehen oder nicht sehen wollen, begreife ich nicht. Mir will einfach nicht in den Kopf, dass die Eltern der Zwölf Stämme ihre »unartigen« Kinder so brutal behandeln und sie auch noch anderen Mitgliedern aushändigen, damit diese eine unmenschliche Erziehung unterstützen.

Achtzig Tage nach der Geburt des Kindes wird es geweiht. Das Kind erhält einen hebräischen Namen und wird der Verantwortung aller Mitglieder der Gemeinschaft unterstellt. Die Eltern geben ihre Kinder gewissermaßen in die Hände aller Mitglieder, und die Kinder müssen nun alles empfangen, als ob es direkt von Gott kommt. Die Eltern verzichten damit auf jeglichen Widerspruch, wenn ihr Kind beispielsweise wegen Ungehorsams in der Schule vom Lehrer geschlagen wird. Andernfalls verstoßen die Eltern gegen den Schwur, den sie bei der Weihung ihres Kindes geleistet haben. Sie würden damit die Verbindung zu Gott und zum Heiligen Geist verlieren.

Am achten Tag nach der Geburt werden die Söhne beschnitten. Reinheitsvorschriften und ausreichende Desinfektion gibt es dabei nicht. Ein Vater nimmt die Beschneidung selbst bei seinen Söhnen vor. Diese Väter haben oft keine Kenntnisse über das, was sie tun. Das Risiko, dass ein Kind verblutet oder andere Schäden bleiben, ist hoch. In Klosterzimmern gibt es auch einen selbsternannten Arzt, der ohne ausreichendes Wissen und ohne Qualifikation mit Betäubungsmitteln hantiert.

Das Schlimmste für mich sind die Erziehungsmetho-

den. Die sind wirklich jenseits von Gut und Böse. Nach allem, was ich da durchmachen musste, spüre ich einen großen Hass in mir. Wenn ich heute meinen neuen Freunden von den Verhältnissen in Klosterzimmern erzähle, glauben die, dass es so etwas in unserer Gesellschaft gar nicht mehr geben kann. Aber das existiert – und zwar mitten unter uns! Mein größter Wunsch ist, dass kein Kind mehr das durchmachen muss, was ich durchgemacht habe. Und dass die Menschen aufwachen und aufhören, diese Gemeinschaft zu tolerieren.

Dem Schulunterricht der Zwölf Stämme liegt die Überzeugung der Gemeinschaft zugrunde, dass die ganze Welt vom Satan befallen ist. Was aber von Satan ist, wollen sie ihren Kindern nicht beibringen. Als der Schulstreit mit den Behörden im Jahr 2002 immer mehr hochkocht, beginnen unsere Lehrer in der Gemeinschaft, uns ein paar einfache Sachen etwa über das Wesen der Demokratie beizubringen. Sie wollen den Behördenmitarbeitern vorgaukeln, die jetzt ab und zu vorbeischauen, um unseren Unterricht zu prüfen, dass unsere Lerninhalte irgendetwas mit dem staatlichen Lehrplan gemein haben. Diese Unterrichtsinhalte existieren aber nur kurze Zeit – genauer gesagt: Drei Tage in Folge hören wir darüber jeweils eine Stunde, und danach ist das Thema wieder vom Tisch. Das Ergebnis ist, dass die Kinder und Jugendlichen auf die einfachsten Fragen über Politik, Regierung und Deutschland absolut nichts antworten können.

Das Ziel der Zwölf Stämme besteht darin, die Kinder und Jugendlichen möglichst dumm zu halten. Je mehr Ahnung nämlich wir Kinder von der Welt dort draußen haben, desto höher ist aus Sicht der Sekte das

Risiko, dass wir außerhalb der Mauer in der anderen Welt gut allein zurechtkommen könnten. Deshalb haben die Zwölf Stämme auch mit allen Mitteln versucht, staatlich anerkannte Schulabschlüsse ihrer Kinder zu verhindern. Zwischenzeitlich gibt es zwar auf den Druck der Behörden ein paar Jahre lang Zeugnisse, aber ich bin mir sicher, dass die von den Eltern bei den Zwölf Stämmen einbehalten wurden und die Jugendlichen sie nicht ausgehändigt bekommen. Solange ich noch in der Gemeinschaft lebe, gibt es jedenfalls gar keine Schulabschlüsse.

Als ich vor vier Jahren die Gemeinschaft der Zwölf Stämme verlasse, muss ich erst mal ordentlich für die Schule büffeln, um meinen Hauptschulabschluss machen zu können. Schließlich bestand ich jedoch die Schulfremdenprüfung für den Hauptschulabschluss in Baden-Württemberg. Die Fächer Sozialkunde und Wirtschaftskunde muss ich mir von Grund auf selbst aneignen. Aus meiner Zeit bei der Sekte besitze ich zu diesen Themen keinerlei Information. Lediglich ein paar Grundbegriffe wie etwa Bundestag, Abgeordneter oder Minister sind mir von damals bekannt. Ich brachte mir selbst bei, was diese Wörter bedeuten, nicht aber, welche Aufgaben die jeweiligen Institutionen haben. Noch heute besitze ich bei solchen Themen große Defizite.

Ein anderes großes Thema war für mich, dass ich mir meine Freunde nicht aussuchen durfte. Nach der Lehre der Zwölf Stämme darf nämlich ein Kind keine gleichaltrigen Freunde haben, wenn es nicht getauft ist. Und ich war ja mit vierzehn Jahren noch nicht getauft. Da mein bester Kumpel nach Meinung meiner Eltern und der anderen Mitglieder der Gemeinschaft einen schlech-

ten Einfluss auf mich hatte, wurde mir verboten, mit ihm zu reden. Sie waren der Ansicht, dass ungetaufte Kinder über böse Dinge außerhalb der Mauern reden könnten und somit schlechten Einfluss aufeinander ausüben. Sie sagten, das bringe keine gute Frucht! Ich durfte dann nicht mehr allein über den Hof laufen und später auch nicht mehr mit anderen Kindern und Jugendlichen reden. Das war einer der wesentlichen Gründe, weshalb ich die Gemeinschaft verlassen habe. Ich wollte mir nicht verbieten lassen, mit wem ich reden darf und mit wem nicht. Es gab dort zwei jugendliche Schwestern, die durften als Strafe beispielsweise ein ganzes Jahr lang kein Wort miteinander reden. Dabei haben sie sich jeden Tag gesehen und haben sogar in der Küche gemeinsam miteinander gearbeitet. Das muss man sich mal vorstellen! Kinder und Jugendliche haben in der Gemeinschaft keine freie Sekunde; sie haben keine Gelegenheit, das zu machen, was sie machen wollen. Ständig werden sie von den eigenen Eltern oder anderen Mitgliedern der Zwölf Stämme beaufsichtigt. Auf gar keinen Fall dürfen sie Kontakt zu Kindern und Jugendlichen außerhalb der Sekte haben, aber auch zu Kindern und Jugendlichen der anderen Gemeinschaften der Zwölf Stämme unterhalten sie keine Beziehungen. Die Sekte ist der Ansicht, dass die Jungen und Mädchen bis zu einem Alter zwischen zwanzig und fünfundzwanzig Jahren nur unter dem Einfluss der Erwachsenen stehen sollen. Nur die Eltern könnten ihren Kindern das geben, was sie in diesem Alter brauchen. Ich habe auch gehört, dass die Ältesten der Gemeinschaft Mädchen nachgestiegen sein sollen. In solchen Fällen werden die betroffenen Erwachsenen dann in eine andere Gemeinschaft geschickt.

Die Kleider, welche die Jugendlichen und Kinder tragen, werden manchmal vom Roten Kreuz geholt. Sie dürfen keinen modischen Look aufweisen und keine Aufdrücke oder Beschriftungen haben. Hat ein Hemd eine kleine Aufschrift, wird diese herausgetrennt oder übermalt. Das soll verhindern, dass die Kinder mit solchen Schriftzügen auf der Kleidung Anerkennung von anderen Kindern bekommen. Jegliche Anerkennung sollen die Kinder ausschließlich von ihren Eltern erhalten. Ich finde das absolut blödsinnig, aber das sind die Regeln bei der Sekte, mit denen sie verhindern will, dass die Kinder ein eigenes Wertgefühl entwickeln. Kinder dürfen untereinander nicht über materielle Dinge reden, sondern ausschließlich über sogenannte geistige Dinge – über Jahschua, die Errettung und ihre Sünden. Sie dürfen sich nicht aussuchen, was sie essen wollen, und wenn meine Großeltern Spielzeug und andere weltliche Dinge mitbrachten, flogen die sofort in den Müll. Wenn meine Oma und mein Opa aber eine Tafel Schokolade mitbrachten, die in der Gemeinschaft verboten ist, steckten meine Eltern sie in den Küchenschrank und behaupteten, sie sei für Gäste. Manchmal kam dann einer der Ältesten zu uns und aß die Schokolade auf. Wir Kinder wurden ziemlich ungesund ernährt. Wenn ich mich morgens kämmte, hatte ich jedes Mal ein ganzes Büschel Haare im Kamm. Seitdem ich nicht mehr bei den Zwölf Stämmen bin, ist das nicht mehr passiert. Ich denke, das zeugt davon, dass die Ernährung in der Gemeinschaft sehr unausgewogen ist.

Als meine Großeltern einmal in Klosterzimmern zu Besuch waren, äußerte ich ihnen gegenüber den Wunsch, die Gemeinschaft mit ihnen zu verlassen. Zufällig be-

kam mein Vater das mit, legte mich über das Knie und verprügelt mich, weil ich das gesagt hatte. Die Ältesten sagen, dass diese Prügel Disziplinierungsmaßnahmen seien, um die Kinder zu säubern. Ein solcher Vorgang soll das Herz der Kinder von allem Bösen und allen Sünden reinigen, denen sich die Kinder hingegeben haben, so dass sie wieder ein gutes Gewissen haben. Es ist schon eine kuriose Denkweise, einerseits die Kinder dafür zu schlagen, dass sie sich wünschen, die Gemeinschaft zu verlassen, und andererseits zu behaupten, alle Kinder würden dort freiwillig leben wollen – zumal die Prügel den eigenen Willen der Kinder brechen und sie die Außenwelt nie gesehen haben.

Als ich die Zwölf Stämme gemeinsam mit meinem Vater verlassen hatte, absolvierte ich nach der bestandenen Hauptschulprüfung eine Ausbildung als Landwirt. Weiter zur Schule zu gehen war nicht möglich, weil ich die drei Jahre ohne Geld nicht finanzieren konnte. Wer die Zwölf Stämme verlässt, erhält von der Gemeinschaft keinerlei finanzielle Unterstützung. Die Ältesten sind der Ansicht, dass sich die Brüder und Schwestern entweder der Gemeinschaft unterordnen oder selbst zusehen müssen, dass sie nicht in der Gosse landen und dort sterben. Anfangs tat ich mich in der fremden Umgebung sehr schwer. Aufgrund meiner Erziehung bei den Zwölf Stämmen bin ich ein sehr zurückgezogener Typ. Kontakt mit anderen Menschen aufzubauen fällt mir schwer. Auch heute noch muss ich lernen, wie man eine Beziehung zu fremden Menschen aufbaut. Im ersten Jahr kam ich in der Schule und mit meinen jugendlichen Mitschülern kaum zurecht. Später hatte ich Probleme mit dem Leiter meines Lehrbetriebes im Schwarzwald. Der Mann

wurde schnell laut. Er stand unter permanentem Stress.
Ich bezog seinen Unmut auf mich und nahm eine Ab-
wehrhaltung ein. Schließlich wechselte ich in einen an-
deren Betrieb. Ich wohnte damals mit meinem Vater in
einer ziemlich abgelegenen Wohnung. Er ging unter der
Woche arbeiten und fuhr jedes Wochenende nach Klos-
terzimmern. Ich mochte diese Wochenenden allein in der
Wohnung sehr, da ich sowieso nur noch vergessen wollte.
Ich hatte in dieser Zeit keinen Kontakt zu anderen Ju-
gendlichen – weder zu denen der Zwölf Stämme noch
zu solchen aus meiner neuen Welt. Mein nächstes beruf-
liches Ziel ist eine Umschulung zum Fachinformatiker
im Bereich Anwendungsentwicklung. Das ist eine sehr
anspruchsvolle Ausbildung – zumal ich nur geringe Vor-
kenntnisse besitze. Bei den Zwölf Stämmen erhielt ich ja
nie die Möglichkeit, mich damit zu beschäftigen.

Heute bin ich oft depressiv, manchmal habe ich sogar
Selbstmordgedanken. In den Nächten finde ich vor lau-
ter Alpträumen keinen Schlaf. Aber je länger ich von den
Zwölf Stämmen weg bin, umso stärker werde ich mir be-
wusst, wie falsch dort alles läuft. Wenn ich daran denke,
dass meine Geschwister noch in Klosterzimmern leben,
erscheint es mir, als lebe ich in einem Horrorfilm. Ich
habe jetzt seit Jahren keinen Kontakt mehr zu ihnen.
Die Gemeinschaft glaubt, ich könnte meine Geschwister
mit weltlichen Dingen beeinflussen und sie verunreini-
gen. Ich hoffe, dass meine Geschwister eines Tages den
Schritt aus der Sekte schaffen und dass es auch für mich
immer besser läuft. Ich möchte meinen Teil dazu beitra-
gen, dass die Zwölf Stämme in Klosterzimmern, aber
auch weltweit verboten werden. Ich möchte die Men-
schen darüber aufklären, was wirklich hinter den Mau-

ern vor sich geht. Nach allem, was ich in der Sekte und anschließend hier draußen durchgemacht habe, zweifele ich oft daran, welchen Sinn das Leben eigentlich hat. Mein Vater ging damals wieder nach Klosterzimmern zurück. Er hat das Leben hier draußen nicht ausgehalten. Ich aber werde nie wieder zu den Zwölf Stämmen zurückkehren – eher sterbe ich.

Alle kontrollieren jeden

Im Sommer 2005 beschließen die Ältesten von Kloster-zimmern, dass eine Gruppe von zwanzig Brüdern und Schwestern zu einer Hochzeit ins südfranzösische Sus reist. Da ich einen Führerschein Klasse 2 besitze, ernen-nen sie mich zu ihrem Fahrer. Das ist natürlich ein gro-ßes Privileg: raus aus dem Alltag, alte Freunde aus Sus treffen, einfach mal unterwegs sein. Im zwölf Meter lan-gen Reisebus dürfen offiziell nur neun Personen mitfah-ren. Ich mache mir Sorgen, dass ich meinen Führerschein verliere, falls mich die Polizei mit zwanzig Personen im Fahrzeug kontrolliert. Zudem haben wir keinen Versi-cherungsschutz. Als ich meine Bedenken gegenüber dem Ältesten Werner Klinger erkläre, schaut er mir tief in die Augen und sagt: »Der Führerschein gehört nicht dir, er gehört den Ältesten. So wie du und dein Leben. Bist du nicht bereit, zu dienen und dem zu vertrauen, was wir sagen, bist du für uns unbrauchbar. Wahre Jün-ger haben keine Meinung, sie unterstützen einfach.« Wenn der Ältestenrat das Risiko eingeht, dass ein Jünger seinen Führerschein verliert, dann sei dies der Wille der Gemeinschaft und nicht des Einzelnen. »Es gibt keinen individuellen Besitz«, mahnt der Älteste. »Wenn du per-sönliche Gründe anführst, weißt du nicht, was dienen bedeutet – dann bist du falsch hier. Du brauchst dir keine Sorgen mehr zu machen, wir suchen uns einen anderen

Fahrer.« Ich bin enttäuscht und zugleich verärgert. Vielleicht war ich tatsächlich zu selbstsüchtig, grübele ich, vielleicht setze ich den Besitz einer Fahrerlaubnis über die Freude, die aus Gehorsam entspringt. Meine Zurücksetzung währt allerdings nicht lange. Als der Ersatzfahrer wenige Tage später kurz vor der Abfahrt erkrankt, leiste ich vor dem Ältestenrat Abbitte für meinen Egoismus und darf doch noch hinter das Steuer. Meine Demutsgeste nehmen die Ältesten schon aus organisatorischer Not an: Die Zahl der Brüder und Schwestern mit Fahrerlaubnis ist überschaubar.

Wir Jünger der Zwölf Stämme besitzen keine Rechte. Wir haben kein Recht auf eine Frau und kein Recht auf Kinder. Wenn die Ältesten zu dem Schluss kommen, dass ich ein schlechter Vater bin, nehmen sie mir meine Kinder weg und bringen sie in einer anderen Familie unter. Die einzige Gewissheit, auf die wir Mitglieder der Zwölf Stämme vertrauen können, ist die Pflicht, Sünden zu bekennen und Strafen zu empfangen. Unsere Einsprüche sind aussichtslos, weil sich die Ältesten als Verkünder der göttlichen Lehre verstehen. Wer ihnen widerspricht, hat das göttliche Wort nicht verstanden: Ich widerspreche Gott, wenn ich den Ältesten widerspreche. Stets will mir der Ältestenrat weismachen, dass er mit seinen Entscheidungen nur das Beste für mich will und es nur noch an mir liege, ihren Beschlüssen nachzukommen, um ein gottgefälliges Leben zu führen. Es ist perfide. Zum einen beurteilen die Ältesten den Menschen und dessen Taten anhand von ihren persönlichen Maßstäben. Zum anderen aber berufen sie sich in allen Entscheidungen auf die höhere Macht und sind damit als Entscheider der eigenen Verantwortung und Haftung entbunden. Im Gegenteil: Die Konsequenzen ihrer Beschlüsse trägt der einzelne Jünger.

Wären wir auf der Fahrt nach Sus tatsächlich in eine Kontrolle geraten und die Polizei hätte mir angesichts der anderthalb Dutzend Passagiere den Führerschein abgenommen, wäre ich als Fahrer von den Ältesten für diese Missetat verantwortlich gemacht worden. Gleich auf der nächsten Versammlung hätten die Ältesten mein Leben bis ins kleinste Detail seziert, um meine persönliche Schwäche herauszukristallisieren, die zwangsläufig zum Führerscheinentzug habe führen müssen. Die Zwölf Stämme sind der Ansicht, dass einer einstimmigen Entscheidung des Ältestenrates immer Gottes Gnade innewohnt. Aus diesem Grund haben die Brüder und Schwestern dem Entschluss des Rates widerspruchslos zu vertrauen – unabhängig davon, wie falsch dieser augenscheinlich ist. Geschieht nun einer Person ein Missgeschick, ist sie selbst dafür verantwortlich, weil sie Gott nicht empfangen hat. Mit anderen Worten: Wenn ein Nichtschwimmer auf Geheiß des Ältestenrates ins Wasser steigt und ertrinkt, geschieht dies nicht, weil er nicht schwimmen kann, sondern weil er in seinem vormaligen Leben eine Sünde begangen hat. Das Ertrinken ist Gottes Strafe. Bleibt nur noch nachzutragen, dass der Ältestenrat stets so lange diskutiert, bis jede Entscheidung einstimmig ist.

Vom Himmel herab regiert Gottes Sohn Jahschua die Welt. Er ist Oberhaupt und Anführer der Zwölf Stämme und unantastbar. Jahschuas einzig wahrer Apostel ist Elbert Eugene Spriggs, der Gründer der Zwölf Stämme. Spriggs, der sich Yoneq nennt, erhält seine Offenbarung unmittelbar von Gottes Sohn, behauptet er. Yoneqs Wort ist Gesetz. Wer ihm widerspricht, widerspricht Gott. Zwar erklärt Yoneq, er wolle ein System aufbauen, in dem mehrere Apostel neben ihm Gottes Wort verkünden dürfen, aber geschehen ist bisher nichts. Noch hat Yoneq keinen Ältesten gesalbt, der ihm gegenüber gleichberechtigt wäre. Sein Werk vergleicht der Gründervater gerne mit einem Bündel Trauben – jede Traube ist selbständig, aber zugleich mit dem Ganzen verbunden. In einem Stamm der Zwölf Stämme bündeln sich die Regionen, in den Regionen die Clans, in den Clans die Gemeinschaften und in den Gemeinschaften die einzelnen Haushalte. Grundsätzlich ist jede Niederlassung souverän und wirtschaftet für sich selbst. Tatsächlich aber befindet sie sich in einem Kontrollverbund mit den anderen Dependancen, die wiederum von oben nach unten beaufsichtigt werden – mit Yoneq an der Spitze. Die vertikale und horizontale Überwachungsstruktur bewirkt zugleich, dass unter Federführung des Gründervaters jedes Mitglied und alle erwirtschafteten Gelder zwischen den Niederlassungen oder zur Zentrale in die USA verschoben werden können.

In dieser engmaschigen Vernetzung mit fast militärischem Charakter ordnen sich die Gemeinden und jedes einzelne Mitglied aus Furcht oder, wenn man so will, aus Liebe zu Jahschua »freiwillig« dem Gesamtgebilde unter. Die spirituelle Richtung der Bewegung geben dabei die Ältesten aus der Zentrale in sogenannten internationalen Meetings vor. Zu diesen ein- bis zweiwöchigen Versammlungen muss jede Gemeinde einen Abgesandten schicken, der die dort verkündeten neuen Offenbarungen des Gründervaters Yoneq anschließend in der heimischen Gemeinde vorstellt. Die Mitglieder der Gemeinde setzen diese Vorgaben ohne Wenn und Aber um. Jünger, die Yoneqs Ansagen nicht folgen, werden von der Gemeinde an den Rand gedrängt oder ausgeschlossen. Selbst langjährige Älteste können ihre Position verlieren, wenn sie in den Augen anderer Ältester Yoneqs Lehren nicht wortgetreu umsetzen. Es herrscht ein Klima chronischen Misstrauens.

Weltweit zählt die Glaubensgemeinschaft Zwölf Stämme 2500 Mitglieder, darunter etwa 1500 Kinder. Ältere Menschen sind in der Sekte selten. Während die Amerikaner ihre Alten in einem Grundstück nahe der US-Zentrale unter die Erde bringen, braucht sich der deutsche Ableger mit solchen Fragen (noch) nicht zu befassen. Zum einen sind die wenigen bei den Zwölf Stämmen aufgewachsenen Alt-Jünger maximal sechzig Jahre alt, zum anderen fühlen sich nur wenige Menschen berufen, auf ihre alten Tage bei der Gemeinschaft einzuziehen. Zwar wird den Mitgliedern vom Ältestenrat freigestellt, ihre Eltern in hohem Alter in die Gemeinschaft zu holen, aber die Senioren bleiben lieber in ihren Altersheimen, wo es Kuchen, Kaffee und Fernseher gibt. Sterben junge Brüder und Schwestern in der Gemeinschaft, gibt der deutsche Ältestenrat ihre Leiber den weltlichen Familien zurück. Die Urchristen sind froh, dass sie sich nicht mit der rechtlichen Abwicklung herumschlagen müssen.

Zwei Drittel aller Jünger der Zwölf Stämme leben in den Vereinigten Staaten. Der amerikanische Stamm besitzt anderthalb Dutzend Gemeinschaften und Farmen in Massachusetts, New York, Vermont, Colorado, Florida, Missouri, Kalifornien und Tennessee. Hinzu kommen zehn Restaurants, die sich »Yellow Deli« nennen und die vor allem als missionarische Orte dienen. Zum europäischen Stamm gehören die beiden bayerischen Gemeinschaften in Wörnitz und in Klosterzimmern mit insgesamt rund 150 Bewohnern. Weitere fünf offizielle Gemeinschaften existieren in Spanien (100 Personen), England (30), Frankreich (130) und Tschechien (in Aufbau). In Übersee haben die Zwölf Stämme außerdem Gemeinden in Kanada, Brasilien, Argentinien und Australien gegründet, wo sie etwa zehn Gemeinschaften mit ebenso vielen Cafés und Restaurants unterhalten. Während die Amerikaner offenbar vom historischen Siedlungsdrang geprägt sind und zügig neue Niederlassungen ins Leben rufen, versuchen die Deutschen, ihre Zentrale in Klosterzimmern zu festigen. Deutsche Jünger sind überzeugt, dass sich eine größere Kontrolle über die Mitglieder ausüben lässt, wenn der Stamm weniger zerfasert ist. Zugleich befolgen hiesige Älteste die Gesetze der Zwölf Stämme im Wortlaut und setzen die Regeln streng und rigoros um.

Dem Ältestenrat einer Gemeinde gehören zwischen sieben und zwölf Männer an. Der harte Kern des Rates besteht aus fünf bis acht Brüdern. Die restlichen Mitglieder sind Wackelkandidaten, die der Rat immer wieder mal ihrer Position enthebt, wenn sie sich nicht im Geist Jahschuas bewähren. Prädestiniert für fortwährende Führungsaufgaben als Älteste sind jene Männer, die in den 1980er Jahren zu den Zwölf Stämmen gestoßen sind und maßgeblich Dependancen im französischen Sus, im süddeutschen Oberbronnen oder norddeutschen Pennigbüttel aufbauen. Es sind Männer wie Arel und Abiram, die offiziell als besonders spirituell gelten, faktisch aber schlicht das größte Vertrauen von

Gründervater Yoneq genießen. Wo immer Yoneq seine altbewährten Kräfte hinschickt, übernehmen sie dort schnell die Leitung im Ältestenrat. Sie bilden den Nukleus, den Bug, der durchbricht und der ersten Generation, die in den Zwölf Stämmen auf die Welt kommt, den Weg ebnet.

Während Yoneq einst erklärte, dass bereits die erste Generation die Ankunft Gottes erlebt, muss der Gründervater bald erkennen, dass der Tag der Tage mindestens drei Menschengenerationen auf sich warten lässt. Die Zwölf Stämme wachsen nicht so rasant wie geplant, deshalb etabliert Yoneq ein Generationendenken, das für den Einzelnen Auflagen mit sich bringt. Fortan dürfen sich Frauen und Männer unterschiedlicher Generationen nicht mehr miteinander vermählen, aber auch diese Offenbarung scheitert bald an der Wirklichkeit: Die Zahl der Frauen und Männer geht nicht auf, und der Zuzug neuer Jünger ist insgesamt zu gering, als dass daraus eine stabile zweite Generation entstehen kann. Angesichts dieses Dilemmas müssen sich die Älteren der ersten Generation und die Jungen der dritten Generation zusammentun. »Ich habe das schon geahnt«, bekennt Yoneq. »Aber ich wollte euch nicht demotivieren.« Zugleich mahnt der Gründervater vor Inzucht. »Pass auf, schreib dir genau auf, wer da wen heiratet«, beschwört er meine Schwiegermutter Baruchah. »Inzucht ist in der Bibel eine große Sünde.« Gleich drei Geschwister meiner Frau Shalomah sind mit Kindern anderer Ältester verheiratet. Dem Nachwuchs dieser Paare ist es verboten, miteinander Kinder zu zeugen. Angesichts dieser Misere bin ich als Ehemann von Shalomah gern gesehenes Fremdblut.

Neben weltweiten und europäischen Versammlungen, auf denen Yoneqs Verheißungen verkündet werden, schickt der Gründervater Botschafter aus der Zentrale zu den einzelnen Gemeinden. Es sind fünf, sechs Männer, die sein besonderes Vertrauen genießen und die Außenstellen auf den richtigen Geist prüfen. Wenn in Klosterzimmern beim Heizen gespart wird, gibt es ebenso einen Rüffel, weil »der Heilige Geist nur in einem warmen Haus leben kann«, wie wenn die Gebote, mit Stäbchen zu essen oder nicht Fußball zu spielen, gebrochen werden. »Brüder und Schwestern«, erheben die Botschafter ihre Stimme, »was ist hier los? Ihr seid nicht mehr Gottes Volk. Ihr verliert die Tradition.« Sogar die mächtigen Ältesten der Gemeinde müssen sich diesen Kundschaftern unterordnen, da diese mit der Stimme Gottes sprechen und direkt von Yoneq kommen. Die Botschafter sind von höchster Stelle legitimiert. Gemeinden, die sich weigern, diese zu empfangen, werden von den Zwölf Stämmen ausgeschlossen. Einst träumte Yoneq davon, das System der Botschafter um eine Prophetenschule zu erweitern, in der ihm eine Handvoll seiner engsten Vertrauten mit speziellem Fachwissen – etwa im Ackerbau, in Wirtschaft und Technik – wie Minister in einem Kabinett zur Seite stehen sollen. Doch auch dieses Werk bleibt bislang unvollendet.

In der Gemeinschaft Klosterzimmern teilen sich die Ältesten die verschiedenen Fachbereiche auf. Während der Ältestenrat die Entscheidungen auf spirituell-geistiger Basis fällt, müssen die jeweiligen Experten den Beschluss in der Landwirtschaft und in der Schule, im Haushalt oder Gewerbe praktisch umsetzen. Diese Strategie bewirkt, dass der göttliche Geist trotz des irdischen

Drucks – etwa ausreichend viele Kilogramm Möhren für die Brüder und Schwestern produzieren zu müssen – gewährleistet ist.

Allerdings führt die geistige Kontrolle mitunter zu Entscheidungen wider den gesunden Menschenverstand. Als Bäcker darf ich am samstäglichen Sabbat keinen Sauerteig vorbereiten, sondern muss bis Sonnenuntergang warten, um dann in der Nacht Brot für den Sonntagsmarkt zu backen. Ebenfalls an einem Sabbat verregnet es einem Mitbruder das Heu. »Vertraue dem Vater«, beschworen ihn die Ältesten und verweigern ihm die Samstagsarbeit. Prompt schüttet es am Sabbat in Strömen vom Himmel. Die Ältesten sind bei ihrer spirituellen Auslegung konsequent, egal wie groß der menschliche Irrsinn, der Schlafmangel oder der Arbeitseinsatz des Einzelnen ist. Geht etwas schief, ist es das Urteil Gottes. »Tja, der Mensch macht seine Pläne, und der Herr lenkt unsere Schritte. Da wollte dir unser Vater irgendetwas zeigen«, heißt es dann. Unfälle und Unglücke dienen den Mitgliedern der Zwölf Stämme als Indiz für Gottes Willen.

Ein Jünger fährt mit seiner Frau Auto. Als er nicht zügig abbiegt, um sich am Wegesrand etwas anzuschauen, knallt ein Lastwagen ins Heck. Seine Frau erleidet einen Beckenbruch. In der Ältestenversammlung muss sich der Fahrer bohrenden Fragen stellen. »Warum straft dich Gott? Welche Sünde lastet auf dir?« Es folgt die Lehre: Ein Jünger muss geradewegs auf Gottes Pfad bleiben. Er darf weder nach links noch nach rechts blicken. Dass der Bruder abgebogen ist, um sich etwas anzuschauen, was abseits seines Auftrages lag, wird als sträfliche Unabhängigkeit und Sünde gewertet, die Gott ihm schon lange zeigen möchte. Da Gott ihn aber nie greifen kann, hat er zu härteren Mitteln gegriffen.

In Klosterzimmern existieren zwei Haushalte. Jedem Haushalt steht ein männlicher Haushaltsvorstand vor, der wiederum einem Ältesten unterstellt ist. Der Vorstand ist mit dem Gebäude- und Personenmanagement betraut. Nach Vorgabe der Ältesten teilt er ein, welcher Bewohner des Hauses auf eine Baustelle fährt und welcher in der Küche abwäscht. Ihm untergeordnet ist ein weiblicher Haushaltsvorstand, der das Kochen und Waschen organisiert. Meist sind diese beiden Vorstände das dienstälteste Ehepaar des Hauses. Die Küche wird von der Küchenchefin geleitet. Gemeinsam bestimmen die leitenden Frauen, wer was an Festtagen kocht oder wer wie viele Erdbeeren im Garten pflückt. Es gibt einen strikten Essensplan und weibliche Teams, die das Kochen übernehmen.

Bei der Vielzahl an Gremien arbeiten die höheren Brüder längst nicht mehr mit den eigenen Händen. Auch ich sitze zwischenzeitlich als Verantwortlicher in diesen Versammlungen. Wir fühlen uns als Hirten, reden viel über die spirituellen Qualitäten und Probleme der einzelnen Mitglieder und verständigen uns auf Sanktionen gegen jene Brüder und Schwestern, die nicht gehorchen wollen. Immer wieder spüre ich die Arroganz dieses Führungspersonals. Die Ältesten wähnen sich jenen gegenüber überlegen, die draußen die Arbeit verrichten, während sie drinnen im Warmen hocken und die Entscheidungen treffen. Ihre Geschwätzigkeit nervt. Ich spüre ihre Selbstgefälligkeit, die aus der geistigen Überlegenheit rührt, und aus der eine Art Mitleid für die geistig Ärmeren erwächst. Ihre stundenlangen Unterredungen erinnern mich an die ewigen Gesetzesdiskussionen der Pharisäer im alten Israel – selbst wenn es nur darum geht, ob zu den gekochten Maiskolben Butter serviert werden darf, wird ewig palavert.

Als ich mein Missfallen über die Ältestenriege meiner Frau Shalomah gegenüber in Worte fasse und erkläre: »Auch dein Vater ist ein Sektenführer!«, muss ich mich für meine Worte kurz darauf vor dem Rat verantworten. »Stimmt es, dass du zu deiner Frau gesagt hast, ihr Vater sei ein Sektenführer?«, verhören sie mich. »Es tut mir echt leid, er ist natürlich kein Sektenführer«, antworte ich voller Ironie. »Aber in der Zeit, als ich als Verantwortlicher Bruder den Haushalt geleitet habe, war ich ein Sektenführer.«

Angesichts dieser Kritik am System stehen ihnen die Münder offen. Tatsächlich kenne ich keinen Ältesten, der sich nach einer gewissen Zeit nicht als Sektenführer aufgespielt hat. Jeder von ihnen ist stolz darauf, ein Auserwählter zu sein und in Gottes Namen die anderen dirigieren zu dürfen. Auch mit mir selbst gehen die Pferde durch. Seinerzeit will ich als Haushaltsvorstand nicht mehr mit ansehen, wie meine Frau Shalomah in der heruntergewirtschafteten Küche arbeiten muss. Ich herrsche meine übermüdeten Brüder an, nach ihrer Arbeit auf den Baustellen allabendlich die Küche zu renovieren. Ich schleife sie, bis das Werk vollbracht ist. Der Einspruch der Männer ist zwecklos – alle Beschwerden enden bei mir. Was der Haushaltsvorstand gemeinsam mit dem Ältestenrat entscheidet, ist göttlicher Auftrag. »Wenn du ein Problem mit deinem Haushaltsvorstand hast«, lautet das unumstößliche Gesetz, »hast du ein Problem mit Gott.« Einem Vorgesetzten ist bedingungslos zu folgen, selbst wenn dessen Entscheidung ersichtlich falsch ist. Allein der Gedanke, dass etwas falsch sein könnte, ist eine sündhafte irdische Sichtweise. Einmal erklärt mir ein Ältester: »Wenn Gott will, dass du ein Loch gräbst, und es dann wieder zuschaufelst, dann machst du das. Entscheidend ist, dass du untergeben bist und dich unser Vater nutzen kann, wie er will.«

Der Bodensatz der Zwölf Stämme sind ihre Kinder. In der Hierarchie stehen sie ganz unten. Ihre Gefühle, Meinungen und Wünsche werden von den Erwachsenen unterdrückt, ihr Wille wird gebrochen. Auf körperliche und geistige Unversehrtheit besitzen die Kinder im Kreis der Urchristen keinen Anspruch. Niedriger als die Kinder sind nur die Tiere. Sie finden ausschließlich als Nutztiere Verwendung. Selbst Katzen sind nur zum Mäusejagen auf dem Hof und dürfen nicht gestreichelt werden. Haustiere sind schlicht nicht erlaubt. Schweine und Hunde gelten als unrein und sind ebenfalls verboten. Über Letztere steht in der Bibel geschrieben, dass sie ebenso wie Homosexuelle außerhalb der Stadt leben müssen.

Die Kinder gehören Gott. Von Gott erhalten ihre Eltern den Erziehungsauftrag. Die Eltern fungieren lediglich als Betreuer ihrer Sprösslinge. Verantwortliche Instanz für die gottgefällige Erziehung ist der Ältestenrat. Solange die Eltern die Vorschriften der Zwölf Stämme befolgen, gehört der Nachwuchs ihnen. Leisten Vater und Mutter aus Sicht der Gemeinschaft schlechte Arbeit, nutzen die Ältesten ihre Macht. Bei eklatantem Fehlverhalten der Kinder dürfen sie die Jungen und Mädchen aus der Gemeinschaft verbannen. Schließlich haben die Eltern in der Weihe ihre Mädchen an deren

81. und die Jungen an deren 41. Lebenstag der Gemeinschaft vermacht. Ausdruck dieser größtmöglichen
Macht der Erwachsenen über ihre Kinder symbolisiert
die Beschneidung der Söhne, die der Vater am siebten
Tag nach der Geburt seines Jungen vollstreckt.

Bei fünfzehn solchen Eingriffen schaue ich zu. Jedes
Mal schreien sich die Kinder die Seele aus dem Leib. Es
gibt keine Betäubung. Der Akt ist barbarisch. Das Abschneiden des Fleisches besiegelt den Bund des Jungen
mit Abraham und ist eine Verpflichtung, das Kind im
Sinne des Stammvaters zu erziehen. Die Väter fixieren
die Vorhaut des Sohnes mit einer Klemme und schneiden an dieser entlang. Vorsichtige Väter, die sich nicht
trauen, einen kräftigen Schnitt zu wagen, müssen das
Teppichmesser häufig ein paar Mal ansetzen. Manchmal
kommt es zu einem blutigen Gemetzel. Bei der Beschneidung meines Sohnes Shimshon ritze ich ihm ver-
sehentlich ins Bein. Das Messer ist extrem scharf, und
der Aufpasser, von den Ältesten als medizinischer Fach-
mann auserwählt, vergisst, eine Decke über Shimshons
Beine zu legen. Mit einer fließenden Bewegung führe ich
den Schnitt aus – da ist es bereits passiert. Der Junge
brüllt. Die folgende Nacht binden wir seine Beine mit
einem Tuch am Babysitz fest, damit er sich die Wunde
durch sein Gestrampel nicht aufreißt. Meine Frau und
ich halten Wache. Ein anderes Kind aus Frankreich ist
nach dieser Prozedur fast verblutet. Unbemerkt tropfte
dem Jungen nachts Blut aus der Narbe.

Bevor ich Shalomah heiraten darf, muss auch ich mich
der Zirkumzision unterziehen. Mit weichen Knien warte ich in meinem Zimmer auf jene Personen, die der
Ältestenrat mir für diesen Akt zur Seite stellen wird. Als

sich die Tür öffnet, bin ich entsetzt. Ausgerechnet mein Schwiegervater erscheint im Raum – in der einen Hand ein Messer, in der anderen eine aus Buxbaum geschnitzte Gabel, mit welcher die Vorhaut des erwachsenen Mannes fixiert wird. Eigentlich soll jener Älteste, der den Jünger über Jahre hinweg als Hirte begleitet hat, den Schnitt vornehmen. In meinem Fall beschließt der Ältestenrat, die Messlatte für meine Gottgefälligkeit ein Stück höher zu hängen. Ohne Betäubung stehe ich nackt vor meinem Schwiegerpapa. Fluchtgedanken jagen durch meinen Kopf. Zwei Brüder halten mich fest, dann zieht ein dritter mit den Fingern meine Vorhaut nach vorne und klemmt sie in die Gabel. Ephraim schneidet. Der Schmerz ist kurz und intensiv. Er explodiert förmlich in meinem Inneren und füllt mich für den Moment gänzlich aus. Unter mir sacken meine Beine weg. Die Männer packen mich fester. Die Vorhaut ist unterhalb der Eichel gekappt, die Fleischwunde sieht brutal aus. Noch Monate später in meiner Hochzeitsnacht reagiert die Narbe empfindlich. Als ich nach einer Woche das erste Mal zum gemeinsamen Abendessen gehen darf, platzt die Narbe auf, und warmes Blut läuft meine Schenkel hinunter. In den Nächten stelle ich mir eine umgedrehte Bananenkiste auf den Unterleib und lege vorsichtig die Bettdecke darüber, weil mir schon der geringste Druck den Schlaf raubt.

In der Beschneidung manifestiert sich totales Empfangen des Individuums. Dieses Ausgeliefertsein ist der Ausdruck der größten Macht, die eine Gruppe auf den Einzelnen ausüben kann. Die maximale Selbstaufgabe meines Ichs ist einer der schwersten Momente meines Lebens. Es ist der Terror der vielen über den einen.

Einem Bruder, der sich partout nicht beschneiden lassen will, erklärt ein Ältester einmal: »Du weißt, dass sich unter deiner Vorhaut Dreck sammelt, das ist die Korruption des Menschen. Du willst doch nicht allen Ernstes dein dreckiges Ding in deine Frau reinstecken?« Mit der Verstümmelung meines Geschlechts und dem meiner Söhne komme ich bis heute nicht klar. Damals bleibt mir keine Zeit, darüber nachzudenken.

Im System der Zwölf Stämme ist Selbstreflexion nicht vorgesehen. Lassen mir die Befehlsstrukturen für individuelle Entscheidungen schon keinerlei Raum, existiert im streng strukturierten Tagesablauf der Gemeinde nicht einmal eine zeitliche Nische, um über mich selbst zu grübeln. Die Ergründung des eigenen Ichs gilt in der Gemeinschaft als Sünde. Das Kreisen um sein Selbst, heißt es, sei hinderlich im Streben nach Höherem. Schließlich soll der Mensch seine persönlichen Bedürfnisse überwinden und nicht noch ergründen. Das Ich hat keinen Platz im Tagesrhythmus der Zwölf Stämme. Es ist zu leugnen.

Der Tag beginnt mit dem Weckruf. Um 6 Uhr morgens läuft ein Bewohner unseres Hauses durch die Gänge und singt. Sogleich springe ich aus dem Bett, um für einen Moment mit Gott Zwiesprache zu halten. Dann helfe ich den Kindern beim Anziehen und bei der Morgentoilette. Die morgendliche Andacht beginnt in einer Stunde – und die ganze Familie hat anwesend zu sein. Zweimal am Tag versammelt sich die gesamte Gemeinde zur Minchah. Das gemeinsame Gebet findet im Regelfall um 7 und um 19 Uhr statt, in Ausnahmefällen jeweils eine Stunde früher oder später. Etwa am samstäglichen Sabbat verschiebt sich der Zwölf-Stunden-

Takt auf 8 und 20 Uhr. Wenn das Schofar erschallt, ein Gazellenhorn, das ein Jünger unten vor dem Haus bläst, versammeln sich Brüder und Schwestern im Gemeinschaftsraum, und es beginnt die sogenannte »Shalom«-Aufwärmphase.

Es ist immer das gleiche Ritual, egal ob wir uns am Morgen oder Abend zum Gebet versammeln. Wir begrüßen uns und halten spirituellen Smalltalk. Viele Brüder und Schwestern haben vor dem Treffen in der Bibel oder in Teachings von Gründervater Yoneq gelesen und sich innerlich auf die Zusammenkunft vorbereitet. Wenn das Gemurmel im Raum verebbt, greift der Gitarrist zum Instrument und spielt ein Lobpreislied. Sofort bildet sich ein Kreis, in dessen Mitte die Älteren und Jugendlichen drängen und tanzen.

Nach dem Tanz kann jedes Mitglied der Gruppe erzählen, was es spirituell umtreibt. Einige berichten von einem ermutigenden Erlebnis. Andere lesen etwas aus der Bibel vor oder erzählen, was sie aus einem der Teachings mitgenommen haben. Manchmal herrscht Schweigen und ein Ältester fragt in die Runde: »Hat unser Vater heute nichts zu sagen? Sind wir nicht vorbereitet? Wer hält zurück? Unser Vater will bestimmt sprechen.« Der Druckreiz löst die Zunge. Ich selbst merke, dass es mir guttut, wenn ich meine Brüder und Schwestern mit meinen Reden aufbauen kann. Es ist schön, meine Gefühle und Eindrücke gemeinsam mit der Gruppe zu verarbeiten. Ich spüre dann, dass Gott mich als Werkzeug braucht. Manchmal tritt ein Ältester nach der Versammlung an mich heran und lobt: »Du solltest öfter reden. Fühl dich frei; es ist gut, was du sagst.« Erkennen die Ältesten, dass ein Mitglied mit seinen Sätzen andere erreicht und Yoneqs Offenbarungen so wiedergeben kann, dass andere diese besser verstehen, drängen sie ihn zur Wortführerschaft. Es freut mich jedes Mal, wenn mir ein Bruder oder eine Schwester erklärt: »Boah, das hat mich jetzt total ermutigt. Genau das sehe ich in mir auch.« Andere Gemeindemitglieder besitzen andere Motive. Sie wollen ihren Mitbrüdern in den Versammlungen beweisen, wie weit ihr spiritueller Geist im Vergleich zu dem anderer Jünger gediehen ist, und betreiben göttlich-geistige Leistungsschau. Etwa Obadiyah, der schon die Anfänge der Gemeinschaft in den USA miterlebt und sich selbst als engsten Berater von Yoneq sieht. Der übereifrige Schwabe hält lange Monologe mit auswendig gelernten Bibelversen.

Nach den Reden strecken alle Anwesenden ihre Hände als Zeichen der Reinheit und Einigkeit in die Luft und beten gemeinsam. Meist betreffen diese spontanen Gebete, die jeder sprechen darf, allgemeine Themen. »Danke Vater, dass du für uns sorgst! Bitte beschütze die Brüder der Solar-Teams auf den Dächern.« – »Abba, gib uns gutes Wetter für die Ernte«, betet ein junger Gärtner. Manchmal dauern die Gebete so lange, dass mir die schmerzenden Arme herabsinken. Prompt folgt eine Ermahnung. Ein dröhnendes »Amen!« beendet die Versammlung.

Die Jünger, deren Wege sich bei den Zwölf Stämmen kreuzen, haben sich einst als einfache Arbeiter oder gelernte Handwerker verdingt, sind Bauern, Bäcker, Kriminelle oder Drogenabhängige gewesen. Unter ihnen finden sich Akademiker und Studienabbrecher, Arme, Reiche, alleinerziehende Mütter und alleinstehende Väter, gescheiterte Alte und sinnsuchende Junge. Auch

Alkoholiker und Aussteiger gibt es hier, die eine Alternative zum eingeschliffenen Gesellschaftsmodell suchen. Was diese Menschen verbindet, sind dramatische Krisen. Es sind Personen, denen zumindest kurzzeitig das Warum des Lebens abhandenkommt. Sie blicken auf Scherbenhaufen, kaputte Familien, missglückte Ehen und ein trauriges Dasein. Im Strudel ihres psychologischen Ausnahmezustands suchen sie einen Anker – einfache grundsätzliche Wahrheiten. Viele von ihnen sind religiös und fühlen sich von der evangelischen und der katholischen Kirche nicht repräsentiert. Es sind Menschen, die geführt werden wollen und die es gewohnt sind, Autoritäten anzuerkennen. Es sind Bedürftige, die in ihrem Leben viel Leid erlebt haben und die im Augenblick höchster Pein zum Himmel flehen: »Gott, wenn du mich hier rausholst, widme ich dir mein Leben.« In dieser Lebenslage sind sie für die Losung der Zwölf Stämme empfänglich. Meist sprechen die Jünger Jahschuas diese Verlorenen am Rande eines alternativen Festivals an und reichen ihnen einschlägige Info-Broschüren. Der Tenor des Materials lautet: »Kommt raus aus dem christlichen System! Das Christentum ist die Hure Babylon! Die Zwölf Stämme sind die wahre Braut!«

Männer und Frauen, die fest im Leben stehen, klopfen bei den Zwölf Stämmen eher selten an die Tür. Bei der weltweiten Gemeinschaft finden vor allem Personen Zuflucht, die in einem gewissen Lebensabschnitt Leere spüren und / oder finanzielle oder moralische Schuld auf sich geladen haben. Dazu zählen religiöse Menschen, die ihre Haltung in der Institution Kirche nicht verwirklicht sehen, aber beispielsweise auch zwei amerikanische

Vietnamsoldaten. Nachdem die beiden Militärs in den 1970er Jahren Kriegseinsätze überlebt haben, beschließen sie, ihr Leben fortan Gott zu widmen, und kommen bei den Zwölf Stämmen unter. Beim deutschen Ableger sind Lebensläufe wie jene von Rainer Holt und Petra Maßen (Namen geändert) üblicher.

Rainer Holt ist ein Mittvierziger und einer der Vordenker in der Gemeinde Klosterzimmern. Das Abitur legt er in einer westfälischen Kleinstadt als Jahrgangsbester ab. Anschließend trampt er durch Amerika und übernachtet, weil er keine Bleibe findet, bei den Zwölf Stämmen in Vermont. Seinen Eltern schreibt er: »Ich habe die Antwort auf alle meine Fragen gefunden.« Drei Monate später kommt Rainer Holt, der inzwischen den hebräischen Namen Jeheskel (»Gott wird stärken«) trägt, aus den USA nach Hause zurück, um Zivildienst zu leisten. Seine Eltern hoffen, dass er ein Medizinstudium aufnimmt. Doch der Sohn will nicht mehr in sein altes Leben zurück und zieht nach Übersee zu den Zwölf Stämmen in Boston. In der dortigen Gemeinde lernt er Gilah (»Freude«) kennen, die beiden heiraten und zeugen sechs Kinder. Nun ist Rainer Holt Ältester in Klosterzimmern. Er hätte es in jeder Gesellschaft weit gebracht. Immerhin lässt er sich in den USA zum medizinischen Ersthelfer ausbilden, was ihn aus Sicht der Klosterzimmerner in die Lage versetzt, an ihnen kleinere Operationen vorzunehmen. Um Arztkosten zu sparen, wird Holt zudem von einem befreundeten Zahnarzt in wenigen Wochen zum Zahnheilkundigen ausgebildet. Im Zahnarztzimmer, das versteckt im hinteren Teil des Gutshofes Klosterzimmern liegt, sorgt er sich um die Zähne der Gemeinschaftsmitglieder. Ihm zur Seite steht eine junge Helferin. Das Mädchen ist froh, nicht in der Küche arbeiten zu müssen, und händigt den Patienten sogar kleine Kärtchen mit den Terminen für die nächste Vorsorgeuntersuchung aus. Rainer Holt entstammt einer katholischen Familie und war als Kind Ministrant. Die Institution Kirche mit ihren Hierarchien und Regeln betrachtet er als fehlgeleitet. »Wir wollen nicht mit Wort und Zunge, sondern mit Tat und Wahrheit lieben«, erklärt er. Als er bei einer Befragung des örtlichen Jugendamtes zugibt, dass er seine Kinder züchtigt, findet er sich kurz darauf in der Tschechei wieder, wo die Gemeinschaft einen neuen Ableger aufbaut. Die spontane Versetzung soll ihn wohl davor bewahren, dass seine sieben Kinder vom Jugendamt abgeholt werden.

Petra Maßen ist in der Gemeinde Klosterzimmern für die Kindererziehung verantwortlich. Ihre Kenntnisse in diesem Bereich sind profund. In der ehemaligen DDR arbeitet die Mittfünfzigerin als Krippenerzieherin und brachte schon Zweijährigen die Werte des Staates nahe. Die Inhalte sind nun andere, aber die Methoden scheinen einander nicht unähnlich zu sein. »Was die Kinder dort draußen in der Schule lernen«, sagt sie, »kann man gar nicht alles wieder reinigen.« Die Kinder würden den Zwölf Stämmen gehören, denn »Gott hat den Familien die Kinder gegeben, nicht dem Staat«. Neben ihrer Tätigkeit als Lehrerin werden ihr vom Rat Kinder zugeteilt, die ihren Eltern Probleme bereiten. Ihr militärischer Drill findet zwar Respekt und Anerkennung bei den Kindern, doch hinterlässt ihre unbarmherzige harte Hand in ihnen zugleich tiefe Spuren und Ängste. Immer wieder gerate ich mit ihr zusammen, wenn ich als verantwortlicher Lehrer ihre kompromisslose Art kritisiere. Leider genießt Petra das absolute Vertrauen der Ältesten. Sie bringt Ordnung in Familien, wenn es darum geht, den Verhaltenskodex in der Gemeinschaft durchzudrücken.

* * *

Hintergrund IV:
Das wahre Wort Gottes

»Sie verkauften, was sie besaßen, und gaben
davon allen, jedem so viel, wie er brauchte …
Und der Herr fügte täglich die hinzu,
die zum Heil finden sollten.«
Apostelgeschichte 2,45 +47

Menschen, die zu einer »konfliktträchtigen religiösen Gemeinschaft« stoßen, suchen während oder nach einer persönlichen Krise häufig einen neuen Lebenssinn, haben Zukunftsangst oder sehen in den großen Kirchen ihre religiösen Ideale nicht verwirklicht. Sie befürworten traditionelle Familienwerte und lehnen Abtreibung, Gender Mainstreaming, Homosexualität, ökumenische Zusammenarbeit mit anderen Christen und jegliche Bibelkritik strikt ab. Die Heilige Schrift ist für diese Menschen das wahre und verlässliche Wort Gottes. Es geht ihnen nicht um eine gegenwartsbezogene Auseinandersetzung mit dem Buch der Bücher, sondern um eine widerspruchslose Verkündung und Umsetzung der Gebote Gottes – bis hin zu dem Glauben, dass mit Hilfe des Heiligen Geistes alle Krankheiten zu heilen seien. Dabei leugnen diese selbsternannten Glaubenshüter, dass Gott seine Offenbarung in der Bibel durch Menschenwort vollbringt und das Geschriebene zum einen alles andere als eindeutig formuliert und zum anderen nur im historischen Kontext zu verstehen ist.

* * *

Im Zentrum der Anlage in Klosterzimmern steht eine Kirche mit einer eisernen Wetterfahne auf dem Turm. Die Mitglieder der Zwölf Stämme haben sämtliche christlichen Symbole aus dem Gotteshaus entfernt – Kreuze, Marienstatuen und Jesusdarstellungen. Das Christentum gilt ihnen als Irrglaube, der keine wahre Heilung bringt. Nach Überzeugung der Brüder und Schwestern darf kein Jünger Jahschuas kirchliche Gebäude betreten, in denen Gottesdienste abgehalten werden. Dort wohne der Satan, heißt es. Fällt den Jüngern in der Welt außerhalb der Gemeinschaft ein Kreuz ins Auge, müssen sie den Blick zu Boden senken. Christliche Symbole sind für sie der Ausdruck eines falschen Gottesverständnisses.

Zum gemeinsamen Beten am Morgen und Abend kommen in der Woche viele weitere Versammlungen hinzu. An jedem Freitag treffen sich alle Eltern noch vor dem Frühstück zum Erziehungsmeeting. Die Erwachsenen erhalten von den Ältesten Anweisungen darüber, wie sie mit ihren Kindern zu verfahren haben. Montagvormittag findet das sogenannte Cook-Meeting statt, bei dem die fünf zuständigen Frauen die Belange von Haus und Küche diskutieren. Am Dienstag ist Sozial-Meeting. Die verantwortlichen Frauen und Männer besprechen gemeinsam Lösungen etwa im Hinblick auf die Vorbereitungen zu einer Hochzeit. Jeden Mittwoch unterbreitet ein Mann die Ideen aus dem Sozial-Meeting der Ältestenversammlung. Bei dem Treffen, das an diesem Tag vom Morgen bis in den späten Abend reicht, entscheiden die Ältesten über alle eingebrachten Vorschläge. Die Entscheidungen sind einstimmig zu fällen. Angesichts der Vielzahl von Gremien, bei denen Anwesenheitspflicht herrscht, ist die Belastung für den Einzelnen enorm. Hinzu kommt der Zwang zu Einigkeit, der das Individuum in Tat und Wort beschränkt. Wer aus der Reihe tanzt, wird bestraft.

Liegen zwei Brüder miteinander in Clinch, existieren zwei Möglichkeiten. Entweder haben die beiden Mitglieder ihren Streit bis Sonnenuntergang beigelegt, also vor dem anstehenden gemeinsamen Gebet, dann bleibt dieser ohne Konsequenzen. Oder ihre Meinungsverschiedenheit wird bei der Versammlung offiziell, wenn es heißt: »Brüder und Schwestern, diese beiden Jünger können ihre Hände nicht heben. Sie haben keine Einigkeit!« Generell haben die hierarchisch höherstehenden Männer oder Frauen in solchen Konflikten das Recht auf ihrer Seite, denn Vorgesetzten ist jederzeit Folge zu leisten. Ihr Kontrahent muss die Zeichen der Einigkeit mit der Gruppe ablegen: eine Frau das Kopftuch, ein Mann das weiße Diadem. Die Befehlsverweigerer sind fortan von der Gemeinschaft »abgeschnitten«, dürfen sich in den beiden Versammlungen eines Tages nicht mehr in den Kreis ihrer Brüder und Schwestern stellen und die Hände nicht zum Gebet erheben. Nach der Gemeindeversammlung tagt sogleich der Ältestenrat.

Wenn ein Delinquent öffentliche Reue verweigert oder gegen die Entscheidung der Ältesten rebelliert, drängt ihn die Gemeinde ins Abseits. Auf Beschluss der Ältesten verbringt er Tage, manchmal sogar Wochen, in Isolation. Ungläubige dürfen keine Freude haben, weil sie nicht in guter Verbindung zu Gott stehen. Ihnen ist verboten, mit Ehefrau und Kindern zu tanzen und aktiv an Festen und Versammlungen teilzunehmen. Innerhalb der Gruppe verlieren »Abgeschnittene« ihre Stellung und ihr Ansehen. Die anderen Mitglieder dürfen nur mit einer solchen Person reden, wenn die Gespräche belehrenden Charakter haben und dazu geeignet sind, den Abtrünnigen auf Gottes Weg zurückzuführen. Ich selbst verliere nach Kontroversen mit meinen Brüdern und Schwestern immer wieder meine Position und muss meine Stellung als leitender Bäcker und auch andere Positionen aufgeben. Die Auszeit soll ein Abtrünniger dafür nutzen, über seine Sünden zu grübeln.

Je länger der Ausschluss aus der Gemeinschaft währt, umso stärker spüren die Aussätzigen die Repressalien. Bald fühlen sie sich nicht mehr mit Gott verbunden, weil sie weder an den gemeinsamen Gebeten noch am spirituell so wichtigen Brotbrechen am Sabbat teilnehmen dürfen. Die Phase, in der sie von Gott getrennt sind, wächst und wächst – und mit ihr schlagen die Selbstzweifel Blüten. »Warum höre ich Gott nicht? Was ist los mit mir?«, fragen sich die Verstoßenen. Sie ringen mit sich selbst. Es kann jeden treffen.

Ein junger Bruder fährt mit dem Fahrrad heimlich in die Nachbargemeinde und kauft sich einen Softdrink. Dabei entdeckt ihn zufällig ein anderer Jünger und petzt das »Vergehen« einem Ältesten. Der Limonadentrinker wird »abgeschnitten«. Amittai, ein anderer Bruder, der kurz zuvor zur Gemeinde stößt, kann das Rauchen nicht bleiben lassen. Hinter einem Mauervorsprung steckt er sich eine Zigarette an. Das Versteckspiel fliegt auf. Der Raucher wird »abgeschnitten«. Ein Ältester soll seine gehobene Position aufgeben, die ihn dazu befähigt, Aufgaben wie etwa Behördengänge für die Zwölf Stämme auszuführen. Als die Kollegen im Ältestenrat ihn zur Lehrertätigkeit verpflichten, hadert er monatelang mit seiner Herabstufung. Der Uneinsichtige wird »abgeschnitten«.

Bei jeder Form des Widerspruchs beschließt der Ältestenrat Sanktionen. Während diese Strafen bei den Jugendlichen aus praktischen Verboten wie Hausarrest bestehen, zielen sie bei den Erwachsenen auf den Kern der Persönlichkeit. Stundenlang müssen sich Männer und Frauen einem eindringlichen Verhör mit bis zu sieben oder mehr Ältesten unterziehen. Auch mir stülpt der Rat bei solchen Gelegenheiten immer wieder die Seele auf links. Bis ins kleinste Detail zerpflücken die Ältesten meine Motive für ein vermeintliches Vergehen. Ich hasse diese Inquisitionen. Ich bin jedes Mal erleichtert, wenn nach langem Hin und Her meine Demut von den Ältesten akzeptiert wird und eine Phase der Versöhnung eintritt. Die Verhärtung löst sich in mir, ich bereue in diesem Moment tatsächlich im Innersten und bin erleichtert. Die Zeit meiner Aussätzigkeit ist vorüber. Ich darf in den Kreis der Brüder und Schwestern zurückkehren.

Auf der Rückfahrt von einer Mission geraten wir auf der Autobahn in einen Stau. Levi fragt, ob er sich mal kurz an die Leitplanke stellen dürfe. Er müsse mal. Ich öffne die Fahrzeugtür und höre noch das Quietschen von Reifen. Mein Bruder wird von einem Auto erfasst, das auf dem Standstreifen am Stau vorbeifährt. Levi prallt gegen die Motorhaube und wird ins Gras geschleudert. Der Falschfahrer ist Chirurg. Er untersucht Levi und stellt außer einem kleinen Schock nichts Schwerwiegendes fest. Er verspricht, für den Fall, dass sich im Nachhinein Schäden bemerkbar machen, für die Kosten aufzukommen. Ich nehme seine Personalien auf und bin froh, dass nicht mehr passiert ist; dann nehmen wir unsere Fahrt wieder auf. Daheim spricht sich die Geschichte schnell herum, und ich werde vor den Ältestenrat zitiert. Ich muss mich dafür rechtfertigen, dass ich die Situation allein geregelt und keinen Ältesten telefonisch konsultiert habe. »Schon wieder handelst du mit dieser ewigen Unabhängigkeit«, rüffeln sie mich. »Wir sind sehr in Sorge, dass du immer alles allein regeln willst. Würde der Heilige Geist dich erfüllen, hättest du dir bei uns Rat geholt.«

Als meine Frau Shalomah an ihrer Seele erkrankt, ist mein innerer Bruch mit den Ältesten endgültig. Plötzlich erkenne ich ihren verbohrten Fanatismus. Die Ursache ihrer psychischen Erkrankung sehen die Ratsmitglieder allen Ernstes in meiner Seele begründet. »Deine Frau ist nicht krank«, erklären mir die Ältesten. »Du hast einen bösen Geist, und dieser bewirkt bei deiner Frau geistige Störungen.« Ihr Fazit lautet: »Eine Psychose ist keine Krankheit, sondern dein geistiges Problem.« Da wird mir klar, dass viele der Ältesten längst in unerreichbare Sphären abgedriftet sind. Sie hören nicht mehr zu, haben das eigene Empfinden ausgeschaltet. Die Zeit hat diese Männer gleichgeschaltet. Das Personal im Ältestenrat funkt auf ein und derselben geistigen Wellenlänge. Leute wie ich gelten als Querschläger. Die Ältesten bevorzugen solche Brüder und Schwestern, die sich selbst anzweifeln und in den Versammlungen widerspruchslos annehmen können. Die Zahl der Mitläufer ist enorm. Immer wieder machen sie mir zum Vorwurf, dass ich fachlich und fundiert argumentiere, selbständig handele und eigene Lösungen finde. Was in freiheitlichen Gesellschaften als Qualität gilt, gereicht mir bei den Zwölf Stämmen zum Nachteil. Meine schlüssigen Argumentationen werden in der Gemeinde stets als Verteidigungsreden angesehen.

Kinderarbeit und andere Unternehmungen

Hätte ich die Zwölf Stämme nicht mit meinen vier Kindern im Jahr 2011 endgültig verlassen, wäre die berufliche Laufbahn meines Nachwuchses vorbestimmt gewesen. Meine dreijährige Tochter Leah würde sich heute in der Küche verdingen und den Platz hinter dem Herd zu Lebzeiten nicht mehr verlassen. Shimshon wäre ein Handwerker im Solarbetrieb der Gemeinschaft geworden und hätte sich maximal bis zum Vorarbeiter auf den auswärtigen Baustellen hochgearbeitet. Er ist ein braver Junge, der Harmonie benötigt und sich bestimmt ins System gefügt hätte. Asarah wäre vielleicht später als Lehrerin bei den Zwölf Stämmen tätig geworden, weil sie gut erklären kann. Nach ihrer Heirat hilft sie den anderen Frauen beim Waschen und Kochen und kümmert sich ansonsten um ihre Kinder. Naarai hätte der Gemeinschaft Probleme bereitet. Er ist intelligent, hinterfragt alles und durchschaut vieles. Er besitzt das Potenzial zum Widerstand. Als Jugendlicher wäre er wohl aus der Gemeinschaft in Klosterzimmern davongelaufen – und nie wieder zurückgekehrt. Oder ich hätte ihn eines Tages wegschicken müssen, und ihm wäre kein Kontakt mit seinen Geschwistern oder alten Freunden erlaubt gewesen.

Die Gemeinschaft gewöhnt die Kinder vom Anfang ihres Lebens daran, produktiv und für die Gruppe nützlich zu sein. Zunächst hat es etwas Spielerisches, wenn Mädchen, die gerade erst aufrecht sitzen und ihre Finger gezielt einsetzen können, im Kreis der Küchenfrauen kleine Möhren zerstückeln und die Fitzelchen in den großen Eimer ihrer Mutter werfen. Seit Geburt sind die Kinder bei der Arbeit von Mutter oder Vater dabei. Bald schon misten die Jungen unter Obhut des Vaters die Ställe aus oder fegen die Mädchen unter Obhut der Mutter mit einem extra kleinen Kehrblech die Gänge und Treppen. Die Kinder haben noch Freude daran, in der Erwachsenenwelt »große« Aufgaben zu verrichten und dafür Lob zu erhalten. »Toll Rachel, wie du der Imma beim Fegen hilfst.« – »Da wird der Abba aber stolz sein, Bachir. Hast du den Stall ganz allein ausgemistet?« Dann aber hat der Spaß ein Ende.

Bereits im Alter von fünf, sechs Jahren sind die Mädchen und Jungen vollständig in die Produktion integriert. Wenn die Arbeiter des gemeindeeigenen Solarbetriebs unter der Woche 5000 Paneele montieren müssen, sitzen die Kinder sonntags an großen Tischen und fummeln die entsprechenden Schraubensätze zusammen. Zwei Unterlegscheiben, Schraube, Mutter. Mutter, Schraube, zwei Unterlegscheiben. Monotonie. Stundenlang. Kinderspiele sind bei den Zwölf Stämmen verboten, Kinderarbeit ist es nicht.

Die Zwiebelernte ist ohne Mitarbeit der Kinder unmöglich. Im Rahmen eines Schulausflugs fahren alle Kinder und Lehrer an einem Herbstnachmittag zu den fünf Kilometer entfernten Feldern hinaus, um mehrere Tonnen Zwiebeln zu ernten. Ohne die flinken Hände der Kleinen würde das Gemüse auf den Äckern vergammeln. Auch als die Gemeinde später Erntemaschinen kauft, müssen die Kinder noch ran. Meine Brüder und Schwestern halten Kinderarbeit für eine Reminiszenz an die gute alte Zeit, als Bauernfamilien von der Oma bis zum Kleinkind die Ernte noch gemeinsam eingefahren haben. Kinderarbeit sei nichts Verwerfliches, heißt es in Klosterzimmern, sondern Ausdruck gelungener Gemeinsamkeit. Die Kinder würden wohl lieber spielen.

In der Bäckerei säubern und fetten bereits Achtjährige die Backformen oder füllen anhand einer Packliste Kisten mit unterschiedlichen Brötchen und Broten, die am nächsten Tag auf Märkten verkauft werden. Asher, ein lebhafter und kreativer Junge, muss jeden Tag nach der Schule in die Bäckerei. Sein Vater begrüßt ihn mit aufmunternden Worten, dann geht es an den riesigen Teigmixer. Mit flinken Händen reinigt und poliert er die vom Teig völlig verschmierte Maschine. Nicht selten wird Asher von seinem Vater während seiner Mühen gezüchtigt, weil ihm noch die Ausdauer fehlt.

Bei der Karottenernte heben Sechsjährige die Möhren vom Boden auf, reißen das Grünzeug ab und werfen das orangefarbene Gemüse auf den Anhänger. Die Möhren bietet die Gemeinschaft auf dem Stuttgarter Großmarkt feil oder beliefert damit Händler im Umland. Bei der Dinkelernte sitzen Zehn- und Zwölfjährige am Ausleser und bei der Kartoffelernte am Rüttelsieb, das den Dreck von den Knollen trennt. Haben ihre Eltern keine Zeit, ihnen eine Aufgabe zuzuweisen, findet ein anderes Mitglied eine Tätigkeit, um jeglichen Leerlauf beim Nachwuchs zu unterbinden. Das Einlegen von Gemüse, das für den internen Verzehr bestimmt ist, ist längst die ureigene Aufgabe von Kindern. Wenn Gurkensaison ist, verpflichtet der Ältestenrat eine Schulklasse nach der anderen dazu, in der ersten Unterrichtsstunde die grünen Kürbisgewächse in ein Glas mit Salz, Essig und Gewürzen zu bugsieren. Vor dem Abendessen kurz auf der Schaukel sitzen zu dürfen ist die einzige Belohnung für ihren Fleiß. Die Kinder dienen als unbezahlte Arbeitskräfte, die zum Teil ganze Nachmittage im Gewerbe schuften. Professioneller ist die Kinderarbeit nur in den Zwölf-Stämme-Gemeinden in den USA.

Für eine Versandfirma des Hollywood-Schauspielers Robert Redford fertigen die Zwölf Stämme zur Jahrtausendwende Holzmöbel an. Als das Unternehmen erfährt, dass in der Schreinerei und im Sägewerk in Coxsackie unbezahlte Kinder arbeiten, streicht die Firma die handgemachten Möbel aus dem Programm. »Wir sind überrascht und erschüttert«, kommentiert der Händler von Naturprodukten. Kinder unter sechzehn Jahren dürfen im betreffenden US-Staat New York nicht in Fabriken arbeiten, Kinder unter vierzehn Jahren ist sogar jegliche Arbeit verboten. »Wie in jedem Familienbetrieb«, kontert damals ein Sprecher der Zwölf Stämme, »helfen die Kinder ihren Eltern. Wir glauben daran und werden uns nicht entschuldigen. Wir glauben, dass dies die beste Art und Weise ist, wie Kinder von ihren Eltern beaufsichtigt werden können.«

Anfang 2001 beendet auch eine weltweit operierende Kosmetikfirma ihre dreijährige Kooperation mit den Zwölf Stämmen. In Cambridge, ebenfalls im US-Bundesstaat New York, ließ der Weltkonzern bei den Zwölf Stämmen ein Hautpeeling mit Meersalz und eine Fußcreme produzieren. Die Fabrikanlagen dafür sollen für

500 000 US-Dollar vom Konzern bezahlt worden sein. »Sie konnten uns keine zufriedenstellende Erklärung für die Fakten geben, die wir recherchiert haben«, erklärt ein Manager des Unternehmens. In Cambrigde sollen schon Fünfjährige unter anderem Cremedosen in Papierschachteln verpackt und schöne Aufkleber daraufgeklebt haben. Die New York Post zitiert Ex-Mitglied Laurie Marrano Johnson mit den Worten: »Meine Kinder mussten bereits mit sechs Jahren in der Kerzen- und Seifenfabrik arbeiten und Lederarbeiten verrichten.« Tatsächlich finden auch Kerzen und Seifen aus Unternehmungen der Zwölf Stämme den Weg in den US-Handel. Zwischenzeitlich verkauft ein Großhändler die Naturseifen, und eine Lebensmittelkette bietet die Bienenwachskerzen der amerikanischen Brüder und Schwestern an. Ob in Amerika oder Deutschland, sobald die Fähigkeiten der Kinder eine bestimmte Tätigkeit erlauben, werden sie dementsprechend eingesetzt.

Die beruflichen Fähigkeiten meines Schwiegervaters Ephraim beschränken sich hingegen auf eine Tätigkeit als Postbote. Meine Schwiegermutter Baruchah besitzt immerhin einen Highschool-Abschluss. Und Zwölf Stämme-Gründer Yoneq verdingt sich vor seinem Leben als Auserwählter als Marktschreier auf Volksfesten und ist ausgebildeter Lehrer. Eines Tages hört er jedoch hinter seinem Stand Gottes Stimme. »Ist es das, wofür ich dich berufen habe?«

Welche Arbeit ein Mitglied der Zwölf Stämme zu verrichten hat, bestimmt der Ältestenrat. In den Versammlungen wird festgelegt, wer für welche Arbeit eingeteilt ist. Der jeweilige Haushaltsvorstand entscheidet anschließend die weiteren Details. Tageweise plant er, welcher Bewohner seines Hauses für das Büro, den Garten oder die Küche abgestellt ist. Wer sich engagiert und etwa im Garten gute Ideen einbringt, kann zum Vorarbeiter aufsteigen und wird von den Ältesten – sofern seine spirituelle Ausrichtung dies zulässt – rasch für Höheres berufen. Wer produktiv ist und sich anpasst, steigt im Kreis der Jünger auf.

Im Jahr 2002 montieren die Männer der Zwölf Stämme für die Möbelkette Mahler Einbauküchen in Privathaushalten zusammen. Doch weder das Möbelhaus noch die Gemeinschaft Klosterzimmern ist traurig, als die Zusammenarbeit nach ein paar Jahren beendet wird. Der Ältestenrat registriert, dass vor allem die jugendlichen Schrauber allzu großen Gefallen an den Annehmlichkeiten der Außenwelt finden. In den Privathaushalten läuft Rockmusik im Radio, und ab und an gibt es eine Cola. In den USA kommen der Gemeinde auf diese Art und Weise zahlreiche Jugendliche abhanden. Die deutschen Ältesten wollen es besser machen – und finden prompt eine Lösung.

Mein Schwager Joshua (»Hoshuah«) ist ein pfiffiger Kerl. Auf einer Baustelle trifft er auf einen Unternehmer, der ihm einen Einführungskurs in Solartechnik ermöglicht. Er lernt eifrig, arbeitet zunächst auf Rechnung des Unternehmers, bis die Zwölf Stämme beschließen, eine eigene Solarfirma zu gründen. Unser Unternehmen erwirbt sogar ein Patent auf besondere Halterungen, die wir selber herstellen. Der ideelle Vorteil dieses Betriebs besteht darin, dass der Aufbau von Voltaikanlagen perfekt zur Struktur der Gemeinschaft passt – es braucht dabei viele, viele Handlanger und nur wenige Vorarbeiter. Von unserer Ursprungsidee, vor allem Handwerkliches wie Töpfersachen und Naturkleidung auf mittelalterlichen Märkten anzubieten, sind wir dadurch zwar sehr weit entfernt, aber auf den Dächern außerhalb der Hofmauer von Klosterzimmern brummt zu dieser Zeit der Solarmarkt. Es sind eine Menge Euros zu holen.

Zugleich betreiben wir weiterhin Landwirtschaft, um den Eigenbedarf an Gemüse und Früchten zu decken und den Überschuss auf den Märkten zu verkaufen. Wir verleihen zwischenzeitlich Maschinen und kaufen sogar Dinkel von den umliegenden Bauern an, um damit unser Silo zu füllen und ein Gewerbe aufzubauen. Wir legen uns einen kleinen Hofladen zu und eröffnen ein Café im benachbarten Nördlingen. Nach Vorbild der amerikanischen Yellow Deli dient das Café als Ort der Mission. Yoneq vertritt die Ansicht, dass in unseren Gaststätten vor allem der Glaube in die Welt getragen werden soll. Im Umkehrschluss verteufelt er die Stammkundschaft. Die Gäste sollen nicht vorrangig zum Essen zu uns kommen, sondern sich im Café einfinden, um von den Brüdern und Schwestern Predigten zu empfangen. Dabei mögen die Nördlinger Kunden vor allem die dortige Atmosphäre und die Musik und schätzen tolle Salate und andere Vollwertkost. Jedenfalls bleiben die Tische und Stühle überwiegend leer, wenn wir regelmäßig zu religiösen Abenden laden. Außerdem besitzen wir noch mobile Cafés, mit denen wir nach Frankreich und England auf große Festivals reisen. Mit israelischen Tanzworkshops versuchen wir dort, neue Jünger einzufangen.

Die Gemeinschaft in Klosterzimmern muss eine Menge Geld erwirtschaften. Allein die Summen für das Heizen sind horrend. Schnell kommen an Fixkosten mehr als 10 000 Euro im Monat zusammen. Als die Gemeinde wieder mal knapp bei Kasse ist, entschließen sich die Ältesten, auf das Kindergeld zurückzugreifen. Einst hat Gründervater Yoneq zwar die Annahme von staatlichen Geldern verboten, doch will sich Gottes Volk selber schädigen? Vielen Familien stehen monatlich rund 1000 Euro an Kindergeld zu. Und da der Staat dieses Geld auf vier Jahre rückwirkend angespart hat und die Zwölf Stämme ein kinderreiches Volk sind, kommt bei der ersten Beantragung ein hübsches Sümmchen zusammen. Die Finanzspritze benutzen wir zur Renovierung des Gutshofs Klosterzimmern und für die Bußgelder, die wegen der verweigerten Schulpflicht verhängt worden sind.

Offiziell wird über die Annahme des Kindergeldes in der Gemeinde aber nicht gesprochen: Die Ältesten wollen nicht verbreitet wissen, dass bei einem Ausstieg den Familien dort draußen ein saftiges Startkapital zusteht. Mir gegenüber erklärt ein Ältester allen Ernstes, dass das Kindergeld prinzipiell keine Gabe für die Familien sei, sondern ein Ausgleich für jene Steuern, welche die Gesamtgemeinde an den Staat zahlt. Schließlich habe jeder Jünger – ob mit oder ohne Kinder – Mehrwertsteuer entrichtet, und somit stehe das Kindergeld dem Wohl der Allgemeinheit zu. Allerdings kommt der finanzielle Wohlstand beim Einzelnen nicht an. Den Familien fehlt es in der Gemeinde am Nötigsten.

Einmal im Monat geht ein Ältester zum Geldautomaten einer Nördlinger Bank und räumt das Kindergeld von den Konten der Zwölf-Stämme-Eltern. Er steht am Geldautomaten, schiebt eine Karte nach der anderen in den Schlitz und tippt die jeweiligen Geheimnummern in die Tastatur. Da sieht ihn eines Tages ein Passant und alarmiert die Polizei, weil er glaubt, einen Betrüger auf frischer Tat zu ertappen. Die Polizei kommt, nimmt den Ältesten fest und geleitet ihn nach Klosterzimmern. Dort wird jeder Kartenbesitzer verhört und muss bestätigen, dass er seine Automatenkarte »freiwillig« zur Verfügung stellt. Von Freiwilligkeit kann nach meinem Verständnis keine Rede sein. Die Karten behalten die Ältesten ein und bewahren sie an einem sicheren Ort auf. Mit den Schulzeugnissen, die einzelne Kinder in einer Phase der Zugeständnisse an die Schulämter erwerben dürfen, verhält es sich genauso. Die Urkunden für den Hauptschulabschluss sehen die Eltern nach der staatlichen Prüfung der Kinder genau einmal, bevor diese in einem abschließbaren Fach im Schulhaus verschwinden. Die Absicht hinter einbehaltenen Zeugnissen und Bankkarten ist ersichtlich: Wir wollen keine weltliche Anerkennung, wir wollen unsere Kinder im Geist Gottes aufziehen.

Als ich 2009 den ersten Versuch starte, mit meiner Frau Shalomah und den drei Kindern aus der Gemeinschaft in Klosterzimmern auszubrechen, fordere ich vehement meine Bankautomatenkarte und die dazugehörige PIN. Erst zögern die Ältesten ein paar Stunden, dann händigen sie mir das Verlangte doch noch aus. Als ich beim Autoverleih einen Wagen für mich und meine Familie mieten will, um damit nach Berlin zu meiner Schwester zu fliehen, wird deutlich, wie meine Brüder die Zeit bis zur Aushändigung der Karte genutzt haben: Zum einen ist die PIN falsch, die mir die Ältesten nennen. Zum anderen ist zu meiner Überraschung mein Konto leer. Wer die Zwölf Stämme verlässt, erhält weder

Geld noch sonst irgendeine Unterstützung für einen Neuanfang. Manche Aussteiger rennen mit nur ein paar Sachen unter dem Arm über die Felder davon.

Im Jahr 2012 stirbt mein Vater. Er bekommt gerade noch mit, dass ich die Zwölf Stämme endgültig verlassen habe. Doch bleibt ihm keine Zeit mehr, meine Enterbung zu korrigieren. Zu Lebzeiten will mein Vater verhindern, dass seine Hinterlassenschaft im Topf der Gemeinde landet. Die einzige Möglichkeit, dies zu erreichen, sieht er folgerichtig in meiner Enterbung. Mein Vater weiß, dass im Regelfall weder der Erbe noch die Gemeinschaft, in welcher der Erbe lebt, ein Mitspracherecht besitzen, wohin das vermachte Geld fließt und wofür es Verwendung findet. Darüber entscheiden bei großen Erbsummen im Regelfall die Ältesten in der amerikanischen Zentrale. Mal kaufen diese irgendwo auf der Welt einen Bauernhof, mal bauen sie ein neues Restaurant in Amerika oder unterstützen wirtschaftlich darbende Gemeinden. In der Aufbauphase des deutschen Ablegers erhalten auch wir finanzielle Mittel aus der Zentrale. Als unsere Geschäfte nach einer Weile florieren, müssen wir einen Teil der Gewinne an die Zentrale überweisen. Wie das Finanzsystem der Zwölf Stämme im Detail funktioniert, darüber erfahren wir Jünger nichts.

Um an die finanziellen Rücklagen von den Eltern des Ältesten Rainer Holt zu gelangen, machen die Zwölf Stämme sogar ein ungewöhnliches Zugeständnis: Vater Holt darf auf den Namen seines Sohnes ein Anwesen im fränkischen Wörnitz kaufen. Von Amts wegen ist das Haus nun zwar der Privatbesitz von Rainer, tatsächlich dient es den Zwölf Stämmen aber neben Klosterzimmern als zweite, kleinere Niederlassung in Deutschland. Auch die Renovierung des Wörnitzer Gebäudes zahlt die Gemeinschaft mit dem Geld von Rainers Vater.

Die Zwölf Stämme erweisen sich als taktisch geschickt, wenn es darum geht, bei der weltlichen Verwandtschaft Geld loszueisen. Als die staatliche Schulbehörde per Auflage darauf drängt, die Ölöfen in unseren Klassenräumen durch eine Zentralheizung zu ersetzen, schicken die Eltern der Gemeinden eilig einen Bettelbrief an die Omas und Opas der Kinder außerhalb der Mauern. Der Tenor des Rundschreibens lautet: »Helft uns, damit unsere Kinder eine tolle Schule kriegen.« Die Worte wirken, und wir können bald eine Holzpellet-Anlage installieren.

Mit der gemeindeeigenen Firma für Solaranlagen, der sogenannten Baufach, entwickelt sich Mitte des vergangenen Jahrzehnts ein wirtschaftlicher Aufschwung. Fahren wir als Landschaftsgärtner in den Gründerzeiten von Pennigbüttel in einem rostigen 207er-Benz und Jeansklamotten zu den Grundstücken, besitzen wir Solararbeiter nun einen Mercedes-Sprinter, feinstes Werkzeug und professionelle Arbeitskleidung. Das Einzige, das uns äußerlich von anderen Arbeitern unterscheidet, ist der Pferdeschwanz – und dass wir nicht wissen, wie hoch unser Stundenlohn ist. Für den Sprinter schließen wir einen modernen Werksvertrag mit dem Autohaus ab und müssen das Fahrzeug nicht mal mehr selbst reparieren. Das ist kostengünstiger.

Der Älteste Werner Klinger kalkuliert knallhart. Er hat einen Meister als Zimmermann in der Tasche, nimmt die statischen Berechnungen für die Solaranlagen vor und achtet darauf, dass alle Sicherheitsbestimmungen eingehalten werden. Manchmal kontrolliert die Aufsicht unsere Baustellen, und Ärger können wir uns nicht leisten. Klingers Idee ist es auch, einige Solararbeiter zu Teilhabern der Firma zu machen, um die Ausgaben für die Krankenkasse zu sparen. Damals ist Selbständigen der Beitritt zur Kasse noch freigestellt. Als sich dies ändert, arbeiten wir in der Grauzone. Jeder, der zwei Hände frei hat, muss auf den Baustellen helfen, wobei die Ältesten versuchen, die Kosten möglichst zu senken. Wir besitzen keine Unfall- oder Krankenversicherung. Fällt einer von uns vom Gerüst, begleichen wir die ärztliche Versorgung mit Lebensmitteln oder Dienstleistungen. Nur wenn unsere Verhandlungen mit den Ärzten scheitern, zahlen wir bar. Wir sparen, wo immer es möglich ist. In der Steuererklärung stellen sich meine Brüder deshalb sogar die Mieten für die Firmenbüros in Klosterzimmern gegenseitig in Rechnung.

Gründervater Yoneq legt großen Wert auf wasserdichte Steuererklärungen. »Schaut zu«, mahnt er, »dass eure Papiere und Rechenbücher in Ordnung sind.« Seiner Ansicht nach besteht die größte Gefahr nicht darin, dass die Zwölf Stämme von innen heraus zerstört werden, sondern von außen. Gemeinsam mit einem Steuerberater entwickelt Werner Klinger ein wasserdichtes Firmenkonstrukt. Zwei Vorgängerfirmen müssen dichtmachen, damit die Betriebsbücher obsolet werden. Der Nachweis einer Steuerhinterziehung wäre für jede Gemeinde ein Desaster. Nach einem Steuerverfahren kann die Gemeinschaft in Sus Rechnungen nicht mehr bezahlen und liegt finanziell am Boden. Viele junge Mitglieder und auch der Stammleiter der Gemeinde verlassen daraufhin die Zwölf Stämme.

Die Arbeitstage auf den Baustellen sind mit bis zu sechzehn Stunden extrem lang. Die meisten jungen Leute freuen sich aber, den Hof der Zwölf Stämme verlassen zu dürfen. Manchmal grillen wir in einer Arbeitspause Rindfleisch, das jemand beim Metzger holt, und trinken dazu verbotene Limonade. Meist sitzt ein Jünger dabei, der uns verpetzt. »Was ist denn mit euch los?«, spricht uns abends ein Ältester an. »Ihr seid ja total fleischlich.« Ein anderes Mal montieren wir eine Solaranlage auf einer Fabrikhalle. Im Gebäude steht ein Getränkeautomat. Die Jungs ziehen sich für 50 Cent Kaffee. Kaffee gilt bei den Zwölf Stämmen als illegale Droge. Natürlich müssen sich die Kaffeetrinker kurz nach ihrer Rückkehr vor den Ältesten rechtfertigen. »Wieso kauft ihr dieses Zeug?«, fragen die Ältesten und stellen fest: »Wir trinken keinen Kaffee!«

Bei den Zwölf Stämmen ist es fast unmöglich, im Sinne der Gemeinschaft spirituell und zugleich guter Stimmung zu sein. Auf der Fahrt zur Baustelle ist es uns Solararbeitern verboten, Musik aus dem Autoradio zu hören. Wir schalten einen Nachrichtenkanal ein. Prompt verbieten die Ältesten auch das. Wir müssen das Radio ausbauen. Die Jüngeren sind sauer und beschweren sich beim Ältestenrat, weil sie nun anderthalb Stunden ohne Musik zur Baustelle fahren müssen. Die Ältesten gestehen eine CD mit jener Musik zu, die auch in unserem Café in Nördlingen läuft. Es folgt das nächste Veto: Die CD sei zu peppig. »Das ist nicht spirituell«, heißt es. »Die Jungen konsumieren Musik nur, lassen sich von ihr bedröhnen und schlafen dabei im Auto ein.« Um nicht gegen Grundsätze der Zwölf Stämme zu verstoßen, fordert Deutschland daraufhin einen USB-Stick mit genehmigter Musik aus Amerika an. Während der langen Fahrt hören wir nun Klänge aus den bolivianischen Anden – und schalten immer mal heimlich einen Sender mit Popmusik an. Vorausgesetzt, der Ältestenrat hat uns keinen Aufpasser ins Auto gesetzt. Es ist ein groteskes Katz-und-Maus-Spiel.

Wenn Pakete mit Süßigkeiten von Angehörigen in Klosterzimmern landen, verstecken meine Brüder und Schwestern die Schokoladen und Bonbons ganz hinten in den Schubladen. Und wenn die Solararbeiter den Hof verlassen, schlagen sie erst die Dinkelbrötchen der Küchenfrauen aus, um bei der ersten Bäckerei auf der Strecke eine Ladung Butterbrezen an Bord zu nehmen. Trotz aller Verbote wollen sich die meisten Jünger etwas gönnen. Die Sandwich-Karte von »Subway« kennen wir längst auswendig. Im Gegensatz zu »McDonald's« ist diese Imbisskette offiziell von den Ältesten gestattet, und auf unserem Heimweg von der Baustelle kehren wir dort regelmäßig ein. Ebenso regelmäßig lehnen wir später das aufbewahrte Abendessen in der Gemeinde ab: Erstens sind wir pappsatt, zweitens gibt es Brot mit Hirseaufstrich.

Mit der Zeit müssen wir erfahren, dass auf den wirtschaftlichen Aktivitäten der Zwölf Stämme wenig Segen liegt. Zwar läuft der Solarbetrieb herausragend, aber die Bäckerei und der kleine Laden auf dem Hof sind dicht. Der Verkauf von Dinkel stockt ebenso wie jener im zwischenzeitlich geschlossenen Café in Nördlingen. Die Privatschule, die das Bayerische Kultusministerium viele Jahre unter der Bezeichnung Ergänzungsschule erlaubt hat, verliert 2014 richterlich die Genehmigung, unter anderem weil die Lehrer keine fachlich ausreichende

Ausbildung haben. Sogar die Ziegen müssen meine Brüder schlachten, weil sie von Krankheit befallen sind. »Wo ist denn die gute Frucht?«, provoziere ich einen Ältesten, weil ich finde, dass unserer gelebten Vision die großen Erfolge verwehrt bleiben. »Hab Geduld«, meint er. »Gott testet.« Vieles, was gut ist, zerstört jedoch nicht Gott, sondern die Gemeinde selbst.

In England existiert in den 1990er Jahren eine Bäckerei. Der verantwortliche Bäcker besitzt Ehrgeiz und großen Spaß am Umgang mit Teig. Mit diesen Voraussetzungen schafft er es, den Laden zum Laufen zu bringen. Doch sein Geschäftssinn ist den Ältesten seiner Gemeinde ein Dorn im Auge. Sie entheben ihn des Amtes und setzen an seiner statt spirituell stärker durchdrungenes Personal ein. Fortan schmeckt das Brot miserabel, und die Geldquelle versiegt. Ähnliches erlebe ich als verantwortlicher Bäcker zur gleichen Zeit im französischen Sus. Ich habe mir mit Hefebroten aus Vollkorn Stammkundschaft aufgebaut, da erreicht mich die Offenbarung, dass nur noch Sauerteigbrote gestattet sind. An diesem Fanatismus geht der Betrieb pleite.

In Amerika gewährt Gründervater Yoneq den Seinen mehr Freiheiten. Seine Losung lautet: Ihr dürft große Firmen aufbauen und tolle Autos fahren, wenn ihr es schafft, dass ordentlich Geld reinkommt. Gegen Vermögen hat der einzig wahre Apostel nämlich nichts einzuwenden. Also gründen seine engsten Gefolgsleute die Baufirmen BOY und BOJ. Die Unternehmen bauen Häuser, stellen aber vor allem im Dutzend Leute ab, die anderen Firmen bei der Fertigstellung immer gleicher Altersheime helfen. Wochenlang bringen Zwölf-Stämme-Jünger mit Akkuschraubern Zierleisten und Stuckelemente aus Holz an den Fassaden und Zimmerdecken an, befestigen Klobrillen und Toilettengriffe. Die Baufirmen der Zwölf Stämme erwirtschaften vor allem deshalb eine Unmenge an Geld, weil die Arbeitskräfte der Gemeinde, deren Lohn direkt in die Gemeinschaftskasse fließt, kaum Lebenshaltungskosten haben. Aus Sicht der Gemeindeführung sind diese Hilfsarbeiten zugleich die perfekte Möglichkeit, um den Brüdern eine untertänige Haltung anzuerziehen.

Ich lerne einen der Arbeiter kennen, der über viele Monate Hunderte von Toilettenpapierhaltern anschraubt. Eines Tages klagt er gegenüber seinem Ältesten: »Braucht Gott mich nur für Toilettenpapierhalter?« »Du musst loslassen, so darfst du nicht denken«, erklärt ihm dieser darauf. »Du sollst dich nicht verwirklichen, du bist kein Geigenbauer.« Bei den Zwölf Stämmen herrscht die Auffassung, dass allzu viel Kreativität den absoluten Gehorsam untergräbt.

Zu den Anfängen der Zwölf Stämme können die Jünger in den USA noch eine Ausbildung im Instrumentenbau absolvieren. Doch die Gemeinschaft macht damit schlechte Erfahrungen. Viele Brüder, die sich dem Bau von Geigen und Gitarren widmen, verlassen später die Gemeinde. Offenbar begehren Jünger, die kreativ arbeiten, eher gegenüber den Ältesten auf als solche, die stupide Arbeiten verrichten. Wer lernt, den eigenen Kopf zu benutzen, bleibt nicht ewig devot. Auch ich stelle diesen Zusammenhang bei mir fest: Gelingt mir eine Leistung, auf die ich stolz bin, habe ich Mühe, mich den Ältesten unterzuordnen. Ziehe ich hingegen nur Karotten, bleibt mein Kopf leer, und ich funktioniere in ihrem Sinn.

In Klosterzimmern erhalten die Vorstände der beiden Haushalte jeweils unterschiedliche Budgets aus der Gemeinschaftskasse. Die Verteilung erfolgt anhand eines Schlüssels, der den Männern, Frauen und Kindern jeweils unterschiedliche Einheiten zugesteht. Je mehr Männer in einem Haus wohnen, desto mehr Geld hat das einzelne Haus zur Verfügung. Dort existieren drei Kassen: Aus der ersten Kasse finanziert der Haushaltsvorstand kleinere Renovierungsarbeiten und die zum Haus gehörenden Fahrzeuge. Die zweite dient dem Kauf von Lebensmitteln; sie wird von der Küchenchefin verwaltet. Aus der dritten finanzieren sich sogenannte persönliche Nöte – etwa Kleidung und Hygieneartikel. Hinzu kommt eine Zentralkasse, aus der die Gemeinschaft größere Ausgaben für Gesamtprojekte oder Sonderposten wie den Ankauf von Holz, Heizöl und Medikamenten sowie Arztrechnungen bezahlt.

Besonders knapp bemessen ist das Geld der Küchenkasse. Hat die Küchenchefin über die Woche schlecht gewirtschaftet, gibt es am Freitagmorgen Grießbrei mit etwas Milch und ganz viel Wasser zum Frühstück. Um einigermaßen über die Runden zu kommen, versuchen die Küchenfrauen, billige Schnäppchen oder ältere Lebensmittel in den Läden und auf dem Großmarkt außerhalb des Gutshofes zu erwerben. Ab und an kaufen sie unseren Gärtnern zu günstigen Preisen etwas Gemüse ab. Aber auch die Gärtner müssen aufpassen, dass ihre Kalkulation stimmt: Zum einen brauchen sie ausreichend Ware zum Verkauf auf dem Markt. Zum anderen müssen sie den Sprit für den Transporter und ihre landwirtschaftlichen Geräte selbst bezahlen. Während die einfachen Brüder und Schwestern offiziell keinen Cent besitzen dürfen und sie unter der Verwaltung des Mangels leiden, hat sich unter den Kassenwarten ein regelrechter Geldverkehr etabliert.

Bitte ich die »Frau für persönliche Nöte« um eine Hose für eines meiner Kinder, notiert sie mein Anliegen meist erst einmal auf einer langen Liste. Der Vorrat ist gering. Oft dauert es Wochen, bis die »Nöte«-Frau das passende Kleidungsstück in irgendeinem Secondhandladen findet. Die ersten Jahre in Pennigbüttel laufen wir mit Klamotten aus der Altkleidersammlung herum. Für das Deutsche Rote Kreuz sortieren wir damals unentgeltlich Kleiderkisten aus und dürfen uns dafür als Entlohnung etwas aussuchen. Um Engpässe zu überwinden, bestellt die Frau eines Ältesten schon mal billigste Ware bei einem großen Online-Versandhändler. Und im tiefsten Winter kaufen wir dutzendweise Badelatschen, die dann in unserem intern eingerichteten Laden im Angebot sind. Der Rest ist Gemauschel.

Wenn meine Brüder vom Stallteam eine Kuh schlachten, gehört das Fleisch eigentlich der Gemeinschaft. Unbemerkt aber zweigen die Schlachter immer wieder mal ein paar Kilo davon ab und legen sie als persönlichen Vorrat in die eigene Gefriertruhe. Kommt ein Jünger, dem sie vertrauen und der aufgrund seiner Tätigkeit Zugriff auf Gelder hat, ist der Schwarzhandel perfekt. Einfache Arbeiter wie Bäcker und Gärtner können bei solchen Geschäften nur zuschauen. Sie besitzen im Gegensatz zu den Monteuren der Solarfirma keine eigene Kasse. Das Ergebnis sind unterschiedliche Wohlstandslevels innerhalb der Gemeinschaft.

Auch ich habe ein paar private Euros, die mir ab und an meine Mutter zusteckt. Ich halte sie geheim, um mir und meiner Familie manchmal eine Kleinigkeit zu gönnen. Zugleich habe ich permanent ein schlechtes Gewissen. Vor allem, wenn unsere Gemeinschaft wieder mal klamm ist und die Ältesten in diesen Momenten erklären, dass Gott unsere Gemeinde nicht finanziell segnen kann, weil irgendjemand von uns Geld versteckt. Doch die Schattenwirtschaft ist angesichts der menschlichen Natur schwer zu stoppen. Zumal die Ältesten von ihr ebenso profitieren.

Eine der ersten Sachen, die ich anfangs in Sus lerne, ist Heimlichkeit. Unter jenen Brüdern, die mit dem Auto außerhalb der französischen Gemeinde Besorgungen für die Allgemeinheit machen dürfen, ist es ein offenes Geheimnis, dass das Fahrzeug vor der Rückkehr von jeglichem Müll zu reinigen ist. Zwei Ortschaften vor Sus lenken wir das Auto auf einen Parkplatz und werfen die Verpackungen von Keksen und Schokolade sowie alle leeren Limoflaschen in einen Container. Mit Sinn für Sauberkeit hat das nichts zu tun. Vielmehr lautet unsere bigotte Sprachregelung, dass wir die anderen Brüder und Schwestern nicht ins spirituelle Stolpern bringen wollen. Süßes ist strikt verboten, gilt es doch als Delikatesse und zugleich Versuchung.

Oft ist das einzige süße Lebensmittel, das in den Anfängen der Zwölf Stämme vorrätig ist, eine Handvoll Rosinen. Als mir ein Bäcker für Pennigbüttel zum alten Brot noch eine Lage mit übrig gebliebenen Puddingteilchen und Himbeerschnitten in den Kofferraum stellt, muss ich das Tablett bei meiner Ankunft in der Gemeinde gar nicht mehr in die Küche tragen. Noch am Auto schlingen meine Brüder und Schwestern das Backwerk hinunter. »Hört sofort auf, dieses Zuckerzeug zu essen!«, meckern die Ältesten, als sie den Andrang am Auto sehen, und entscheiden, dass ich solche Restwaren nicht mehr mitbringen darf.

Einmal habe ich derart Heißhunger auf Zucker und Fett, dass ich meinen Mitbruder auf einem Krämermarkt an unserem gemeinsamen Stand stehenlasse und in die nächste Konditorei stürme. Kurz darauf sitze ich auf einer Parkbank mit Blick auf den Bodensee und stopfe mir ein Stück Sahnetorte in den Mund. Ich fühle mich sicher, weil der andere allein am Stand ist und ergo dort nicht wegkann. Mit einem doppelt schlechten Gewissen beiße ich große Stücke aus der Torte und habe zugleich eine Heidenangst, dass Gott mich dafür strafen wird. Zu meiner großen Überraschung schmecke ich dann gar nichts.

In Klosterzimmern gehören zu unserem Haus mit mehr als fünfzig Bewohnern zwei Kleinautos: ein VW Polo und ein Fiat Ducato. Da ich damals Haushaltsvorstand bin, bekomme ich für die Fahrzeuge pro Woche 30 Euro Spritgeld. Doch tanke ich selten für das ganze Geld. Stattdessen verleihe ich die Autos eigenmächtig an andere Brüder, die Firmenaufträge erledigen und dafür eigentlich mit dem Sprinter fahren müssten. Mein Trick funktioniert deshalb so gut, weil alle Beteiligten einen Vorteil davon haben und schweigen. Der Bruder spart eine Menge Geld, da der Sprinter zwölf Liter pro hundert Kilometer verbraucht, der Polo aber nur fünf. Und ich kann von den 30 Euro einen Teil für mich behalten, weil der Bruder den vor der Fahrt halb leeren Polo wieder vollgetankt auf den Hof stellt.

Von dem eingesparten Geld kaufe ich Sitzbezüge für die beiden Autos oder mache meinen Brüdern mal eine unverhoffte Freude. Als ein befreundeter Vater an einem heißen Julitag mit seiner Familie an den See gehen darf, stecke ich ihm 10 Euro zu. »Lade deine Familie mal auf ein Eis ein!«, erkläre ich. Der Bruder schaut mich ungläubig an und fällt mir dann vor Freude um den Hals. Die Küchenchefin bekommt einen Zwanziger. Sie soll unserer Hausgemeinschaft dafür mal zwei, drei dampfende Truthähne auf den Tisch stellen. Ich fühle mich gut mit den Taten – doch leider fliegen die Vögel auf. Am Tag nach unserem Festmahl glühen die Köpfe der Ältesten vor Zorn. »Woher hast du das Geld für Truthähne?«, herrschen sie mich an. »Ich habe es beim Tanken gespart«, antworte ich nicht ohne Stolz. »Du denkst kapitalistisch«, bescheiden sie mir und mahnen: »Wenn Gott dir 30 Euro gibt, hast du für das Geld zu tanken.«

Der zähe Ausstieg

D ie Rufnamen meiner Kinder spiegeln meine innere Haltung gegenüber den Zwölf Stämmen zum Zeitpunkt ihrer jeweiligen Geburt wider. Meine geistige Entwicklung lässt sich gewissermaßen an der Bedeutung ihrer vier Namen ablesen.

In der Zeit, bevor meine Tochter im Jahr 2004 zur Welt kommt, werde ich mir allmählich bewusst, dass meine Frau Shalomah und ich eine Vielzahl von Fähigkeiten besitzen, die unsere geistigen Schätze bilden. Obwohl meine Frau keine Schulausbildung absolviert, ist sie intelligent und vor allem künstlerisch sehr begabt. Sie singt und musiziert ausgesprochen gut, näht und organisiert die Küche. Ich selbst bringe die gemeindeeigene Schule ans Laufen, kann die Kinder gut anleiten und schnell Lösungen für Probleme finden. Als junger Vater habe ich die Erwartung, dass auch unser Kind zahlreiche Begabungen besitzt, die ihm helfen, sich zu entfalten und den Zwölf Stämmen zu dienen. Meine Frau und ich wählen für unsere erstgeborene Tochter den Namen Asarah Tifarah. Er stammt aus dem Hebräischen. Asarah bedeutet »Helfer« und Tifarah »Herrlichkeit«. Der Name entspringt meinem Wunsch, dass meine Tochter ihre Fähigkeiten erkennen möge. Sie soll ihre Herrlichkeit darin finden, anderen Jüngern mit ihrem Potenzial zu helfen.

In den Jahren 2004 bis 2006 wuchern in mir erhebliche Zweifel am hierarchischen Lebensmodell der Zwölf Stämme. Ich mahne die Willkür und die Verbohrtheit der Ältesten im Umgang mit den Jüngern an.

Die Ältesten zitieren mich des Öfteren vor den Rat, vor dem ich mich für mein angeblich gottloses Verhalten verantworten soll. Sie geißeln, dass ich ein miserabler Diener Gottes bin, und schneiden mich immer wieder von der Gemeinde ab. Zugleich säen sie Selbstzweifel. Ich hadere mit mir, warum ich Gott nicht in dem Maße vertraue, wie dies offenbar meinen Brüdern und Schwestern gelingt. Ich ringe um eine stabile Verbindung zu Gott und bin mit mir selbst unzufrieden.

Als mein Sohn 2006 geboren wird, erhält er deshalb den Namen Shimshon Nacham Hiskia. Shimshon bedeutet »Sonnenschein«, Nacham »Trost« und Hiskia »Stärke Gottes«. Damals bin ich auf der Suche nach dem wärmenden Licht und dem Trost, die aus der Liebe zu Gott erwachsen. Ich bitte Gott darum, mich zu stärken, um meine Zweifel zu überwinden und auf Gottes geradem Weg zu bleiben.

In den letzten Wochen der Schwangerschaft üben wir ein Theaterstück für eine Bar-Mitzvah-Feier ein. Das Stück handelt von einer Geschichte aus dem Alten Testament. Darin gelingt es dem extrem starken Krieger Shimshon (Simson) in der Stunde des eigenen Todes, mehr Feinde zu vernichten als in seinem bisherigen Leben. Unter Tränen erkennt er seine Sünden und unterwirft sich am Ende dem Willen Gottes. Am Tag, an dem unsere Jugendlichen einen Bund mit Gott schließen, verdeutlichen wir ihnen mit dem Theaterstück, welche Grundhaltung sie zukünftig gegenüber Gott einnehmen sollen. Ich spiele die Rolle des Shimshon und bin zutiefst berührt, als ich zuvor dessen Leben studiere. Ich erkenne mich selbst in ihm wieder und hoffe, dass es auch mir – spätestens im leiblichen Tod – gelingt, meine Unabhängigkeit gegenüber Gott aufzugeben.

Als mein zweiter Sohn im Jahr 2008 zum ersten Mal die Augen aufschlägt, wählen Shalomah und ich den Vornamen Naarai Meschachrer Kolliah. Naarai steht frei übersetzt für »Diener des Königs« und Meschachrer für »Stimme Gottes«. Kurz vor seiner Geburt nehme ich als Lehrer von Klosterzimmern an einer internationalen Lehrerbesprechung in den USA teil. Ich bin beseelt von den vielen Gesprächen und fühle eine neuerliche Einigkeit mit meinen Brüdern und Schwestern. Auf der Versammlung kommen wir überein, dass wir unsere Kinder nicht zu Akademikern ausbilden wollen, sondern zu Botschaftern Gottes. Schulabschlüsse brauchen unsere Kinder nicht. Die Jungen und Mädchen sollen nicht zu einer Lehre oder einem Studium außerhalb der Zwölf Stämme befähigt werden, sondern dazu, die Stimme Gottes zu sein. Naarai versteht sich als hochrangiger Titel für den engsten Vertrauten des Königs. Er ist gewissermaßen der wichtigste Diener des Herrn, der dessen Botschaft verkündet.

Im Jahr 2011, als meine Tochter Leah Hadassa zur Welt kommt, wird mir zunehmend klarer, dass ich die Zwölf Stämme endgültig verlassen will. Zwei Jahre zuvor scheitert der erste Ausstieg, den ich gemeinsam mit meiner Frau Shalomah unternehme. Zum Zeitpunkt von Leahs Geburt wohne ich auf Geheiß des Ältestenrates bereits ein halbes Jahr außerhalb der Gemeinschaft. Die Vorbehalte gegenüber den Zwölf Stämmen, die in mir sprießen, manifestieren sich im Namen meiner Tochter. Zum einen ist »Leah« der erste von mir ausgesuchte Kindername, der außerhalb der Gemeinschaft keine verwunderten Nachfragen auslöst. Er funktioniert »drinnen« wie »draußen«. Zum anderen steht er für das hebräische Wort »müde« und »erschöpft«. Tatsächlich bin ich angesichts des grassierenden Fanatismus meiner Brüder und Schwestern mittlerweile erschöpft im Geist. Der ewige Kampf, die Anstrengung, gottgefällig zu leben, ließen mich ermüden. Der zweite Rufname Hadassa bezeichnet den immergrünen Strauch »Myrte«. Die Myrte blüht zart, ist aber zugleich widerstandsfähig genug, um selbst in Wüsten zu gedeihen. Die Pflanze symbolisiert Fruchtbarkeit und Hoffnung. Damals hoffe ich noch, dass die Wunden, die das Leben bei den Zwölf Stämmen unserer Familie zufügen, heilen mögen.

Mein größter Wunsch ist es, dass wir sechs gemeinsam die Zwölf Stämme verlassen und eine glückliche Familie außerhalb der Mauern von Klosterzimmern werden.

Meine Schwester ist Therapeutin. Während meiner Zeit bei den Zwölf Stämmen begleitet sie mich mit Rat und Tat. Wir reden viel miteinander über das Befehls- und Bestrafungssystem in der Gemeinschaft. Als ich mit meiner Frau Shalomah und den Kindern Asarah, Shimshon und Naarai 2009 die Gemeinde in Klosterzimmern zum ersten Mal verlasse, ist meine Schwester in Berlin unsere erste Anlaufstelle. Es ist eine hektische, schwere Zeit. Die Monate davor haben mir jegliche Hoffnung genommen.

Nach der Geburt meines Sohnes Naarai benimmt sich meine Frau Shalomah plötzlich seltsam. Ich kann ihr merkwürdiges Verhalten nicht einordnen und berichte davon einem Ältesten, den ich im Gang vor meinem Zimmer treffe. »Ich glaube, meine Frau verliert den Verstand«, erkläre ich und weine. »Ach, das ist ein böser Geist«, erklärt er. »Das müssen wir mit Gebeten austreiben.« Später erklärt ein Arzt, dass meine Frau unter einer nachgeburtlichen Seelenerkrankung leidet.

Mehrere Wochen lang versuche ich, meiner Frau mit alternativen Heilmethoden zu helfen, aber es geht ihr immer schlechter. Sie erkennt mich und die Kinder nicht mehr und verweigert die Nahrungsaufnahme. Als sie ein paar Tage später selbst das Trinken ablehnt, bringe ich sie in die Psychiatrie.

Die Ältesten machen mich in den Wochen ihrer Krankheit für ihren Zustand verantwortlich. »Gott macht dein Leben zu Asche«, urteilen die Ältesten in einer Besprechung. Sie bieten mir an, meinen jüngsten Sohn zu einer anderen Familie zu geben, damit er dort aufgezogen wird, während ich meine kranke Frau umsorgen solle. Ich lehne ab. Stattdessen habe ich Naarai stets in einer Bauchtrage am Körper. Ich will ihn nach dem Verlust seiner Mutter die notwendige Wärme und Zuneigung spüren lassen.

Shalomah spricht auf die Medikamente an und darf die Psychiatrie bereits nach einer Woche verlassen. Mein Vertrauen zu den Ältesten ist hingegen völlig erschüttert. Per E-Mail versuche ich, Kontakt zu einem Freund in den USA aufzunehmen, der die Zwölf Stämme ein Jahr zuvor verlässt. Mich interessieren seine Motive. Doch die Ältesten kommen mir auf die Schliche und verbieten mir den Zugang zum Computer. Da auch das Telefon an einem Ort steht, der stets beaufsichtigt ist, habe ich keine Chance, private Gespräche zu führen.

Die ehemalige DDR-Erzieherin Petra Maßen scheint mich geradezu zu bespitzeln. Aus einer Schublade im Küchenschrank klaue ich mir das Haushaltshandy. Im Wald telefoniere ich heimlich mit meiner Schwester und meiner Mutter und suche ihren Rat. Um mir etwas Trost zu spenden, schenkt mir meine Mutter einen iPod.

Eines Abends entdecke ich, dass das WLAN-Netz des Nachbarhauses ungesichert ist und ich über meinen iPod Zugang zum Internet habe. Sofort nehme ich Kontakt mit meinem Freund in Amerika auf. Er schildert mir, wie ihn die Verlogenheit des Gründers Yoneq und seiner Frau Ha-emeq aus der Gemeinschaft getrieben habe. Als junger Bruder habe ihn Yoneqs Gattin zu sexuellen Handlungen animiert. Seither fühle er eine maßlose Schuld. Als er das Gründerpaar schließlich damit konfrontiert habe, sei er zum Stillschweigen verpflichtet worden.

Meine Zweifel an der Wahrhaftigkeit der Zwölf Stämme wachsen weiter, werden schließlich zur Überzeugung. Mit bleibt keine andere Wahl, als ein neues Leben außerhalb der Gemeinschaft zu beginnen.

Ich weihe meine Frau ein, dass ich mit der gesamten Familie fortgehen will. Ihre Eltern kommen hinzu. »Ich habe dir meine Tochter nicht gegeben, damit du sie in die Welt hinausführst«, stellt Schwiegervater Ephraim klar. »Du hast das Recht auf meine Tochter verloren.« Immer wieder flehe ich Shalomah an, es wenigstens einmal außerhalb der Zwölf Stämme zu versuchen. Mit wenigen Taschen, dem fünf Monate alten Sohn in meiner Rückentrage, die anderen beiden Kinder zwischen uns, stehen wir schließlich am Berliner Bahnhof Zoo. Meine Schwester holt uns ab. Ich bin froh, es geschafft zu haben, aber auch voller Sorge vor dem, was uns erwartet.

Shalomah und meine Schwester führen stundenlange Gespräche. Anfangs lässt sich Shalomah auf die Diskussionen ein. Allmählich beginnt sie sogar, ihren Teil der Verantwortung für unsere Kinder zu übernehmen. Bislang kann sie sich nicht in die Mutterrolle einfühlen. Nach jahrelangen Bevormundungen fehlt ihr der Sinn für Eigenverantwortung. Einmal erklärt sie meiner Schwester, als springe plötzlich der Funke über: »Ich bin die Mutter. Ich weiß, was die brauchen.«

Ich habe Hoffnung. Ich spüre, dass sich Shalomah aufbäumen und ernsthaft versuchen will, ihr neues Leben außerhalb der Gemeinde als Mutter und Mensch selbständig in den Griff zu bekommen. »Jetzt werde ich eine Frau!«, gesteht sie mir. Tatsächlich aber ist bald ersichtlich, dass sie unfähig ist, sich von der Gemeinschaft der Zwölf Stämme zu lösen, in die sie hineingeboren ist. Allein das Wort Eigeninitiative lässt sie erstarren, ist sie doch Zeit ihres Lebens dazu erzogen worden, das zu tun, was andere Brüder und Schwestern ihr sagen. Sie hat verinnerlicht, dass Selbstleben eine verabscheuungswürdige Sünde ist.

Im neuen Sozialgefüge in Berlin findet sich Shalomah einfach nicht zurecht. Beim Plausch mit anderen Müttern weiß sie kaum, was sie sagen soll. Die Frauen reden über Kleidung, Kinderspiele und Kinofilme. Es sind Themen, bei denen sich Shalomah nicht auskennt. Sie ist wenig geübt darin, überhaupt mit Gleichaltrigen zu sprechen. Bei den Zwölf Stämmen hat sie stets ältere Schwestern um sich herum. Shalomah verhält sich unsicher und unselbständig. Beim Einkaufen ist sie überfordert. Sie flüchtet sich in Altbewährtes. Heute noch stoße ich manchmal in hintersten Ecken der Speisekammer auf volle Gläser mit Gewürzen. Shalomah kauft in den Supermärkten ähnliche Mengen ein wie damals als Küchenchefin der Gemeinschaft. Unsere Vorratsregale biegen sich unter Bergen von Vollkornnudeln und Hirse. Sie kocht die gleichen Gerichte wie in Klosterzimmern. Toast Hawaii und Salami-Pizza kommen nicht auf den Tisch, sondern mittags und abends gibt es Hirse – erst als gekochter Brei und dann als verfeinerter Brotaufstrich. Shalomah hat Panik davor, etwas Gottloses zu tun, etwas Neues und womöglich Ungebührliches zu wagen.

Shalomah lebt mit der Angst, dass Gottes große Strafe sie augenblicklich heimsucht. Sie glaubt, dass ein Dasein außerhalb der Zwölf Stämme Sünde ist. Aus ihrer Sicht hat sie mit der Abkehr von der Gemeinde den göttlichen Bund gebrochen. Gott wird sich dafür rächen. Du wirst schon sehen!

Je größer ihre Angst wird, desto mehr flüchtet sie sich in die alten Strukturen. Immer stärker fällt sie in jene Tagesabläufe zurück, die sie von den Zwölf Stämmen kennt. Ich besorge ihr Stoff, damit sie Kleidung nähen kann. Die Arbeit soll sie ablenken; zugleich wollen wir uns mit dem Verkauf der selbstgeschneiderten Kleider etwas hinzuverdienen. Ich merke, dass Shalomah Mühe hat, ihre Freiheiten zu nutzen, und überrede sie dazu, sich wenigstens eine schöne Bluse und eine neue Hose zu kaufen. Schließlich kommt sie meiner Bitte nach. Sie mag die neuen Sachen – und fühlt sich darin zugleich miserabel. Bei den Zwölf Stämmen lernt sie, dass enge Hosen für Frauen nicht statthaft sind. Dort gelten schöne Dinge als Schmuck, der vom göttlichen Geist ablenkt, gerade weil er einem ein Wohlgefühl spendet.

* * *

Hintergrund V:
Bibeltreu leben

»Die Gesetze des Herrn sind ohne Fehler und erfreuen das Herz. Die Weisungen des Herrn sind klar und erleuchten die Augen. Die Ehrfurcht vor dem Herrn ist gut und allezeit gültig. Die Gebote des Herrn sind vollkommen und gerecht. Sie sind wertvoller als Gold und süßer als Honig. Auch ich höre auf die Gebote meines Herrn, und wer sie einhält, wird reich beschenkt.« *Psalm 19,9–12*

So manche christliche Gruppierung, die unabhängig von den großen kirchlichen Strukturen mehr oder weniger zurückgezogen agiert, ist autoritär strukturiert. Der evangelische Theologe Peter Zimmerling schreibt: »Die meisten fundamentalistischen Gruppen haben in ihrer Gemeindeleitung einen ganz konkreten Übervater, dessen Ansicht für die Gruppe verbindlich ist. Oft ist dessen Verhalten durchaus auch im positiven Sinne des Wortes – patriarchalisch. Es ist darum für die Mitglieder einer solchen Gruppe schwer, zu eigener Mündigkeit, zu einer unabhängigen Gottesbeziehung zu finden, wie sie dem Neuen Testament entspricht.« Mitglieder solcher Vereinigungen verpflichten sich mit ihrem Beitritt dazu, eine Vielzahl von Verhaltensregeln einzuhalten.

An der Spitze der Gemeinschaft »Universelles Leben« (geschätzt: bis zu 5000 Anhänger) steht etwa die Würzburger Prophetin Gabriele Wittek. Sie selbst bezeichnet sich als »größte Wortträgerin des Gottesgeistes seit Jesus von Nazareth« und versteht sich als absolutes Gesetz. Ihre privaten Offenbarungen, die sie ihren Anhängern kundtut, machen sie für ihre Gefolgschaft unangreifbar. Ehemalige Mitglieder – nicht nur der »Zeugen Jehovas« – berichten, dass in solchen Gemeinden Feste wie Silvester, Geburtstag, Weihnachten und Ostern verboten sind. Sex vor der Ehe ist ebenso untersagt wie Zigaretten und Alkohol. Jeder Lebensbereich unterliegt strengen Auflagen. Das Leben in einer solchen Gemeinschaft ist mitunter vom Leben der Außenwelt streng getrennt. Die Kontakte zu alten Freunden und zur Familie brechen ab. Zurück bleiben Angehörige, die keinen Rat mehr wissen. Verstoßen die Mitglieder gegen solche Grundsätze, werden sie von der Führung aus der Gemeinschaft verbannt. Falls sie in ferner Zukunft ihr Handeln bereuen, bleibt für Geläuterte zur Wiederaufnahme jedoch oft eine Hintertür offen. Ebenso gängig ist bei diesen Gruppen die Vorstellung vom bevorstehenden Ende der Welt, auch »Harmagedon« genannt. Wer sein Leben nicht nach den Lehrsätzen der Bibel ausrichtet, den wird ein zorniger Gott zerschmettern.

※ ※ ※

Während unserer Berliner Zeit hält Shalomah engen Kontakt zu ihren Eltern Ephraim und Baruchah. Ich verstehe, dass meine Frau seelischen Beistand braucht, aber ich weiß auch, dass ihre Eltern bei jedem Telefongespräch versuchen, Tochter und Enkelkinder zur Rückkehr zu bewegen. Sie setzen Shalomah massiv unter Druck und drohen ihr mit Gottes Rache. Ich möchte, dass sie die Kommunikation zur Gemeinde abbricht.

Doch ich bin letztlich machtlos. Ich scheitere nicht zuletzt an der Doppelmoral der Zwölf Stämme. Zum einem verbieten die Ältesten jedem Aussteiger den direkten Kontakt zu seinen Angehörigen in die Gemeinde hinein. Zum anderen erlauben die gleichen Ältesten aber meinen Schwiegereltern, tagtäglich Telefongespräche mit ihrer außerhalb der Gemeinschaft lebenden Tochter zu führen. Die Zwölf Stämme setzen auf die emotionale Bindung, die Shalomah natürlicherweise zu ihren Eltern hat. Die Gespräche mit Vater und Mutter zeigen Wirkung. Shalomah, die unter permanenter seelischer Anspannung leidet, ist zwischen ihrem alten und dem neuen Leben hin- und hergerissen.

Unser Anfang in Berlin ist schwer. Wir starten ohne Arbeit, ohne Wohnung und ohne Geld. Faktisch sind wir obdach- und mittellos. Ohne die Unterkunft bei meiner Schwester und die finanzielle Unterstützung meiner Mutter könnten Shalomah und ich unsere damals drei Kinder nicht ernähren, geschweige denn ihnen ein Dach über dem Kopf bieten.

Ohne einen Menschen, der einem beim Ausstieg hilft, ist die Abkehr von den Zwölf Stämmen nicht zu meistern. Die Hilfe meiner Familie ist ein Segen. Schließlich finde ich ein paar Monate später sogar eine Wohnung in Brandenburg. Der Hausverwalter findet uns sympathisch und gibt uns eine Chance. Mit dem festen Wohnsitz in der Tasche fordere ich bei den Behörden finanzielle Unterstützung an, und das Arbeitsamt genehmigt mir eine Ausbildung zum Fahrlehrer. Nach langem Hin und Her nimmt mich sogar die Krankenkasse auf, und wir schlagen allmählich in unserem neuen Leben Wurzeln.

Als ich den Entschluss fasse, Tochter Asarah in der Schule und Sohn Shimshon im Kindergarten anzumelden, bricht für Shalomah eine Welt zusammen. Damals im schwäbischen Aalen, als sie selbst zur öffentlichen Schule gehen soll, sitzt ihr Vater Ephraim im Gefängnis ein, weil er sich weigert, seine Tochter Shalomah auf eine staatliche Einrichtung zu schicken.

Shalomah glaubt nun, dass wir mit der Anmeldung unserer Kinder an ebensolchen Schulen ihren Vater verraten und eine schwere Sünde auf uns laden. Für sie stellt dieses Thema ein Dogma dar, das sie nicht überwinden kann. Shalomah will nach Klosterzimmern zurück. Einerseits genießt sie es jedes Mal, wenn es uns in der Vergangenheit trotz ständiger Kontrolle der Gemeinschaft gelingt, ein Picknick im Wald oder einen Ausflug mit den Kindern zu einem Spielplatz zu unternehmen. Andererseits fühlt sie sich angesichts der Freude, die ihr derartige Momente bereiten, hernach elend. In ihrer Brust schlagen zwei Herzen und mit ihnen zwei Seiten ihres Wesens, die sie nicht vereinen kann. Vielleicht trägt diese Unüberwindbarkeit zweier Extreme dazu bei, dass sie an ihrer Seele erkrankt.

Ein paar Monate nach unserer Ankunft stehen wir im

September 2009 wieder auf dem Bahnsteig in Berlin, aber die Vorzeichen sind gänzlich andere. Schlagartig wird mir bewusst, dass mir nur noch die Dauer von Shalomahs Heimfahrt nach Klosterzimmern bleibt, um meine Frau von einem Leben außerhalb der Zwölf Stämme zu überzeugen. Sobald sie im Kreis der Gemeinde ist, wird sie für mich verloren sein.

Seit wir unsere Wohnung am Morgen verlassen haben, rede ich pausenlos auf Shalomah ein. Sie hatte sich von ihren Kindern verabschiedet und Naarai, der kein Jahr alt ist, meiner Schwester auf den Arm gelegt. Ich beschwöre sie, ihren Entschluss zur Rückkehr noch einmal zu überdenken. Ich rede mich in Rage, versichere ihr immer wieder meine Liebe und dass wir es irgendwie schaffen werden. Zuletzt renne ich dem ausfahrenden Zug hinterher und brülle: »Denk an unsere Kinder.« Als der letzte Waggon zu einem kleinen Punkt am Horizont schrumpft, greife ich zu meinem Handy und tippe aufgeregt Shalomahs Nummer ein. Sie nimmt nicht ab. Ich versuche es wieder und wieder. Plötzlich ist da ihre Stimme. »Shalomah, bitte steig' an der nächsten Station aus und fahr zurück«, sage ich mit zittriger Stimme. »Lass es uns versuchen, wir können das schaffen.« Shalomah reagiert nicht. Meine Hilflosigkeit und meine Wut mischen sich zum gefährlichen Gebräu. Schließlich explodiere ich, stehe am Gleis und schreie mein Handy an. Sie legt auf.

Von den Ältesten höre ich, dass Shalomah bei ihrer Ankunft in Klosterzimmern mit den Nerven am Ende ist. Ihre seelischen Probleme und der Schmerz, von den Kindern und mir getrennt zu sein, bricht ihr das Herz. Selbst darf ich nicht mit Shalomah telefonieren. Ich sitze mit drei kleinen Kindern in Berlin und habe keine Ahnung, wie es nun weitergehen kann. Die Kinder vermissen ihre Mutter. Drei Kinder, keinen Job und eine ungewisse Zukunft. Ich bin überfordert. Mich plagen Ängste und Zweifel, ob ich das Richtige getan habe. Auch will ich meinen Kindern später in die Augen schauen können, wenn sie mich fragen, ob ich wirklich alles versucht habe, um die Familie zusammenzuhalten.

»Hört zu, ich will zurückkommen«, erkläre ich den Ältesten der Zwölf Stämme ein paar Tage später am Telefon. »Ich liebe meine Frau.«

Die Reaktion ist schroff: »Vergiss es, du bist mit deinem Fortlaufen einen Schritt zu weit gegangen. Du kannst deine Kinder hier abliefern, und dann schauen wir mal, was Gott noch für dich hat.« Die Kommunikation läuft ausschließlich über drei ausgesuchte Älteste. Bei einem von ihnen finde ich nach einer Weile Verständnis. Werner Klinger besitzt ein weiches Herz. Trotz meiner Flucht aus dem Kreis der Zwölf Stämme genieße ich sein Vertrauen. Klinger überredet die Ältesten zu einem Handel. Die Gemeinde stellt mir meine Rehabilitierung für den Fall in Aussicht, dass ich meine drei Kinder nach Klosterzimmern zurückbringe und zunächst ein Jahr lang außerhalb der Gemeinschaft lebe. Heute wundere ich mich über meinen Entschluss, seinerzeit nehme ich das Angebot an.

Ich kaufe den Kindern Koffer und etwas Kleidung, die sie brauchen, Schuhe etwa. Dann gehen wir in den Berliner Zoo. Die Tiere rauschen an mir vorbei. Der nahende Abschied blockiert meine Wahrnehmung. Ich fühle mich wie ein Clown, der am Todestag seiner Mutter in die Manege muss. Am nächsten Morgen packe ich die drei Kinder ins Auto, und wir fahren nach Kloster-zimmern. Dort gebe ich sie ab. Ich darf meine Frau nicht sehen. Meine Kinder werden von den Schwiegereltern entgegengenommen, und ich verabschiede mich. Es ist einer der schwärzesten Momente in meinem Leben. Ich fahre zurück zur Autobahn und kann vor Tränen kaum die Straße sehen. Kurz überlege ich, ob ich nicht einfach gegen den Baum rase, der neben der Auffahrt steht. Von nun an habe ich sechs Monate lang keinerlei Kontakt zu meiner Familie. Immerhin darf ich auf einer Baustelle in Ostdeutschland arbeiten, auf der einige Zwölf-Stäm-me-Mitglieder tätig sind. Meinen Besitz muss ich ver-kaufen. Manchmal erhalte ich ein paar Informationen von Jüngern, die meine Frau und meine Kinder in Klos-terzimmern gesehen haben. Es sind Details, die meine Wunden für den Moment stillen, um bald darauf umso größere Sehnsucht zu hinterlassen.

Die Ältesten zitieren mich zu einer Versammlung ins mittelfränkische Wörnitz. Die Dependance liegt etwa sechzig Kilometer von Klosterzimmern entfernt. Aus der Überzeugung heraus, dass ich bei solchen Gelegen-heiten womöglich meine Frau und meine Kinder in Klosterzimmern besuche und sie auf einen abermaligen Fortgang einschwöre, bescheiden die Ältesten den Um-zug meiner Frau und meiner Kinder – inklusive der Schwiegereltern Ephraim und Baruchah – ins französi-sche Sus.

Als ich davon höre, bekomme ich Panik. Ich weiß von Fällen, in denen die Zwölf Stämme Angehörige in die USA verfrachten, so dass sie für ihre Familie auf immer und ewig von der Bildfläche verschwunden bleiben. In Wörnitz teilen mir die Ältesten außerdem mit, dass ich mit meinem Verhalten vor den Augen Gottes jegliches Recht auf meine Kinder und meine Frau verloren habe. »Nimm die Zeit an, die dir Gott gibt, hier arbeiten zu dürfen. Wenn du dich bewährst und unser Gott dir Reue schenkt, kannst du ja irgendwann wieder in die Gemeinschaft zurückkommen«, erklären sie mir. »Aber deine Familie kannst du dir abschminken. Du kannst mal in Amerika als Witwer leben und in der Zeitschrift der Zwölf Stämme darüber lesen, dass deine Tochter geheiratet hat. Sei froh, dass du deine Kinder abgeben darfst und sie in Gottes Händen sind. In deinen verkorksten Händen hättest du alles kaputt gemacht. Was Gott dir gegeben hat, hast du zerstört. Du bist deiner Familie nicht würdig.«

Ich bin sauer, aggressiv und zugleich verzweifelt. Die offizielle Verkündung, dass ich meine Familie nie wieder sehen soll, zieht mir den Boden unter den Füßen weg. Ich weine, bis keine Träne mehr kommen will und die Haut um meine Augen herum entzündet ist. Ich unternehme lange, gedankenschwere Spaziergänge durch den Wald. Auf einer Lichtung sinke ich fast schon routiniert auf das weiche Gras und rufe Gott an. Auf Knien flehe ich: »Gott, hilf mir, dass ich Demut finde!« Meine Brüder und Schwestern haben mich weich geklopft. Ich zeige mich auch ihnen gegenüber demütig und schuldbewusst. Öffentlich erkenne ich meine Schuld an. Schließlich darf ich einen Monat auf Probe in Klosterzimmern wohnen. Den Gemeindemitgliedern soll Gelegenheit gegeben werden, sich von der Tiefe meiner Sühne zu überzeugen. Sie sollen mit mir ihren Frieden machen, sollen erkennen, wie geläutert und gebrochen ich bin.

Ein paar Wochen lang beobachten sie mich und stellen

mir Fragen, um meine Gottgefälligkeit zu erproben. Schließlich kommt die Gemeinde darin überein, dass ich wieder mit ihnen verbunden sein kann, und ich werde von meinen Sünden gewaschen. Zu meiner Überraschung erfahre ich wenige Stunden später, dass ich meine Familie in Sus besuchen darf. Ein halbes Jahr lang habe ich keinen Kontakt. Nun gestatten mir die Ältesten drei Wochen Sus. Anschließend wollen sie mich nach Klosterzimmern zurückbeordert, damit ich dort für mich und meine Familie ein neues Fundament errichte.

Die Wiedersehensfreude ist unbeschreiblich. Aus den drei Wochen werden drei Monate, in denen Shalomah und ich uns zwar körperlich näherkommen und unser viertes Kind Leah zeugen, aber uns ansonsten fremd bleiben. Alles, was wir uns als Paar an gemeinsamer Substanz aufgebaut haben, ist nach dem zurückliegenden halben Jahr gelöscht. Zugleich weist mir die Gemeinde ausgerechnet meinen Schwiegervater als verantwortlichen Ältesten zu. Bei Problemen ist Ephraim mein Ansprechpartner.

Die Situation ist grotesk. Während Shalomah und ich versuchen, den dünnen Faden unserer Beziehung wieder aufzunehmen, weicht mein Schwiegerpapa nicht von unserer Seite. Shalomah steht unter der Fuchtel ihres Vaters, und ich habe nichts zu melden. Ich spüre auch das Misstrauen, das mir Shalomahs Mutter entgegenbringt. Ein echter Neuanfang meiner Familie ist so kaum möglich. Auch für meine Frau ist es nicht leicht. Dazu nimmt mein Schwiegervater Ephraim auch noch meine Tochter und meine Söhne hart ran.

Für ihre Monate in Berlin müssen die Kinder büßen. Sie sind in einer miserablen psychischen Verfassung. Gebückt schleichen sie umher und wirken verängstigt. Sie verstehen die Welt nicht mehr. Opa hat ganze Arbeit geleistet. In der Zeit meiner Abwesenheit übernimmt er die Erziehung der Kinder und greift zu drakonischen Maßnahmen.

Am schlimmsten erwischt es Naarai. Mein damals ein Jahr alter Sohn erlebt kaum eine Mahlzeit, bei der ihn sein Opa nicht mehrfach mit der Rute auf die Hände schlägt. Er sitzt in seinem Babystuhl im Nebenzimmer und bekommt seine Hiebe mit jedem Löffel Brei, den er hinunterschluckt. Selbst andere Brüder und Schwestern kritisieren Ephraims Härte gegenüber dem Säugling als unmenschlich. Der Junge ist total fertig. Sein Leben ist bis hierhin eine einzige Katastrophe. Er wird geboren, und seine Mama kann sich wegen eigener seelischer Nöte nicht um ihn kümmern. Papa übernimmt das Kommando. Die Familie geht nach Berlin. Langsam berappelt sich die Mama und kümmert sich um ihn. Plötzlich ist die Mama wieder weg. Dann bringt der Papa ihn zur Mama nach Klosterzimmern und ist wieder weg. Opa übernimmt die Erziehung und versucht, ihn mit harten Schlägen auf den geraden Weg zurückzuführen. Dann geht es ohne Papa zur Gemeinschaft nach Sus. Monate später taucht Papa dort wieder auf. Das eigentliche Wunder daran ist, dass Naarai heute trotz allem ein fröhliches und aufgewecktes Kind ist.

Wir dürfen wieder bei den Zwölf Stämmen in Klosterzimmern einziehen. Meine Frustration über unser Leben in der Gemeinschaft aber bleibt bestehen. Innerlich stehe ich bereits wieder kurz vor dem Absprung. Die Ältesten spüren das, ermahnen mich und schicken mich tagsüber zum Arbeiten auf eine Baustelle nach

Gersthofen. In der Nähe von Augsburg muss ich Solaranlagen montieren. Als dieses Arrangement meine Einstellung zu meinen Brüdern und Schwestern nicht verändert, schicken mich die Ältesten schließlich ganz fort. »Wir haben gedacht, dass Gott dir das Recht auf deine Frau und deine Kinder wiedergibt«, erklärt mir der Ältestenrat. »Wir haben es dir auch gewünscht. Aber du zeigst uns, dass du für deine Familie keine Gnade mehr hast. Du musst wieder gehen! Du musst die Gemeinschaft verlassen.«

Während ich noch unsicher bin, ob ich kampflos die Bühne verlassen soll, bittet mich meine Frau Shalomah immer wieder, den Urteilsspruch der Ältesten anzunehmen. »Das ist unsere einzige Chance«, sagt sie.

Schweren Herzens packe ich endlich meine Sachen und finde ein kleines möbliertes Appartement in Bischofsmais im Bayerischen Wald. Bald darauf habe ich eine Anstellung bei einer Fabrik für Garne im nahen Deggendorf. Ich arbeite im Schichtbetrieb und schaffe es irgendwie, mich allein durch die Tage zu wurschteln. Nicht einmal zur Geburt meiner Tochter Leah bin ich in Klosterzimmern erwünscht. Meine Frau wird diesmal von einer offiziellen Hebamme begleitet, weil die Frauen der Gemeinschaft, die sonst die einzigen Berater und Helfer bei einer Hausgeburt sind, mir als Unterstützer nicht trauen, aber zugleich eine Geburt allein mit meiner Frau nicht verantworten wollen. Die Hebamme ist zugleich meine einzige Verbindung zu meiner Frau, sie berichtet mir regelmäßig nach ihren Besuchen über deren Gesundheitszustand. Als die SMS-Botschaft »Es geht los!!!« auf meinem Handy eintrifft, bin ich mitten in der Frühschicht. Ich erkläre meinem Schichtleiter, dass ich heute etwas früher Schluss machen muss, fahre ein paar Kilometer mit dem Auto und setze mich an der Donau auf einen angeschwemmten Baumstamm in die Sonne. Angespannt starre ich in den nächsten Stunden Minute um Minute auf das Display meines Handys. Endlich kommt die erlösende Nachricht. Mutter und Leah sind wohlauf. Auch ein Bild der Tochter schickt mir die Hebamme zu. Ich bin erleichtert. Zugleich bohrt sich ein schriller Schmerz in mein Inneres. Werde ich meine neugeborene Tochter jemals zu Gesicht bekommen? Darf ich überhaupt noch mal meine Familie in die Arme schließen?

Leah ist bereits ein paar Tage auf der Welt, da meldet sich plötzlich ein aufgeregter Ältester. »Deine Frau ist wieder krank«, sagt er in den Hörer. Nach der Geburt geht es Shalomah – offenbar infolge eines veränderten Hormonhaushaltes – seelisch miserabel. Sie leidet zwischenzeitlich unter Wahnvorstellungen. »Dann hören wir jetzt auf mit den Spielchen«, erkläre ich schroff. »Das ist meine Frau, das sind meine Kinder. Ich komme sofort.« »Ne, ne«, entgegnet der Älteste, »so schnell geht das nicht. Das müssen wir erst im Ältestenrat besprechen.« »Gut«, sage ich und stelle ein Ultimatum. »Ich gebe euch eine Stunde, um das zu klären. Bis dahin brauche ich eine Antwort, weil dann meine Schicht losgeht.« Keine halbe Stunde später klingelt mein Handy erneut. »Okay«, stimmt der Älteste zu. »Wir haben darüber gesprochen. Du kannst kommen.«

Ich stürme ins Firmenbüro, erkläre in knappen Worten, dass ich fristlos kündige, und stürze mich ins Auto mit Ziel Klosterzimmern. Kaum bin ich auf den Hof gefahren, haste ich mit großen Schritten die Treppe hoch, um erst einmal mein Baby zu begutachten. Tochter Asarah kommt ins Zimmer, sieht mich und fällt mir in die Arme. Sie schluchzt kläglich, und große Tränen rollen über ihre Backen. Dann registriere ich Shalomahs dunkle Ränder unter den Augen. Sie wirkt desorientiert. Reglos steht sie da. Es ist offensichtlich, dass es ihr seelisch überhaupt nicht gutgeht.

Es ist keine Zeit zu verlieren. Seit ihrer ersten psychischen Erkrankung, bei der sie fast gestorben ist, weiß ich, was ich tun muss. Zuerst hole ich bei den Ältesten die Erlaubnis ein, dass wir einen Arzt konsultieren dürfen. Dann fahren Shalomah und ich mit dem Auto zur ambulanten Psychiatrie nach Augsburg. Im Gespräch erkennt der Arzt, dass ich durch mein Selbststudium einige Kenntnisse über die Krankheit erworben habe. Er vertraut mir, und wir kommen überein, dass ich Shalomah wieder mitnehmen darf, aber ihn regelmäßig per Telefon über ihren Zustand informieren soll. Auf keinen Fall will ich sie stationär behandeln lassen. Der Arzt verschreibt ihr Psychopharmaka, und bereits am nächsten Tag stabilisiert sich ihr Befinden merklich.

In Klosterzimmern findet ausgerechnet zu dieser Zeit eine dreitätige internationale Ältestenversammlung statt. Ein führender Kopf aus Amerika sieht mich über den Hof spazieren und fühlt sich bemüßigt, der Sache nachzugehen. Auf der Sitzung fragt er seine deutschen Kollegen: »Warum ist Yathar wieder bei euch? Der ist doch aus der Gemeinschaft verbannt worden.« »Seine Frau ist krank«, begründen diese. Der Amerikaner bleibt unnachgiebig: »Ja, gut, aber wenn ihr Yathar aus geistigen Gründen wegschickt, ist es völlig egal, was mit seiner Frau ist. Selbst wenn sie stirbt, sind unsere Gesetze zu befolgen. Warum holt ihr den zurück? Der ist rausgeschickt worden, der muss weg, der hat mit seiner Frau nichts mehr zu tun.«

Es klopft an der Tür. Draußen stehen drei Älteste und machen ernste Gesichter. »Wir müssen mit dir reden«, sagt einer von ihnen. »Wir haben einen Fehler gemacht, als wir dich zurückgeholt haben. Du bist geistig nicht so weit.« »Ja, man sieht das auch daran«, bestätigt der zweite Älteste, »dass du gleich wieder der Medizin vertraust, dass du die Ärzte eingeschaltet hast.« Der Dritte im Bunde schlägt in dieselbe Kerbe: »Du hättest dich an die Fersen von uns Ältesten heften sollen. Aber was machst du? Du ergreifst gleich wieder die Initiative. Wir haben dir doch gesagt, dass die Krankheit deiner Frau keine medizinische Sache ist. Das ist eine rein geistige Angelegenheit.«

Ich schaue die drei Ältesten verblüfft an: »Eine rein geistige Angelegenheit? So ein Blödsinn. Das ist keine geistige Angelegenheit. Hier geht es um Medizin!« Die Debatte wird hitzig. »Nein, das ist eine geistige Krankheit, und eine geistige Krankheit kann nur spirituell behandelt werden«, erklären sie mir. »Aber diese geistige Hilfe kannst du Shalomah nicht geben. Das hast du jetzt mehrfach bewiesen.« »So«, sagt ein anderer Ältester, »und jetzt pack deine Sachen zusammen und verschwinde.«

Ich schaue meine Frau an. »Shalomah, wir gehen. Die Kinder nehme wir auch mit – und zwar alle! Alle vier. Das Baby auch!« Meine Frau stöhnt hysterisch auf. Dann wird sie von den Ältesten an den Armen gepackt und aus dem Zimmer eskortiert. »Jetzt reicht es, ich übernehme die Verantwortung für meine Familie«, schreie ich ihnen hinterher. »Gebt mir ein Auto. Ich fahr damit nach Berlin, dann könnt ihr euer Auto wiederhaben.« Offenbar überrascht von meiner Klarheit erhalte ich von den Zwölf Stämmen tatsächlich ein Auto und fahre mit den vier Kindern Richtung Berlin davon. Ich besitze zwar noch die Bleibe in Bischofsmais, aber für den Moment ziehe ich die Nähe meiner Schwester der Abgeschiedenheit im Bayerischen Wald vor. Shalomah will ich später nachholen.

In der Hoffnung, mit meiner Frau sprechen zu können, rufe ich drei Wochen später auf Verdacht in Klosterzimmern an. Mir war zu Ohren gekommen, dass Shalomah und ihre Eltern nach meiner Abreise in die belgische Niederlassung der Zwölf Stämme übersiedeln müssen, aber sich zu diesem Zeitpunkt für eine Versammlung in Klosterzimmern befinden. Tatsächlich geht Shalomah an den Apparat. Die göttliche Fügung will es, dass just in dem Moment, in dem sie allein in der Küche arbeitet, das Telefon neben ihr klingelt. Sie hebt ab, hört meine Stimme und sagt erst einmal nichts.

»Shalomah, was ist los?«, frage ich. »Ich liege in den Nächten lange wach«, bricht es aus ihr heraus. »Ich denke viel an dich. Ich will zu dir! Ich will zu den Kindern! Aber die lassen mich nicht gehen.« »Ich regele das«, beruhige ich sie und habe wenig später ein Telefongespräch mit einem Ältesten. »Shalomah hat gesagt, sie will zu mir«, stelle ich fest. »Warum lasst ihr sie nicht gehen?« »Davon wissen wir nichts«, lautet seine Antwort. »Aber wenn sie wirklich will, kann sie natürlich zu dir. Wir halten keinen fest. Das ist Shalomahs Entscheidung.«

Meine Schwester ist mit den Nerven fertig, als ich tatsächlich mit Shalomah in ihrem Berliner Hausflur stehe.

Ich bin wieder da, meine vier Kinder sind wieder da – und meine psychisch instabile Ehefrau ist nun auch wieder da. Zugleich belegt meine Mutter eines der Zimmer, sie ist gerade aus Südamerika gekommen, um meine Schwester zu besuchen. Und als sei dies noch nicht genug, ist mein Schwager alles andere als einverstanden mit der erneuten Inansichtnahme unserer archaischen Erziehungsmethoden. Als Shalomah beginnt, die Kinder wie gewohnt mit dem Stock zu traktieren, platzt ihm der Kragen. »In meinem Haushalt wird kein Kind geschlagen«, herrscht mein Schwager Shalomah an.

Die Atmosphäre ist zum Zerreißen gespannt. Ein Funke genügt, und die Gemüter gehen hoch. Um die Situation für uns alle zu entspannen, mache ich mich auf, ein kleines Haus oder eine Wohnung für uns zu finden. Vergeblich.

Shalomah und ich beschließen, mit den Kindern ins niederbayerische Bischofsmais zu ziehen. Ich kenne die Gegend inzwischen gut, der Bayerische Wald sagt mir zu, und mit Shalomah lässt sich die Einsamkeit dort draußen auch gut aushalten. Wenig später finde ich ein Haus in Schönberg. Der Vermieter ist berührt von meiner Geschichte und überlässt mir sein Elternhaus, obwohl ich zu diesem Zeitpunkt weder ein Einkommen habe noch staatliche Unterstützung erhalte. Das Haus ist für uns wie ein Geschenk des Himmels: Es ist groß genug, hat einen Garten und ist vollständig eingerichtet – sogar die Teller stehen noch im Schrank. Da wir außer ein paar Kleidungsstücken nichts besitzen, sind wir glücklich, dass wir für eine geringe Ablöse das komplette Inventar übernehmen können. Im Mai 2011 unterschreibe ich den Mietvertrag.

Meine Frau versucht mehr denn je, ihre Mutterrolle zu meistern. Sie bäumt sich auf, aber es gelingt ihr einfach nicht, wirklich für ihre Kinder da zu sein. Sie ist dazu schlicht nicht fähig. Zugleich wünscht sie sich immer noch, ich solle denken und handeln wie ihr Vater Ephraim. Sie ist überzeugt, dass der Ehemann dort weitermachen soll, wo der eigene Vater aufgehört hat. Eigenverantwortung ist ihr fremd. Ich selbst arbeite vormittags vier Stunden im Homeoffice für eine Handelsfirma aus der Region, hole dann die Kinder von der Schule und aus dem Kindergarten ab und setze mich am Nachmittag weitere zwei Stunden vor den Computer, um meine 30-Stunden-Woche zu erfüllen. Gerade nimmt unser Leben Fahrt auf, gerade habe ich unsere Finanzen im Griff, da packt Shalomah Anfang September ein paar Sachen zusammen und kehrt nach Klosterzimmern zurück. Sie verlässt unser Haus und unsere vier Kinder und kommt nicht wieder.

Zwischenzeitlich lebt Shalomah in der mittelfränkischen Gemeinde Wörnitz. Mehrmals versuche ich, Kontakt zu ihr aufzunehmen, obwohl sie mir bereits zuvor einen unmissverständlichen Brief geschrieben hat. Darin bittet sie darum, dass ich mich nicht mehr melden soll. Ich solle weder schreiben noch sonst irgendwie die Nähe zu ihr suchen.

Da ich mir sicher bin, dass die Ältesten ihr die Zeilen in die Feder diktiert haben, gebe ich nicht auf. Eine Nachbarin stellt sich schließlich als Botin zur Verfügung. Sie will mir helfen, weil sie entsetzt darüber ist, dass eine Mutter ihre vier Kinder zurücklässt. Sie glaubt, dass Shalomah nicht aus freien Stücken handelt. Ich schreibe Shalomah einen Brief und die Nachbarin drückt ihr diesen bei einer günstigen Gelegenheit heimlich in die Hand. Die Reaktion bleibt aus. Dann findet die Nachbarin heraus, dass Shalomah die Gemeinde Wörnitz verlassen hat. Kein Zweifel, die Ältesten haben meine Frau zu den Zwölf Stämmen in die USA verschickt.

Ich nutze meine Freundschaften, die ich noch zu einzelnen Mitgliedern der Zwölf Stämme unterhalte, und erfahre schließlich, in welcher amerikanischen Gemeinschaft Shalomah untergekommen ist. Sie erzählen mir auch, dass die Brüder und Schwestern der Übersee-Gemeinden Shalomah nun ebenso wie ihre Mutter Baruchah als Heldin feiern. Während Baruchah dort als eine Art Erster-Klasse-Jünger gilt, weil sie wochenlang einem Therapeuten widersteht, der ihr die Zwölf Stämme austreiben will, und schließlich in die Gemeinde zurückkehrt, verlässt Shalomah aus Liebe zu Gott sogar ihre eigenen Kinder. Ich wähle die Telefonnummer eines amerikanischen Bruders, den ich noch von früheren Versammlungen in den Staaten kenne. Ich verstelle meine Stimme, nenne einen falschen Namen und fordere ihn auf, Shalomah an den Apparat zu holen. Die Finte hat Erfolg. »Hallo?«, flüstert sie fragend mit dünner Stimme. »Hallo, Shalomah. Hier ist Robert. Wie geht es dir?«, poltere ich aufgeregt los. Shalomah legt auf.

Ich stehe vor einem Ständer mit Brillen. Der Optiker hat das Angebot auf den Bürgersteig vor seinen kleinen Laden geschoben, und nun blinken die dunklen Gläser im Licht. Die Brillen gefallen mir. Gerne würde ich mir eine Sonnenbrille kaufen. Das Geld dafür habe ich in der Tasche. Seit Monaten schleiche ich um den Brillenständer herum, setze hin und wieder ein Gestell auf die Nase, betrachte mich im kleinen Spiegel am Ständer und bekomme Angst. Augengläser sind illegal, schießt es mir durch den Kopf. Bei den Zwölf Stämmen sind sie lediglich gestattet, wenn ein Bruder oder eine Schwester nachweislich schlecht sieht. Für diese Fälle haben sie dort eine Einheitsbrille. Scheußliche Nickelbrillen, deren runde Gläser manche meiner Brüder und Schwestern aberwitzig ausschauen lassen. Eckige und ovale Gläser sind nicht gottgefällig, weil sie eine gewisse Individualität zum Ausdruck bringen. Ein Dutzend Besuche statte ich dem Brillenständer ab, bis ich endlich zugreife und mir eine coole Sonnenbrille mit tiefschwarzen Gläsern herauspicke. Ich fühle mich gut damit.

Zurück im Leben

Gerade habe ich das Auto in der Einfahrt geparkt und stehe mit den vollen Einkaufstüten in der Diele, da sehe ich, dass meine Tochter Asarah telefoniert. Zu meinem Erstaunen sagt sie kein Wort. Das Gespräch scheint sie zu verwirren. Ich versuche, der Sache für ihr merkwürdiges Verhalten auf den Grund zu gehen, und presse mein Ohr von außen an die Hörmuschel. Der Apparat besitzt keinen Lautsprecher. »Es ist Shalomah«, flüstert Asarah mir zu. Mein Herz klopft. Seit dem Sorgerechtsstreit vor zwei Jahren habe ich nichts mehr von meiner Ehefrau gehört: Nun spricht sie plötzlich mit unserer Tochter, und ich kann nicht einmal verstehen, worüber die beiden reden. Vier Minuten später hat Asarah offenbar genug und reicht mir den Apparat.

Nach einer knappen Begrüßung fragt mich meine Ehefrau, warum wir nicht auf ihre Briefe antworten, die sie uns immer wieder geschickt habe. »Welche Briefe?«, frage ich erstaunt. »Ich kann mich nur an einen Brief zu Weihnachten erinnern. Da hast du den Kindern ein paar Blätter mit Ausmalbildern geschickt. Hast du denn die Antwortbriefe der Kinder nicht erhalten?« Nun ist auch Shalomah verwundert. Die Ältesten in Klosterzimmern haben offenbar jeglichen Briefverkehr zwischen den Kindern und ihrer Mutter unterbunden und aus dem einzigen Brief, dem Weihnachtsschreiben von Shalomah, den sie tatsächlich weiterleiten, noch das Blatt mit Shalomahs persönlichen Zeilen herausgenommen. Da wir nicht wissen sollen, wo genau Shalomah in Amerika lebt, müssen die Kinder die Briefe an ihre Mutter zur Gemeinde schicken. Die Gemeinde hat zwar versprochen, alles weiterzuleiten, nur hat sie es wohl nicht getan. Ich erfahre auch, dass nicht einmal jene Geschenke bei Shalomah eingetroffen sind, welche die Kinder und ich in unserem ersten Sommerurlaub ohne ihre Mutter gekauft und ihr nach Amerika gesendet haben.

»Hast du eine Partnerin?«, fragt sie geradeheraus. Ich schlucke kurz, und als ich die Frage bejahe, macht sie mir Vorwürfe. »Dass du mich so verletzt und hintergehst. Das ist Ehebruch«, klagt sie. »Ich bin dem Bund unserer Ehe treu geblieben und bete jeden Tag, dass du zurückkommst.« Ich bin fassungslos angesichts dieser verdrehten Sichtweise. »Shalomah!«, erhebe ich die Stimme. »Deine Brüder und Schwestern haben uns den Kontakt zueinander verboten. Deine Brüder und Schwestern haben gesagt, ich bin nicht mehr dein Ehemann, und du hast das alles akzeptiert. Wieso machst du mir Vorwürfe? Ich habe lange genug auf dich gewartet. Dann erst habe ich meine neue Freundin Diana kennengelernt.«

Es gibt nichts mehr zu sagen. Ich spüre eine große menschliche Entfernung zwischen uns. Wir legen auf. Den Zwölf Stämmen ist es gelungen, dass zwischen uns ein tiefes Misstrauen herrscht. Die Ältesten hatten und haben immer ihre Finger im Spiel. Eine echte Lebenspartnerschaft in Offenheit, Verlässlichkeit und Geborgenheit ist in der Gemeinschaft unmöglich.

Natürlich hat meine Frau ein Recht auf ihre Kinder, solange sie ihren Seelen nicht schadet. Wenn die Kinder alt genug sind, dürfen sie ihre Mutter in Amerika besuchen. Bis es aber so weit ist, muss gewährleistet sein, dass bei Shalomahs Treffen mit den Kindern stets eine dritte Person anwesend ist. Jetzt, da Shalomah weiß, dass ich nie wieder zurückkehren werde, fürchte ich das Risiko, dass die Mitglieder der Zwölf Stämme meine Kinder entführen oder bei einem Besuch in der Gemeinschaft einfach dortbehalten könnten. Das Bedürfnis dieser Jünger, die Kinder »vor dem Satan zu retten«, ist stärker als alle Gesetze dieser Welt. Es könnte passieren, dass meine ehemaligen Mitbrüder eines Tages mit dem Auto vor unserem Haus vorfahren und in einem unbeaufsichtigten Moment meine Kinder mitnehmen.

Tatsächlich habe ich von Fällen gehört, in denen die Zwölf Stämme Kinder entführt oder Frauen mit ihren Kindern ins Ausland geschickt haben sollen, damit der Nachwuchs von seinen Vätern nicht mehr gefunden werden kann. So höre ich, dass die Kinder eines Australiers vom Erdboden verschwunden sind, weil die Ältesten dessen Ehefrau gemeinsam mit dem Nachwuchs irgendwohin nach England geschickt haben. Nach allem, was ich erfahren habe, besitze ich kein Vertrauen in die Zwölf Stämme und will beim Kontakt Shalomahs mit meinen Kindern kein Risiko eingehen. Momentan habe ich auch den Eindruck, dass meine Kinder ihre Mutter wenig vermissen. Trotzdem versuchen wir, Shalomah in Ehren zu halten. Meine Kinder wissen, dass ihre Mutter bei den Zwölf Stämmen geboren ist und kaum selbst wählen kann, wie sie lebt und was sie denkt. Sie sind nicht zornig auf Shalomah, sondern sehen die Ursache für unsere zerbrochene Familie bei den Zwölf Stämmen. Mein fünfjähriger Sohn Naarai erklärt sich unsere Situation so: »Die Gemeinschaft heißt Gemeinschaft, weil sie gemein ist.«

Alle meine Kinder müssen noch lernen, sich in sozialen Strukturen zu bewegen. Was andere Jungen und Mädchen bereits von klein auf lernen, fällt ihnen schwer. Sie besitzen ein übergroßes Harmoniebedürfnis und können kleinste Konflikte mit anderen Kindern nur schwer aushalten. Es belastet sie. Einmal kommt meine zehnjährige Tochter Asarah nach Hause und ist völlig verzweifelt, weil ihre beste Freundin nicht mehr so recht mit ihr sprechen mag und ein anderes Mädchen bevorzugt. Es ist der übliche Zickenkrieg in diesem Alter. Doch erklärt mir eine kerngesunde Asarah am nächsten Morgen, dass sie krank sei und nicht in die Schule gehen könne. Sie traut sich nicht mehr in die Nähe ihrer Freundinnen. Nach längerer Diskussion bringe ich sie schließlich doch noch zur Schule. Als ich sie mittags abhole, strahlt sie mich an. Der kleine Streit mit ihrer Freundin hat sich in Luft aufgelöst.

Wie den Kindern fehlen auch mir die Erfahrungen für Konfliktsituationen. Wenn mich bei der Arbeit jemand kritisiert, fällt es mir schwer, die Schelte an mir abprallen zu lassen und einfach so weiterzumachen. Auch für mich ist das Aushalten von Konflikten kaum weniger als ein Paradigmenwechsel. Bei den Zwölf Stämmen habe ich verinnerlicht, dass jeder Misston augenblicklich und konsequent auszuräumen ist. Dort müssen alle Jünger immerzu miteinander im Reinen sein. Es herrscht der absolute Zwang zur Harmonie, wobei die Ältesten als Schlichter auftreten. Wir sind es deshalb nicht gewohnt, eine Meinungsverschiedenheit im Raum stehenzulassen und darauf zu hoffen, dass sich die Situation von allein bereinigt. Für uns ist das Aussitzen des kleinsten Zerwürfnisses purer, psychischer Stress.

Meine Kinder und ich haben gelernt, dass Geboten uneingeschränkt Folge zu leisten ist. Bei den Zwölf Stämmen existiert eine Unzahl von Gesetzen und Richtlinien. Tanzt ein Bruder der Gemeinschaft aus der Reihe, widerfährt ihm eine prompte Sanktion. Wir sind so konditioniert worden, dass wir aus Angst vor Repressalien stets die verlangten Maßstäbe einhalten. Wenn die Lehrerin in der Klasse meines siebenjährigen Sohnes Shimshon zu Unterrichtsbeginn erklärt, dass sich alle Kinder hinsetzen sollen, eilt er sofort zum Stuhl und setzt sich. Wenn dann ein anderes Kind noch herumläuft und keine Strafe erfolgt, bringt Shimshon das völlig aus dem Gleichgewicht. Er kommt nicht damit zurecht, dass jemand eine Regel bricht und dafür nicht bestraft wird. Bei ihm bewirkt jede Form der Individualität – und sei es nur unerlaubtes Aufstehen – große Unsicherheit.

Die Kinder und ich haben gelernt, in den engen Strukturen der Zwölf Stämme zu leben. Wir tun Dinge, obwohl wir manchmal keine Lust dazu haben. In der Gemeinschaft wird nicht gefragt, ob es einem Bruder oder einer Schwester Freude bereitet, am Freitagabend den Beginn des Sabbats zu feiern. Unabhängig von unserem tatsächlichen Befinden erscheinen wir zum Fest mit einem aufgesetzten Grinsen. Man hat an diesem Tag froh, glücklich und dankbar zu sein. Erscheint ein Mitglied und drückt durch seine Mimik Missmut aus, wird es augenblicklich hinterfragt.

Wir haben Übung darin, uns zu verstellen und im Rahmen der Zwölf Stämme jenseits der eigenen Gefühle zu funktionieren. Dieses Verstellen gilt in der Gemeinschaft als Zeichen dafür, dass wir ein neuer Mensch und dankbar für unsere Errettung sind. Wer am Freitagabend lieber mit einem Buch auf der Couch fläzt, gilt als alter, gefallener Mensch.

Individualität ist kein Begriff bei den Zwölf Stämmen. Der Tagesablauf ist für alle Gemeindemitglieder gleich – egal ob sie drei, dreizehn oder dreiundvierzig Jahre sind. Wenn eine Feier oder eine Versammlung abends beendet ist, muss die gesamte Familie gemeinsam zu Bett gehen. Familien stehen gemeinsam auf, frühstücken gemeinsam, gehen gemeinsam spazieren. Da spielt nicht der eine Bruder Fußball, der andere liest und der dritte backt einen Kuchen. Brüder und Schwestern sind gleichgeschaltet. Jede Form der eigenständigen Freizeitgestaltung ist verboten. Gerade ist es unter den Familien in Mode gekommen, mit den Kindern eine kleine Radtour im Nördlinger Ries zu machen, da verlautbaren die Ältesten ein Gesetz, dass am einzigen freien Tag in der Woche, dem Sabbat, keine Fahrradtouren erlaubt sind. Individueller Spaß mit der Familie sei nicht gottgefällig.

Als diese engen Strukturen mit unserem Ausstieg bei den Zwölf Stämmen wegfallen, bekommen Angst und Unsicherheit in unserem Leben Raum. Das Vakuum muss erst gefüllt werden. Noch heute wollen meine Kinder immer das Gleiche im gleichen Moment. Wenn die beiden älteren Kinder etwas später am Abend fernsehen dürfen, möchten die jüngeren Kinder das auch. Wenn ein Kind zum Trost ein kleines Geschenk bekommt, verlangen die anderen Kinder auch eines. Mehr als andere Kinder können sie nicht akzeptieren, dass es manchmal individuelle Maßstäbe geben muss.

Auch ich selbst tue mir schwer damit. Nachdem ich

unser Auto repariert habe, sitze ich hinter dem Steuer und drehe eine kleine Proberunde. Ich lenke den Wagen mal links, mal rechts in die Straßen. Plötzlich kommt mir der Gedanke, woher ich mir eigentlich das Recht nehme, hier einfach so herumzufahren. Es ist schwer für meine Kinder und mich, mit den neu gewonnenen Freiheiten umzugehen. Wir sind ungeübt.

In den ersten Wochen nach unserem Ausstieg liege ich oft apathisch auf dem Sofa. Ich weiß nicht, was ich mit mir und meinen Freiräumen anfangen soll. Ich traue mir viele Sachen nicht zu und schalte auf Durchzug.

Schließlich hilft mir die Musik. Mein altes Saxophon, das meine Mutter für mich über viele Jahre aufbewahrt hat, weil es mir bei den Zwölf Stämmen mit der Begründung verboten ist, ich spiele zu jazzig, steht in der Ecke. Über viele Monate laufe ich jeden Tag daran vorbei, bis ich mich überwinde, es aus dem Instrumentenkoffer hole und hineinblase. Weitere achtzehn Monate dauert es, bis ich mich in der Musik wieder so weit wohl fühle, dass ich meinem Spiel auf dem Saxophon freien Lauf lassen kann. Bei den Zwölf Stämmen ist es nicht gestattet, sich selbst in der Musik auszudrücken, seine Gefühle und Empfindungen umzusetzen. Musik wird dort ausschließlich für Zuhörer gemacht. Es sind Klänge, denen keine Seele innewohnt. Der Grundsatz dahinter lautet: Reine Musik kommt aus einem reinen Geist, und ein reiner Geist ist stets mit dem Geist Gottes verbunden. Musizieren dient der Freude Gottes und ist ein Dienst am Bruder. Die Spielfreude des Musikers ist unerwünscht.

Wenn die Kinder auf Festen bei den Zwölf Stämmen im Chor singen, ist ihr Gesang freudlos. Mit angelegten Armen und ohne Mimik spulen sie die Texte herunter.

So lautet beispielsweise der Text des Singspiels »Das Uhrwerk«:

> *»Wir lernen miteinander tragen.*
> *Lieben in dem, was wir tun und sagen.*
> *Auf dem Weg helfen wir einander.*
> *Wir bauen miteinander!*
> *Menschen, die füreinander leben,*
> *Freunde sind und gerne geben;*
> *Restoration aller Dinge sind da;*
> *Alles wird wieder, wie es war.«*

In jungen Jahren haben die Kinder bereits gelernt, die Musik von sich selbst abzutrennen. Bei diesem Prozess geht etwas in einem kaputt, das ich nicht beschreiben kann. Doch eines Abends finde ich mich ausgerechnet in der Musik wieder. Ich bin klitschnass geschwitzt und spiele und spiele. Habe ich zu Beginn noch Angst, mich diesen verzehrenden Gefühlen auszusetzen, die beim Saxophon-Spielen hervorbrechen, löst sich plötzlich jegliche Selbstkontrolle. Zu meinen Lieblingsschallplatten von Ray Charles spiele ich mich in Ekstase. Last und Druck der vergangenen Jahre fallen von mir ab. Ich spüre mich wieder, lasse mich los und musiziere mir den Schmerz von der Seele. Es ist, als habe ich den dünnen Faden zu meiner Jugendzeit wieder aufgenommen, den Tagen vor meinem Einstieg bei den Zwölf Stämmen. Ganz verschwunden sind meine alten Musikidole in den zwanzig Jahren bei der Gemeinschaft aber nie.

Da bei den Zwölf Stämmen moderne Musik verboten ist, freue ich mich jedes Mal, wenn ich in den Baumarkt fahren soll, um für die Gemeinschaft Besorgungen zu machen. Ich laufe ziellos zwischen den Regalen herum und höre mir schlichte Akustikversionen von Bob Marley, den Beatles oder Pink Floyd an. Einmal stehe ich an unserem Stand auf einem alternativen Markt, und der Standbesitzer neben uns legt Musik von Bob Dylan auf. »Was für ein Genuss«, denke ich damals. Gründervater Yoneq gefällt dieser Frohsinn gar nicht. Für ihn muss jeder Spaß einem höheren Sinn folgen. Als ihm die Musik bei einem Fest zu wild wird, schimpft er: »Ja sind wir hier in einer Kneipe?!«

Neulich habe ich mir einen Kindheitstraum erfüllt. Als Jugendlicher habe ich es genossen, mit meinem Motocross-Motorrad über Felder und Schotterpisten zu heizen. Nun habe ich mir einen Geländewagen gekauft. Die Jungfernfahrt mit meiner Freundin Diana und meinem Sohn Naarai ist ein Erlebnis. Wir driften und ruckeln durch den Wald. Die Natur fliegt vorbei. Plötzlich spüre ich Freude. Ich bin glücklich. Bei den Zwölf Stämmen darf ich keinen Spaß haben, der aus solch materiellen Dingen resultiert. Ich merke, dass daraus ein Verhalten herrührt, das noch immer tief in mir steckt. Wenn mich jemand aus der Nachbarschaft oder der Familie fragt, wie das neue Auto sei, habe ich sofort das Bedürfnis, mich zu rechtfertigen. Ich antworte dann: »Wir brauchten dringend ein größeres Auto.« Oder »Der war gar nicht teuer.« Mir einfach mal Spaß zu gönnen und dazu zu stehen ist fremd und schwierig für mich. Könnte ich bei mir selbst derartige Freuden häufiger zulassen, wäre das wohl auch für meine Kinder besser. Vielleicht wären sie selbst heute schon weiter.

Wenn mich eines meiner Kinder fragt, ob es sich aus

dem Kühlschrank etwas Orangensaft nehmen darf, muss ich ihm zwanghaft eine Einschränkung mit auf den Weg gebe. Aus Furcht vor Ausschweifungen limitiere ich alles und jeden. »Ja«, sage ich, »aber nur ein halbes Glas.« Das Leben bei den Zwölf Stämmen hat mich gelehrt, mir selbst und anderen Mitgliedern keinen Spaß zu gestatten. Reflexartig verknüpfe ich mit allem, was ein wenig Freude bereitet, eine Verhaltensregel, eine Vorschrift, die beschränkt. Ich kann meine Kinder nicht selbst entscheiden lassen. Meine Tochter Asarah und mein Sohn Shimshon sollen eines Morgens Brötchen und Croissants beim örtlichen Bäcker holen. Da die Croissants aber ausverkauft sind, entscheiden sie sich für einen halben Hefezopf. Als sie das Weizengebäck auf den Küchentisch legen, bin ich entsetzt. Sie haben doch tatsächlich eine eigene Entscheidung aus Lust getroffen! Erst im zweiten Moment wird mir klar, dass ich mich lieber darüber freuen sollte. Meine Kinder fangen an, ihre Freiheit zu leben. Es fällt mir schwer, ein über mehr als zwanzig Jahre geschultes Verhalten und Denken abzulegen. Ich habe Mühe damit, mit den Kindern zu McDonald's zu gehen, ihnen Limonade oder Süßigkeiten zu kaufen. Auch deshalb gebe ich meiner Freundin Diana viel Raum im Umgang mit meinen Kindern. Ihr natürliches Verhalten entlarvt meine komische Denkweise.

Meine Kinder und ich sind mittlerweile in Schönberg im Bayerischen Wald integriert. Ich arbeite zuletzt bei einer Einzelhandelsfirma, die Elektronik verkauft, und bin für die Rückläufe zuständig. Zwei meiner Kinder gehen in den Kindergarten und zwei in die Schule. Alle haben Freunde. Meine älteste Tochter Asarah ist zweite Klassensprecherin und hat mittlerweile gelernt, offen auf Menschen zuzugehen. Sie hat ihren Freundinnen von den Zwölf Stämmen und dem Leben ihrer Mutter erzählt. Nur mein Sohn Shimshon hat Probleme mit unserem neuen Leben. Im Gegensatz zu seiner Schwester ist er damals zu jung, um mit seinen Ängsten intellektuell umzugehen, und auch weniger mutig. Er versteht manches noch nicht. Wenn in der Mannschaft seines Fußballvereins ein Mitspieler mit dem Ball am Fuß allein auf das Tor zuläuft und nicht abspielt, steht er hilflos da. Weder Fußballspielen noch Alleingänge irgendwelcher Art sind bei den Zwölf Stämmen erlaubt. Verhaltensweisen wie Soli mit dem Ball, die in diesem Alter durchaus normal sind, kennt Shimshon nicht. Sie befremden ihn.

Als meine Tochter Asarah in die Schule kommt, suche ich Kontakt zu ihren Lehrern. Ich will sie darauf vorbereiten, dass meine Tochter ungewöhnliches Verhalten zeigen wird, und werbe um Verständnis. Durch das Leben bei den Zwölf Stämmen besitzt Asarah wenig eigene Initiative und Motivation. Die Impulse müssen bei ihr von außen kommen. Sie braucht klare Vorgaben und Anweisungen von den Lehrern, um die an sie gerichteten Erwartungen zu erfüllen. Wenn ihr das eigene Handeln freigestellt wird, macht sie nichts.

Gott spielt in unserer Familie kaum eine Rolle. Wir feiern zwar christliche Feste wie Weihnachten und Ostern, aber die eigentlichen Glaubensthemen klammern wir aus. Ich habe keine klare Ansicht darüber, wie ich mit diesem Thema umgehen soll. Ich bin überfordert. Rituale wie das Singen christlicher Lieder und das Beten, die bei den Zwölf Stämmen den Tagesablauf bestimmen, finden in unserem Alltag nicht mehr statt. Stattdessen versuche ich, den Kindern einen Glauben an das Gute und an die Hoffnung zu vermitteln. Manchmal nehmen wir an christlichen Veranstaltungen teil. Wenn meine Kinder im katholischen Kindergarten den Weihnachtsgottesdienst oder die Schüler der Klasse meines Sohnes Shimshon Lieder für den Sonntag vorbereitet haben, sitzt die gesamte Familie wie selbstverständlich in der ersten Kirchenbank. Im Bayerischen Wald sind Kirche, Schule und Kindergarten eng miteinander verwoben. Alle Kinder kennen den Pfarrer mit Namen. Am Aschermittwoch verbrennen die Kleinen im Kindergarten Luftschlangen. Mit der Asche malt der Pfarrer ihnen ein Kreuz auf die Stirn. Asarah wohnt dem katholischen Klassenunterricht als sogenannte Gasthörerin bei. Den Ethikunterricht will ich ihr als Ausweichmöglichkeit nicht zumuten, weil sie dafür als einziges Kind am Nachmittag in eine andere Stadt fahren müsste. Ihre Religionsnote ist miserabel. Sie will sich mit Gott nicht auseinandersetzen und weigert sich, für das Fach Religion zu lernen.

Als meine Frau Shalomah im September 2011 nach Klosterzimmern zurückkehrt, ist mir bald klar, dass ich das alleinige Sorgerecht für unsere Kinder bekommen möchte. Ob auf Behörden, in Schulen, im Kindergarten oder bei Arztbesuchen – überall verlangt man neben meiner Unterschrift auch die meiner Frau. Jedes Mal muss ich den Ältesten der Zwölf Stämme dann das betreffende Formular schicken und oft wochenlang auf die Unterschrift meiner Frau warten, zu der ich keinen direkten Kontakt haben darf. »Ich mache diesen Mist nicht mehr mit«, erkläre ich dem Ältesten Kefa (»Fels«) am Telefon. »Ich will das alleinige Sorgerecht.« »Das bekommst du nie und nimmer«, kontert Kefa. Ich weise ihn darauf hin, dass eine schnelle Einigung für alle Beteiligten besser sei, weil ich andernfalls das alleinige Sorgerecht vor Gericht erstreiten müsse. Ich sage: »In diesem Fall muss ich dann erzählen, wie es bei euch wirklich läuft. Mir ist eine friedliche Lösung aber lieber.« »Wenn du Krieg willst, kannst du Krieg haben«, brummt Kefa. »Gott wird eine klare Antwort finden, und die Gemeinschaft wird am Ende des Tages alle deine vier Kinder bekommen.«

Ich schreibe den Zwölf Stämmen eine E-Mail, in der ich auf eine friedliche Lösung dränge. Ich teile mit, dass ich keinen Ärger machen will, sondern nur das Sorgerecht für meine eigenen Kinder haben möchte. Nun läge es an ihnen, einen Rechtsstreit zu verhindern. Als Antwort erreicht mich ein Brief von Jünger Asa (Name geändert), der aus zwei eng beschriebenen Seiten mit Druckbuchstaben besteht. Als Asa vor Jahren vaterlos zu den Zwölf Stämmen kommt, übernehme ich die Rolle des älteren Mannes an seiner Seite. Wir sind uns sympathisch und mögen uns. Offenbar wollen die Zwölf Stämme dieses Verhältnis für sich ausnutzen. Asa schreibt: »Ich will dir sagen, wer immer dem Messias die geweihten Kinder nimmt, den wird er bestrafen. Jedes geweihte Kind gehört Unserem Vater. Ich möchte an dein Gewissen appellieren, weil du tief in deinem Inneren weißt, dass du Falsches getan hast, als du die Gemeinschaft verlassen und vor allem Seine Kinder mitgenommen hast. Unser Vater wird dafür sorgen, dass Seine Kinder heimkehren. Die Eltern sind nur Verwalter der Kinder. Wenn sie vor dem Jüngsten Gericht stehen, müssen sie darüber Rechenschaft ablegen, wie sie ihre Kinder aufgezogen haben.«

Meist sind die Briefe von Gründervater Yoneq inspiriert und drohen mit dem Ewigen Tod. Die Zeilen sollen an jene Angst appellieren, welche die Zwölf Stämme über Jahre hinweg mir und anderen Brüdern und Schwestern eingepflanzt haben. Es ist die Furcht der Abtrünnigen vor dem Ewigen Fegefeuer. An meinem Entschluss, um das Sorgerecht der Kinder zu kämpfen, ändert das jedoch nichts. Allerdings steigen in mir bei den Autofahrten plötzlich diffuse Ängste auf, ich könnte bei einem Unfall zu Tode kommen. Auch fürchte ich mich, dass meinen Kindern irgendetwas Schlimmes passiert. Ich bin in ständiger Alarmbereitschaft. Es braucht Zeit, um Lebenssicherheit zu gewinnen. Vor Gott aber fürchte ich mich nicht mehr. Ich bin im Reinen mit Ihm.

Im Sommer 2012 sprechen mir die Familienrichter des Landgerichtes Freyung-Grafenau das alleinige Sorgerecht zu. Nach dem Urteil hat meine Frau Shalomah nicht mal das Recht, ihre Kinder zu besuchen und mit ihnen ohne mein Einverständnis Umgang zu pflegen. Die Zwölf Stämme gehen in Revision. Der Fall landet am Oberlandesgericht in München. Eine Münchner Gerichtshelferin versucht, zwischen meiner Frau und mir zu vermitteln. Sie besucht meine Frau in Klosterzimmern, spricht mit Mitgliedern der Zwölf Stämme und mit meiner Tochter Asarah. Der Kompromiss der Gerichtshelferin scheitert. Die Zwölf Stämme wollen sich nicht vorschreiben lassen, wie die Treffen von meiner Frau Shalomah mit ihren Kindern auszusehen haben. Die Gemeinde zieht die Revision zurück.

Parallel zum Sorgerechtsprozess suche ich im Frühjahr 2012 den Weg in die Öffentlichkeit. Im Mai erscheint ein erster Artikel über die Erziehungsmethoden bei den Zwölf Stämmen in der Presse. Unter der Überschrift »Sie brechen deinen Willen« berichtet das Nachrichtenmagazin FOCUS vom gnadenlosen Straf- und Unrechtssystem in der Gemeinde Klosterzimmern. Das bundesweite Echo ist enorm. Mit dem Schritt in die Medien will ich die Falschheit bei den Zwölf Stämmen publik machen. Aus meiner Sicht vollzieht sich im Inneren der Gemeinschaft Tag für Tag Illegales, während die Brüder und Schwestern nach außen das Bild einer friedlichen, gottgefälligen Gruppe vortäuschen. Ungesetzliches wie das Schlagen der Kinder mit Ruten, die Beschneidung von Männern und Jungen, die ärztlichen Eingriffe ohne Betäubung oder das offenbare Umgehen von Krankenkassenbeiträgen für Arbeiter werden bei den Zwölf Stämmen mit dem Verweis auf Gottes Willen gerechtfertigt. Die Bewohner von Klosterzimmern werden in der Gemeinschaft moralisch und psychisch gezwungen, Gesetze zu brechen. Da Mütter und Väter aber am Schlagen und Beschneiden ihrer Kinder selbst beteiligt sind, können sie kaum noch an die Öffentlichkeit gehen. Täterschaft – und sei sie unter noch so großem Druck einer ganzen Gemeinde entstanden – lässt die Menschen von Klosterzimmern verstummen.

Als der FOCUS-Artikel im Mai 2012 mit den Aussagen einer Reihe jugendlicher Aussteiger der Zwölf Stämme erscheint, nehmen die Verantwortlichen von Schul- und Jugendamt des Landkreises Donau-Ries Kontakt zu mir auf. Die Herren sitzen bei mir im Wohnzimmer im niederbayerischen Schönberg und raten mir, ich solle besser nichts sagen, weil meine Worte auch gegen mich selbst verwendet werden können. Ich gewinne den Eindruck, dass sie meine Glaubwürdigkeit in Frage stellen, weil sie mich in erster Linie für einen Querulanten halten. Die Behördenmitarbeiter pflegen seit Jahren enge Beziehungen zu der Gemeinde in Klosterzimmern. Sie statten der Gemeinschaft Besuche ab und sehen dabei Kinder, die brav und wohlerzogen sind. Das beeindruckt sie, weil sie die Hintergründe für das Benehmen der Kinder nicht erahnen. Im Gegensatz dazu muss ich ihnen wie ein verbitterter Aussteiger erscheinen.

Die Augsburger Staatsanwaltschaft eröffnet schließlich ein Verfahren gegen mich und ein paar andere Familien der Zwölf Stämme – unter anderem wegen Verletzung der Fürsorgepflicht und schwerer Körperverletzung. Gemeinsam mit meinem Anwalt muss ich zu einer Anhörung vor Gericht. Das Verfahren wird rasch eingestellt. Ich schweige, weil ich mich nicht selbst belasten will – und der Fall ist erledigt. Auch die Verfahren gegen die anderen Familien enden ergebnislos. Dennoch entzieht das Bayerische Kultusministerium der Schule der Zwölf Stämme die Genehmigung. Es gebe kein hinreichend geschultes Lehrpersonal, lautet die Begründung. Die Gemeinschaft erhebt daraufhin Einspruch, verliert aber später den Prozess vor dem Verwaltungsgericht in Augsburg.

Im Frühjahr 2013 meldet sich ein Reporter des TV-Senders RTL per Telefon. Er habe, sagt er, den FOCUS-Bericht von damals gelesen und wolle nun eine Undercover-Recherche bei den Zwölf Stämmen in Klosterzimmern durchführen. Bei einem Treffen erkläre ich ihm, in welchen Räumen die Kinder geschlagen werden und welche Erziehungsgrundsätze dem Ganzen zugrunde liegen. Er schleust sich in Klosterzimmern ein und schafft es mit Hilfe kleiner Kameras, die auf Bewegung reagieren, zahlreiche rüde Prügelszenen aufzunehmen. Das Filmmaterial, das der RTL-Reporter vor der Ausstrahlung am 9. September an die Behörden übergibt, schafft ein neues Bewusstsein. Die Zwölf Stämme wollen den TV-Beitrag zunächst verhindern, scheitern aber mit einer einstweiligen Verfügung vor dem Kölner Oberlandesgericht und vor dem Bundesverfassungsgericht. Gegen den RTL-Reporter wird wegen des Verdachts auf »Verletzung der Vertraulichkeit des Wortes« ermittelt, weil er heimlich filmte. Das Verfahren wird eingestellt.

Am 5. September 2013 holt die Polizei vom Hof in Klosterzimmern und aus dem Haus der kleinen Niederlassung im mittelfränkischen Wörnitz insgesamt vierzig Kinder ab und übergibt sie in die Obhut von Pflegeeltern und in Heime. An den Gerichten in Nördlingen und Ansbach beginnen die Sorgerechtsprozesse. Zwölf Familien sind betroffen. Jeden einzelnen Fall müssen die Richter auch anhand von psychologischen Gutachten der Kinder separat beurteilen. Die Rechtsfindung ist komplex und zieht sich über Monate hin. Die Ansbacher Juristen können schließlich keine konkreten Straftaten nachweisen. Einige Kinder dürfen zu den Zwölf Stämmen zurückkehren. Die Verfahren am Gericht in Nördlingen laufen aber weiter. Während die Zwölf Stämme anfangs noch behaupten, das Filmmaterial sei gefälscht, haben sie seither zugegeben, dass sie Strafen mit den Ruten praktizieren und als gottgewollt ansehen. Mir selbst geht es darum, nicht nur die Schläge, sondern vor allem auch den Psychodruck in der Sekte zu dokumentieren. Ich will aufzeigen, dass sich hinter der liebe-vollen Fassade der Gemeinde ein brutales Regime ver-birgt, das den Einzelnen unterdrückt und unfähig macht, eigene Entscheidungen für sein Leben zu treffen.

Bald will ich mich von meiner Ehefrau Shalomah scheiden lassen. Emotional ist unsere Trennung, was mich betrifft, längst vollzogen. Nun will ich diesen Schritt offiziell machen. Als Shalomah die Kinder und mich 2011 verlässt und bis zu diesem letzten Telefonat Anfang 2014 unerreichbar ist, empfinde ich dies wie ihren Tod. Unsere Trennung erfolgt nicht, weil wir re-gelmäßig streiten oder uns sonst wie auseinanderleben, sondern weil Shalomah aus meinem Leben gerissen wird. Die Ältesten haben bestimmt, dass wir als Ehepaar nicht miteinander leben dürfen. Dritte haben Shalomah von meiner Seite weggerissen. Es ist diese Fremdsteue-rung, vor der ich letztendlich kapituliere und die Shalo-mah gleich zweimal dazu bringt, ihre vier Kinder und mich zurückzulassen. Ich hasse Shalomah nicht.

Zweimal in der Woche stehe ich im Hof von Kloster-zimmern. Dunkle Wolken liegen über dem Gehöft. Plötzlich erblicke ich Shalomah, die in der Ferne im oberen Stockwerk eines Hauses hinter einem Fenster verschwindet. Ich will zu ihr, aber die Mitglieder der Zwölf Stämme halten mich zurück. »Sie will dich nicht sehen – verschwinde von hier«, befehlen mir die Ältes-ten. Ich reiße mich los, renne zum Haus hin und stürme durch die Flure. Panisch und mit kaltem Schweiß öffne ich die Türen von jedem einzelnen Zimmer und schaue hinein. Doch von Shalomah fehlt jede Spur. Immer dann, wenn die Sehnsucht in mir am größten ist, schrecke ich nachts im Traum hoch. Kerzengerade, von schweren

Gedanken benommen, sitze ich im Bett. Es dauert eine Weile, bis sich meine Augen an die Dunkelheit gewöhnt haben und ich mir bewusst werde, wo ich mich befinde. Ich stehe auf, gehe durch das dunkle Haus und gebe jedem schlafenden Kind einen Kuss auf die Wange.

Dann lege ich mich wieder in mein Bett und rutsche eng an meine neue Partnerin heran. Meine Kinder nennen Diana inzwischen wie selbstverständlich »Mama«. Ich habe ihnen versprechen müssen, dass ich sie nie wieder gehen lasse. Mit Diana an meiner Seite füllt sich ein Vakuum, das entstand, als Shalomah uns verließ. Auch akzeptiert mich Diana, so wie ich bin. Sie wirft mir meine Freude an Musik, spannenden Filmen oder meinem Geländewagen nicht als fleischliche Sünden vor. Ich liebe sie und bin glücklich, dass wir endlich ein richtiges Zuhause haben. Ich bin froh, dass meine Kinder ohne die ständigen Schläge von mir und anderen aufwachsen können.

Als freie Menschen.

Sabatina James

NUR DIE WAHRHEIT
MACHT UNS FREI

Mein Leben zwischen Islam
und Christentum

»Ich bin in beiden Kulturen zu Hause, in der westlichen
und in der muslimischen. Ich weiß, was es bedeutet, in
Pakistan zu leben, was es bedeutet, als pakistanische
Frau im Westen zu leben, und was es bedeutet, sich zu
integrieren.«

Tagtäglich werden Frauen von ihren Familien zur Ehe
gezwungen – nicht nur in der arabischen Welt, sondern
mitten in Europa. Sabatina war eine von ihnen, doch ihr
gelang es mit unvorstellbarem Mut, sich zu widersetzen.
Heute kämpft sie mit ihrem Verein Sabatina e.V. für
andere muslimische Frauen, denen dasselbe Schicksal
droht. Unterdrückung, Gewalt, mangelnder Wille zur
Integration – immer wieder erhält sie dabei Einblick in
die Parallelgesellschaft der in Deutschland lebenden
Muslime.

Nun meldet sich Sabatina James zu Wort: Sie kritisiert
nicht nur den Islam, sondern fordert auch uns auf, uns
nicht länger hinter dem Vorwand der Toleranz zu verstecken und zu erkennen, dass Freiheit ein Geschenk ist,
das jeden Tag neu verteidigt werden muss.